明清之際西方傳教士漢籍叢刊（第三輯）

學術顧問

鐘鳴旦　樓宇烈　葛兆光

主　編

周振鶴

本輯整理者（按音序排列）

代國慶　郭建斌　李建恭　肖清和

謝　輝　許　潔　姚大勇

『十二五』國家重點圖書出版規劃項目
國家古籍整理專項經費資助項目

唐景教碑頌正詮

天主聖教十誡直詮（外一種）

代國慶　李建恭　整理

明清之際西方傳教士漢籍叢刊

周振鶴　主編

【第三輯】

①

鳳凰出版社

圖書在版編目（CIP）數據

明清之際西方傳教士漢籍叢刊. 第三輯 / 周振鶴主編. -- 南京 : 鳳凰出版社, 2023.1
ISBN 978-7-5506-3827-3

Ⅰ. ①明… Ⅱ. ①周… Ⅲ. ①傳教士－漢語－古籍－研究－西方國家－近代－叢刊 Ⅳ. ①G256.3-55 ②B979.2-55

中國版本圖書館CIP數據核字(2022)第241588號

書名	明清之際西方傳教士漢籍叢刊·第三輯
主編	周振鶴
責任編輯	韓鳳冉
裝幀設計	姜 嵩
出版發行	鳳凰出版社(原江蘇古籍出版社) 發行部電話 025-83223462
出版社地址	江蘇省南京市中央路165號,郵編:210009
照排	南京凱建文化发展有限公司
印刷	蘇州市越洋印刷有限公司 江蘇省蘇州市吴中區南官渡路20號,郵編:215104
開本	880毫米×1230毫米 1/32
印張	85.25
字數	1432千字
版次	2023年1月第1版
印次	2023年1月第1次印刷
標準書號	ISBN 978-7-5506-3827-3
定價	880.00圓(全六册)

(本書凡印裝錯誤可向承印廠調換,電話:0512-68180638)

前言

周振鶴

十五世紀末的『地理大發現』——盡管今天稱之爲兩個世界的相遇，但仍排除不了主被動的歷史事實——成就了世界史的書寫。不但是新大陸的發現使全球史成爲可能，而且達伽瑪繞過好望角使印度洋不再被誤認爲内海，同樣是一個非凡之舉。更重要的是，從此往後，歐洲人對東亞的認識從馬可波羅信信疑疑的故事轉入到接近信史的階段。只不過，這一過程進行得並不算快。作爲傳播東亞現狀主力軍的天主教傳教士一直要到十五世紀的最後那一二十年，才得以進入到天朝大國的境内，而此前天主教在印度已經傳教近半個世紀了。中國門禁之嚴，舉世無雙。盡管如此，一五八一年，羅明堅還是從澳門到達廣州，不久，利瑪竇亦接踵而至，終於緩緩地開啓了中西文化接觸的新紀元。

雖然十六世紀末進入中國的天主教傳教士不是只有耶穌會一家，但其他傳道會如方濟各會、多明我會與奥斯丁會，或者斷斷續續，或者規模不大，或者只在下層傳教，影響有限，統統不如耶穌會士對中國的瞭解深刻，留下的影響大，耶穌會士寄回歐洲的報告與信件成爲當時歐洲人瞭解中國與日本的最主要渠道。所以有人認爲，耶穌會士在歐洲啓蒙時代書寫了有關中國最重要的主叙事，這個看法是一語中的的。因爲耶穌會士的成功，即在當時，西方人也將所有天主教傳教士等同於耶穌會士。以至於當一七〇八年馬國賢神甫等人想要搭乘英國船隻前來中國時，擔心中國人找麻煩的東印度公司船主一定要他發誓不是耶穌會士才肯搭載，而這一點自然難不倒馬國賢，因爲他真不是耶穌會士，而是一個小修會——虔勞會——會士。

如果以上所説耶穌會士書寫了有關中國的最重要的主叙事的判斷是成立的話，那麽倒過來講，耶穌會士也爲中國人書寫了歐洲的主叙事。十六世紀末傳教士來華自然是爲了傳播天主教義，但爲了傳播能够成功，方法是必須講求的。原來耶穌會士的規矩裏就有適應戰略的意思，尤其是作爲巡視員的范禮安更是對此主張極力，於是入鄉隨俗成爲耶穌會士進入中國以後所有言行的基本準則。在這一原則下，耶穌會士們先得學好漢語，然後以之爲工具向中國人進行傳教。利瑪竇一開始就認爲要從上層入手，將知識分子與官員作爲傳教的主要對象，而不像他們的方濟各會同事們始終將傳教對象局限於下層的貧苦大衆。事實證明，這一傳教的基本策略是正確的。除了對象以外，傳教的方法當然十分關鍵，這其中又包括兩方面的内容，一是以什麽身份傳教，二是藉由什麽工具能够使傳教達到最好的效果。於是嘗試開始了，當然免不了有試錯的可能，譬如最初以和尚的面目出現。

起初，耶穌會士以爲中國人普遍尊崇佛教，而且佛教又是來自印度，於是他們就先以和尚的面目進行傳教，將基督教義披着佛教的外衣行世。羅明堅與利瑪竇在華的第一個正式的落脚點是廣東肇慶，他們在那裏設立了一個仙花寺，自稱是天竺國僧人。羅明堅并且在那裏寫出了耶穌會士的第一部中文傳教著作《天主聖教實録》，序言没有署具體的作者名，只署天竺國僧而已。然則時間一長，羅、利二人慢慢發現佛教在中國知識分子中的地位並不崇高，於是待到利瑪竇將傳教地點從肇慶轉移到韶州的時候，他就直接改成儒士的打扮了，這就是我們最常見的那幅利瑪竇頭戴儒巾的形象。那時，羅明堅已經被派回歐洲去爭取資助了，而且因故再也没能回到中國來。於是在華的天主教傳教士從此就以利瑪竇爲表徵，開啓了基督宗教第三次進入中國的歷程。

應該説此次天主教來華的運氣是比較好的,客觀環境正處於晚明的『天崩地解』時代,有利於基督教義的傳播。明代後期,王陽明心學興起,『不以孔子之是非爲是非』的離經之言大大解放了讀書人的思想。略去其他方面不説,即地理學方面已造就了徐霞客與王士性這樣的地理學家,在没有外來影響的情況下,促成了自然地理學與人文地理學的發展,從而使中國的地理學從歷史學的附庸地位獨立出來。萬曆以後,思想解放愈演愈烈,甚至出現了李贄這樣偏好異端離經叛道的儒生。思想愈解放,就愈需要新的資源,天主教傳教士的傳教活動除了其他吸引力外,新鮮感本身就是一種號召。晚明的中國大環境似有點讓傳教士們感覺到如魚得水,雖然教徒的數量並不理想,但皈依者的質量却很高。徐光啓、李之藻與楊廷筠這樣的士人成爲入教受洗的中國教徒中官位最高者,也是學術成就最著者,號稱天主教在華三柱石。除『三柱石』以外,還有許多心性與知識皆是一流的知識分子接受了天主教義。

對於典型的儒家人物爲何能輕易接受天主教義,不少人總是心存疑問。其實儒學者接受西洋宗教觀念並没有實質性的困難。從中國文化的本原説來,中國人本來就具有宗教觀念不强的特點,我們對現世人倫的關切勝過對彼岸靈魂的安頓。

進而言之，就儒家而言，不過只是學派，並非一種宗教——盡管目前許多人想要證明儒教的存在——因此在信奉天主教時並不存在改宗的根本性難題，因此除了不重婚、不墮胎這樣的基本要求之外，儒生們信仰天主教可以説没有任何的困難。這是中國士人成爲天主教徒的基本前提。當然中國人不是没有信仰觀念，也不是没有各種崇拜，例如祖先崇拜與聖人崇拜就是中國信仰範疇内的兩項最重要内容。以至於天主教傳教士認爲這兩樣信仰屬於異教範疇，禁止教徒有祭祖與拜孔的行爲。其實嚴格説來中國人真是缺乏印度與西方那樣的宗教觀念。中國人的信仰雖然極其豐富，在祖先與聖人崇拜之外，各種類型的民間信仰豐富多彩、五光十色——魯迅曾説中國文化的根柢全在於道教，其實這裏的道教也不是純粹的完形的宗教，而是攙雜無數民間信仰的混雜物——但是彼岸與靈魂的概念是没有的。雖然中國人的宗教觀念比較淡薄，但這並非是中國文化的一種缺陷，這只是一種與西方文化不同性質的文化的特徵而已。

傳教當然以敷演故事、闡釋教義爲主，爲了傳教的便利，傳教士一方面要以口頭演説來當面佈教，另一方面還要形諸文字讓受衆能時時復習深入領會，於是使用中文撰寫傳教與闡明教義的著作是傳教士們一項重要而又艱巨的任務。這樣的任務很明顯地,很難由成年以後才接觸中文的傳教士們獨力完成,流傳至今的傳教著作必定是中外人士合作的産物,盡管署名有時只是傳教士而已。這些著作能讓我們看出傳教士們如何想方設法將基督宗教的基本教義以中國人能理解的概念敷演出來。術語的制定與使用,言詞的表述,由於漢語與西方語言的巨大差異,不能不花費大量的心思。起初也許想援佛入耶,借用佛典的語言以闡述耶教的道理,就如同佛教初入中土時,借用道家的觀念,以無説空一樣。但後來發現此道受阻,既因佛典在知識階層地位不高,復因佛耶兩道相去甚遠,只能發明,難以因襲,於是許多基督教概念的中文用語被發明創造出來。但初創難免不妥,必須逐步修訂。所以羅明堅草創的《天主實録》數十年後被重新改寫了一番,成爲另一個新版本。只不過頗有意味的是原引言的署名由天竺國僧改爲遠西羅明堅,然年月日依然是萬曆甲申歲(一五八四)秋八月望後三日,而且修訂的年月並不寫明,讀者顯然容易誤會成數十年前的原本就是如此,這似有出家人也打誑語之嫌,不過恐怕是爲了上帝的緣故,不必擔心受罰。

除了將天主教義用中國人能理解的形式與内容進行佈道以外,對中國文化的自洽性有深度瞭解的傳教士還更進一步想從中國傳統經典的新闡釋中去發掘基督教義的內在性。傳教士們來中國以後最先與最認真攻讀的儒家經典自然是四書五經。但五經繁重，如《書經》還詰屈聱牙，故四書尤爲他們所喜，篇幅短小，且如《大學》篇幅既短兼之琅琅上口，一向作爲學習漢語的最佳課本。至於《中庸》，則是四書中神性最强的一篇。利瑪竇鑽之彌深，加上五經中的《易經》，本是卜筮之書，原非儒家專經，連秦始皇焚書亦未殃及，其中的神秘因素也是可以利用的資源，如『帝出乎震』一句中的『帝』分明就是基督教中的『陡斯』——後來《聖經》將陡斯譯爲上帝，乃是將西方的神歸化爲中國的神。故利瑪竇因而著《天主實義》，力圖證明在中國古典書籍裏本就存在着基督教義，特今日之中國人自己不識而已。基督教義是澤被溥天之下的神學，並非是歐洲的特産。這種在中國發現基督教義的做法到底效果如何，恐怕還需重估。

儘管教義的宣傳花去傳教士的許多心思，但其效果未必會比輔助的傳教方式更佳。更加吸引中國朝野的新知識顯然不是基督教義而是西方的科學知識。從晚明起西方傳教士所引進的科學技術知識有很寬的譜帶。記其要者，即有如下數端：天文學方面介紹了托勒密體系，地理學方面則展示了如《山海輿地全圖》以及《坤輿外紀》等全球知識，數學方面突出的是《幾何原本》的翻譯，光學方面以三棱鏡展示了日光的構成，機械學方面則有時鐘的陳列，測量學、水工學、解剖學也各有專著翻譯。至於人文學科方面也很廣泛，不但有交友論，甚至還有切合科舉士人需要的記憶法。用一句粗俗或不恰當的比喻來説，這些或許只是西式烹飪裏的開胃菜而不是主菜。但恰恰是這些開胃菜幾乎無一例外地吸引了中國士人的注目，甚至於移情。

我們上面已經提到中國士人具備有信仰外來宗教的前提。有前提並不意味着必然性，促使或者説吸引中士信仰這一宗教的動力則恐怕是持有這一信仰的傳教士所引進的、爲中士聞所未聞的上述科學技術内容。很顯著的一個例子就是利瑪竇竟然以《兩儀玄覽圖》爲餌，在『三柱石』還未入教之前就吸引了長於星占的錦衣衛官員李應試受洗，而且利氏還認爲這一做法會有利於吸引與李應試有同樣天文興趣的徐光啓父親入教〔一〕。事實上正是如此。利瑪竇先後繪製過六幅世界地圖，在中國的確起到了顛倒衆生的作用。利氏很巧妙地將《山海輿地全圖》懸掛於其起

〔一〕　徐光臺：《利瑪竇、李應試與〈兩儀玄覽圖〉》，《漢學研究》第三十卷第四期，二〇一二年十二月，第一三三—一六七頁。

居室中，使得本來以爲天下僅有十五省的中國讀書人感到震撼。李之藻本來就喜歡畫天下圖，看到世界地圖後纔知道十五省的天下並非世界。馮應京則更深刻，他在地圖上細數了受中國文化影響的周邊各國，不過僅得五十五個之數，而此數僅及世界諸國總數的五分之一，於是他感嘆地説，所謂『聲教廣被，是耶非耶』？地理學知識帶來的是思想方面的震撼而不僅是科學知識的增長而已。於是由此而服膺天主教者雖然不是滿坑滿谷，但却都是一些重要的文人與重要人物。上述李應試的受洗就還在『三柱石』之前。李原來是一位精通占星術數的錦衣衛官員，但看到利瑪竇的《坤輿萬國全圖》以後，就放棄了本來的長技，而轉習西方天文地理學，製作《兩儀玄覽圖》，將天球的第十二重天定爲天主上帝所居之所。

當然，能够引起中國士人與高官興趣的並不只是世界地圖而已。數學尤其是幾何學所起的作用不亞於地理學知識。幾何學不過是數學的一門分支學科，缺乏形式邏輯體系的中國人走過了數千年的歷程，建設了一個歐洲人曾經十分羨慕的輝煌文明。既然如此，爲何徐光啓却説以形式邏輯體系爲基礎的幾何學是人人必須要學的學問？因爲徐在翻譯《幾何原本》後，深知用公理化方法建立起來的理論演繹體系正是中國傳統思維之所缺。因此國人必須學的不是一門幾何學而已，而是思維方式的革命，是民族素質的提昇。我甚至懷疑，徐之所以受洗入教，與他對西方科學的接受有更直接的關聯——能够産生幾何學這樣美妙學問的西方人，大約他們所崇奉的宗教也是值得尊崇的——而並不一定是他對天主教義有比他人更深刻的領會。科學傳教的成功是顯而易見的。順便説説，即在介紹西方學術的情況下，利瑪竇也盡可能采取類似傳教方面的適應政策，如原來利氏所帶來的世界地圖是將本初子午綫置於地圖的中央位置的，但這樣一來，中國的方位就偏在地圖的東邊角落了，這使作爲天下之中的中國士人很覺不快。於是利瑪竇改變了畫法，將原來通過福島的本初子午綫移到地圖邊緣，這樣中國就位於地圖中央了。這以後這個做法也成了一種利瑪竇規矩，成爲我們今天世界全圖的習慣畫法。

天主教在華傳教的最大障礙是禮儀問題。利瑪竇與執行其方針的同伴及後繼者視中國人的祭祖與拜孔爲風俗禮儀，使雙方，即宣教的一方與信教的一方相安相得。但堅持原教旨主義的傳教士如龍華民等則不以爲然，認爲祖先崇拜與先師崇拜都是宗教異端，與天主教信仰二者之間只能信一而不能執二。一般人多不以龍華民違背利瑪竇『適應策略』的規矩爲然。但平心而論，從維護宗教的純潔性而言，龍華民的想法並非全無道理。中國的聖人崇拜無論其實質與形式從西方人看來皆有宗教的意味。禁止中國人祭祀與拜孔固然是維護了天主教的純潔性，但在中國這樣一個有數千年文化傳統的大國，這樣的傳教政策不但給中國天主教徒帶來莫大的困惑——許多中國天主教徒不得不以變通的辦法來維持祭祖與拜孔的儀式，而且更爲朝廷所强烈不滿，尤其是信奉朱子理學的清代朝廷。於是天主教傳教士的公開傳教不斷遇到困難，教義宣傳左支右絀，僅只是因爲康熙皇帝個人對傳教士常識技能的賞識，才使得傳教活動得以遷延數十年，但到雍正以後，天主教公開的傳教活動終於徹底中斷，基督教入華的第三次活動即告中止，盡管在朝廷供奉的傳教士依然不輟其業——當然僅限於美術音樂測繪觀測天象諸事。

雖然利瑪竇見到萬曆皇帝與否始終是個謎，但在清前期天主教傳教士登堂入室進入宫廷，直接與皇帝打交道却是從順治與湯若望的交往就開始了的。傳教士以自己的一技之長服務於朝廷，皇帝利用自己的威權容許傳教士在不違背中國禮儀的情況下傳教，很維持了一段長時間。傳教士們當然有自己的如意算盤，他們知道在中國皇帝是『作之君作之師』的角色，如果皇帝信教，必定引導臣民一道從風，所以不吝爲皇家效力。而皇帝却另有打算，既要利用傳教士的能力來改進如中國傳統曆法的缺陷等，還要引進其他中國必需的新的科學知識，甚至連西洋音樂的和聲與繪畫的透視原理等等，也足以吸引皇帝的注意。不過無論如何，在指導思想方面，明清皇帝只唯理學是尊，不可能改宗天主教，因此清代中西磨合近百年的結果是不歡而散。

其實在另一方面，天主教傳教士没有意識到一個問題，那就是除了中國禮儀之外，還要擺正政與教的關係。在中國，傳統上一直是政在教之上，儒佛道從來都在皇帝的掌控下，從未有過像歐洲那樣教在政之上，即教皇在皇帝之上的現象。而傳教士似乎忽略了這一點，自然引起中國帝王的極大不滿。所謂『後其君長而以傳天主之教者執國命，悖亂綱常，莫斯爲甚。豈可行於中國者哉』！中國皇權專制的中央集權制度完全是與歐洲的傳統相悖的，天主教傳教士無論如何也不可能使中國皇帝信教，這一點或許始終未被他們認識到。皇權專制的中央集權制制度的特點是政令易行，萬里同風。利瑪竇等人以爲只要皇帝信教，百姓自然景從，天主教的傳播於中華大地是指日可待的事，這個設想原是不錯，但硬幣的另一面是，如果皇帝不信教，則傳教將會陷入困難境地。康熙皇帝因爲個人喜好科學技術，所以在某種程度上能容忍傳教士在一定條件下的傳教。但傳教士的另一不幸是康熙不能長生不老，而更不幸的是他的繼位人不是皇三子，同樣對科技有興趣的人，而是皇四子，他極其厭惡傳教士，同時又不喜天算測量一類，於是傳教士的命運自然是被掃地出門。

雖然傳教活動中止，但天主教傳教士的中文著作却並未隨風而去。因爲這些著作對於中西文化關係而言是一種在當時起過實際作用的見證，在後世也是值得保存的記録。所以還在明末，李之藻鑒於這些文獻的重要性，已經選編了《天學初函》一書，分爲理、器兩編，分别收入傳教文獻與科技文獻兩類共三十種著作。這裏的天學自然不是天文學之謂，應是敬天之學的意思。這一新型的學問既有形而上的「理」學，也有形而下的「器」學。這個「理」當然取自朱子理學之「理」，是指形而上的、能與儒家並稱的基督教神學。「器」則是形而下的科學技術之屬了。除了作爲教徒的李之藻自然重視這些著述之外，明末以及明清之際的私家書目也將一些傳教士著述列目其中，如《澹生堂書目》《千頃堂書目》等。清初修《明史》，在《藝文志》中也收録了一些書目。到了清代乾隆時期編纂《四庫全書》，也因爲這兩類文獻的重要性，而將其列入著録類與存目類中。《四庫全書》並不只匯集中國人著作，對於外國人,如日本學者對中國經典闡幽補輯之類的著作,以及外國陪臣〔一〕的有用著作也收録或存目。《四庫全書》中收録的傳教士著作有二十部(另有一部存疑),存目的有十三部(亦另有一部存疑)。

一方面要引進其先進技術,另一方面又要削弱其意識形態影響,這不但是清代皇帝的思維,也是歷來中國統治階層的基本理念。所以《四庫全書》中所收録的傳教士著述以天文曆算類最多,而具傳教内容的則多不取,以免其『炫惑人心』,這種做法即所謂『節取』是也。用現代的話來説,也是一種棄其糟粕取其精華之意。棄而不取者則多入於存目類子部雜家類,因爲官方視天主教非儒非佛非道,所謂跳出三界外,只能入雜家。即使是《四庫全書》所著録所存目之自然、技術科學類以及地理類的傳教士著作也遠非全數,如艾儒略《幾何要法》四卷即未收。雖然清代統治者想要節取,但事實上却無法將有用與無用、將神學與科學切割得那麽清楚,因此科學以外的思想的影響也必不可免的要存在。而且進一步而言,一方面天主教打

〔一〕來華傳教士自視爲陪臣,引用的是周代之用語。諸侯是天子之臣,諸侯之臣下即爲陪臣。利瑪竇自己上書中國朝廷就自稱大西洋國陪臣。

算改造中國，而另一方面，中國其實也改造了天主教，這種改造一則是中國人以自己對天主教的理解來進行改造，一則是天主教傳教士爲了讓中國人更好地理解而自己進行了改造，附會中國古代即有真神的概念就是一種改造。因此更深層的意義是文化的相互改造，一切都不再純粹。從這個意義上來講，傳教士的中文著作其實已經是中外文化關係的産物，而不純粹是西方文化意義上的原著了。這也是這批文獻值得整理出版與研究的意義所在。

當然傳教士的中文著作集的整理出版還有其他的意義，譬如對理解宗教與科學的關係問題有一點用處。國人的一般觀念是，宗教與科學是完全對立的。但發人深省的事實却是科學的産生與宗教有密不可分的關係，甚至可以説，在神學裏孕育了科學的種子。當信仰宗教的人徹底探究神學的奥秘時，科學就隨之産生了，更不必去詳數從基督徒轉變爲偉大科學家的都有哪些了。中國未能發展出現代科學來，或許不能歸因於缺乏宗教精神，但缺乏對信仰世界根底的追究，恐怕不能不説是缺乏科學精神的某種内在原因。另外，在全球史盛行的今天，反映明清之際中西文化關係的這些中文著作顯然是重要的史料，而且同時也是重要的研究對象。

天主教傳教士的著作有刊本、有寫本、有稿本。近數十年來，由於這些著述在中西文化關係史、中國思想史以及中國科學技術史乃至中西語言接觸史上都有重要的意義,因此吸引了許多學者的注意。即以語言接觸史而言,如天主、上帝、聖經、聖誕諸詞全是中國固有詞語,而現在習慣上變成是基督宗教範疇内的專用詞語。由此可見一斑。至於思想史上的中西關係與雙方的相互影響以及中國學術界如何接受西方科學知識,更是近年來海内外許多學者認真從事探究的課題,所以這些學者對明清之際傳教士的著述無不加以注目,認真研究。早在一九三二年就有日本學者玉井是博開設過『耶穌會士撰述漢籍解題』的課程,近三四十年間,有些研究機構還從事包括傳教士著作在内的傳教文獻的匯集工作,將這些著作或影印或排印出版,如《天主教東傳文獻》(又有《續編》與《三編》)、《徐家匯藏書樓明清天主教文獻》、《耶穌會羅馬檔案館明清天主教文獻》等,如鄭安德編《明末清初耶穌會思想文獻匯編》(非正式出版物)。有的還以專題影印傳教士著述,如《艾儒略漢文著述全集》,更有將專人著作整理標點出版,如《利瑪竇中文著譯集》等,但後一種爲僅見,且並未收入利瑪竇的兩部重要著譯《幾何原本》與《同文算指》。因此將這些傳教士的中文著作整理出版,實際上是學術史上的一件要事。雖然影印較易爲功,但閱讀不便。整理則較難爲力,但造福較廣。所以鳳凰出版社不憚煩重,慨然以標點整理出版爲務，邀請各專門家就其專業相關，將相關著作加以研究，比較版本異同，確定底本與參校本，加以標點勘正，務求將最善本推介給學界，以促進相關領域的學術研究工作。

以中國文化歷時之久遠，積累之深厚，自洽之周密，對於外來文化之影響原無懼於被同化，反倒是要擔心外來文化會變成不中不外或亦中亦外的新型態。即以佛教入華而言，非特不能使中國人盡作空門之思，反倒使佛教化爲中國之禪宗，甚而成爲日本佛教之源頭。只是這一過程需假以時日，故以佛典之博大精深非有千年之久不能消化改造。而以基督教義擬以佛教經典，其深奧不能過之，然欲歸化爲中國化的經義，亦須有數百年不辦。乃基督教入華三進三輟，時興時伏，無怪乎直至清末民初仍不免有異教之感覺。直至二十世紀前期，所有的世界地圖中若有宗教地圖者無不將中國畫入儒教圈與佛教圈的重叠中，而視基督教在華勢力仍遠不及以上兩教之影響也。

前賢多有强調中西文化之共性的，如『東海西海，心理攸同』，固然有其道理，但中西之異還是無法忽視，這種差異有些似乎是原生態的。如東方各古國均未産生希臘之幾何學思想即是顯例。當然，西方亦缺乏中國這樣發展精緻的人倫禮義體系。孔子所言『和而不同』或是揭示文化地域差異，并且以爲這種差異的存在應是一種正常的常態的最佳表述。無論傳教士或者中國士人都注意到了心同此理的現象，但也都互相體認到對方的長處與短處，因而有見賢思齊的思路也有見異思遷的衝動，唯有如此胸懷，方能使跨越空間的文化得到充分的接觸，並因此而產生互補其優長的良性後果。當然，實際上在中外文化接觸中會出現種種料想不到的現象，有時並非對等的交流、平等的來往，有時要發生誤解與齟齬，有時則可能琴瑟調和，禮尚往來，取長補短。總之，對於各種文化接觸所產生的現象，我們都應該好好總結與研究，而且我們的深入研究還可以從學術上看出一些有意義的問題來，譬如説傳教士引進中國的科學技術是否在當時的歐洲處於先進地位？如有人就以爲天主教所傳播的天文知識是已經過時的托勒密體系，而未介紹哥白尼的新説。有人則以爲不然，因爲傳教士本身在當時仍信奉地心説，並以此體系來規範天堂的位置。這一類問題今後仍有討論的空間。至於有關宗教的領域，從哲學的角度進行研究也還未有窮期。

本叢書是大陸學者第一次系統整理明清之際天主教文獻。第一輯共收書三十種，涵蓋了人文學科和自然科學兩方面內容。這次整理是專業性的整理工作，而不只是一般的古籍整理者對校、他校等文字處理而已。整理者具備深厚的專業基礎，如《幾何原本》的整理是由科學史專家完成的，因此整理成果不但在一般的古籍整理方面是過硬的，而且整理者在有關學科方面的知識也是超群的。就第一輯的整理情況舉例説來，如《泰西人身説概》《泰西人身圖説》《三山論學記》《天主聖教實録》等大多數文獻均為首次整理。第二，部分文獻如《齊家西學》《譬學》等以前分藏各處，此次儘量搜集合璧。第三，少數如《幾何原本》等文獻以前整理過的，此次則搜羅多個版本進行彙校整理。第四，整理中對版本精心選擇。很多底本為以前學界少人知曉或難以窺見的，如《泰西人身圖説》採用了北京大學藏和中國科學院自然科學史圖書館以及中國國家圖書館藏的三個抄本進行整理。其中尤其以藏于中國科學院自然科學史圖書館的抄本為首次系統整理。《渾蓋通憲圖説》則在彙校《天學初函》刊本等多個版本外還將清華大學藏本圖全部拍攝附録於後，以便讀者參閱。

第二輯共收書二十三種，其中《坤輿格致》一書為近年來新發現的重要文獻，此次乃學界首次公佈，其價值不言而喻。此外《超性學要》《御製律吕正義續編》等大多數文獻也均爲首次整理。少數如《泰西水法》等文獻以前虽經整理，此次則搜羅多种版本進行彙校。又有多種文獻之版本乃前此乏人知曉或難以尋覓的，如《遠鏡説》一書，已往所見多为清代《西洋新法曆書》本，此次則以新見韓國奎章閣藏明刻本參校。

第三輯共收書十三種，其中《神鬼正紀》《日晷圖法》等多種重要文獻為首次整理出版：高一志《神鬼正紀》一書，是明清時期傳教士首次完整介紹天主教天使論，並與中國本土神鬼思想進行對話的著作，也是利類思《超性學要》出版之前，有關天使論最詳實的著述。該書以往學界關注不多，此次予以整理出版；龐迪我述、孫元化譯的《日晷圖法》，是明清時期對日晷作法介紹最為全面的著作，此前均以抄本形式存在，許潔博士歷時數載，蒐集到國家圖書館、湖北省圖書館、北京大學圖書館所收藏的四種抄本，參酌考證整理而成，希望此書首個整理本的出版能夠引起學界關注。南懷仁《新製靈臺儀象志》一書，國內刊本較多的是康熙刻本十四卷，本次蒐集到日本早稻田大學藏抄本，該本後附《新製靈臺儀象圖》二卷，專爲各類天文儀器之圖象，對理解該書多有獲益，因此本書特別採取了部分影印的形式。此外各書前均由整理者撰寫了相關提要，這裏就不細述了。

明清之際西方傳教士漢籍叢刊（第三輯）總目録

第一册目録

唐景教碑頌正詮

天主聖教十誡直詮

真道自證

唐景教碑頌正詮

陽瑪諾撰　代國慶　李建恭整理

本書係國家社科基金一般項目
『馬尼拉搖籃本漢文宗教典籍的整理與研究』
（編號：17BZJ028）階段性成果

提要

明季，入華耶穌會士陽瑪諾（Emmanuel Diaz Junior，葡萄牙人，一六一〇年入華，一六五九年卒於杭州）撰述的《唐景教碑頌正詮》一書可謂是明萬曆以來所發現之中國基督教文物遺文，尤其是唐代景教碑及其頌文階段性的集成之作，呈現了天學與景教跨時空的神學對話與詮釋互動，深刻影響了後世對景教的認知與學術探討。陽瑪諾對唐代景教遺物的考察，有著顯著的現實考量，通過對天學、景教異名同宗的解讀，爲當時頗受責難的天主教提供了難得的歷史合法性論説，從而在一定程度上紓解了天主教的現實困境。而字裏行間，陽瑪諾借古喻今，以歷史上頗受禮遇的唐代景教反襯慘淡經營的晚明天學，呼籲教内外人士以史爲鑒，改變對天學的成見，期待護佑天學之『今日房郭』（房玄齡、郭子儀）的到來。

最早對景教進行天學解讀的是李之藻，他於天啓五年（一六二五年）作《讀景教碑書後》一文，認定景教『即利西泰氏所傳天學』。李之藻出於護教立場，把李唐皇室的恩賜庇佑理解爲報恩行爲，『明著肇我人類以及補續救世之恩』。在撇清景教與佛教的關係時，又以利瑪竇廣東故事來比附，以今證古，以古鑑今，闡發其微言大義。深諳中國政治傳統之道的李之藻亦以景教之顯赫歷史回應『疑信相參，詫爲新説者』：『詎知九百九十年前，此教流行已久，雖世代之廢興不一，乃帝天之景命無渝』，從而增塑了天學近千年的歷史統緒，藉此來伸張天學的正當性，甚至把天學之復興視爲當朝之使命：『此學自昔有聞，唐天子尚知莊事，而況我聖朝重熙纍洽，河清璽出，儀鳳呈祥之日哉？』其後，李之藻把景教碑文及《讀景教碑書後》納入其去世前一年編訂的《天學初函》中。在《刻天學初函題辭》中，李之藻開門見山重申了天學的悠遠歷史：『天學者，唐稱景教，自貞觀九年入中國，歷千載矣！』以上文獻表明，李之藻晚年極力宣揚景教，並力圖通過合刊景教碑文與《讀景教碑書後》來主導對景教的解讀。此種編排方式以及天學解讀深刻影響了陽瑪諾，並成爲《唐景教碑頌正詮》參考的基本素材之一。

陽瑪諾入華後，先後兩次捲入明季反教事件中——沈漼發動的『南京教案』（萬曆四十四年）以及崇禎年間（崇禎十年底）福建反教，他被視爲來路不明，心懷叵測的『狡夷』，而遭點名驅逐。正是在福建反教事件之後，陽瑪諾著手整理景教碑文，從中不難看出陽瑪諾著述此書的心境，可視爲身處窘境中的一種護教行爲。對於撰述《唐景教碑頌正詮》的動機，陽瑪諾在爲此書寫的序文中有所披露。陽瑪諾説道，自羅明堅、利瑪竇進入中國内陸傳教以來，『幾周甲子于兹矣』。在這近六十年間，雖然多有著述，『詳哉其述之也』，但仍有人對傳教士爲何遠道而來不解，對傳教士『導正闢邪』之學爲何不爲數代以前的先人所獲知，更是『誠所未解』。鑒於此，陽瑪諾高揚唐之景教遺物，以古答疑，並言其時『古先英辟顯輔，朝野共欽，昭燭特甚』，以爲當下天學張目。雖然在此之前，李之藻、徐光啓要麼拓印碑文，要麼初作解讀，但尚未完備，尤其『惟碑旨淵義古，不敏慮覽者未辨；或猶託其詞，以固前惑也。因弗避膚拙，詮厥概，爲來者乎券云』。故而有必要對景教碑文作一更爲深入、細緻的詮釋。

就内容而言，《唐景教碑頌正詮》包括三方面：其一，景教碑額拓片及碑文，但沒有録入碑文後附的敘利亞、中文雙文簽注的景教僧人名諱；其二，天學古蹟，即福建泉州發現的三塊十字架石刻摹圖，並附有相關文字説明；其三，對景教碑文的詮釋、解讀，是爲本書的主體部分。顯然，陽瑪諾對景教碑文的詮釋有著輕重之別。占碑文篇幅僅三分之一的教義部分是陽瑪諾詮釋的重點，可謂逐字逐句解讀，且多旁徵博引，以致枝節繁蔓，相關的天主教神學教義藉此而表；而對過半篇幅内容的景教在華歷程，尤其是唐皇室諸帝對景教之庇護的文字，則多略以某某云云，且其詮釋不重在考古，而意於借古宣揚其教義。對於碑文最後的頌詞，以『義旨顯白』爲由『弗更贅』。可見，陽瑪諾著述此書有著顯見的取捨，源於其鮮明的護教、宣教立場，這也從他結束碑文詮釋後的話語中得到印證：『按碑弗辨，摭入他門，爰舉碑序實義，乃他教不能解，不能竊者，表而出之。考據聖教諸西來原本，稍釋其下，匪敢自任一斑。庶令千載上下，要歸一致，而無疑爾。』並由古及今，有感而發：『諸輩于茲，沐浴四朝，翻經譯義，編編足考。然而聖德未鐫，頌音莫繼，則請俟之今日房郭焉！區區渴懷，跂予望之。』

據陽瑪諾所寫序文，落款時間爲『大明崇禎辛巳孟春之望』，即崇禎十四年正月十五（一六四一年二月二十四日）。這表明，此文在一六四一年初便已完成。至於何時開始撰寫，此書所録『天學古蹟』或許可提供些許線索。其中兩塊碑刻的發現或拓片摹勒均指向崇禎戊寅十一年（一六三八年），這説明，《唐景教碑頌正詮》的寫作在一六三八年之後。完成之後，經過教内長上的審核，於崇禎甲申（即崇禎十七年）在杭州刊刻出版。時值明末戰爭的高峰，其後延續多年的明清易代戰禍更是對浙閩粵等地區帶來嚴重災難。在此一混亂局面下，《唐景教碑頌正詮》的流傳必定受到干擾，中國本土人士對此書的寥寥回應亦是可以想見的。即便如此，一旦政局趨穩，尤其是康熙初年『曆獄』之後，傳教士重獲重用，以致康熙敕令容教，在華傳教士便著手重刊此書。

據北京刊行的《天主教聖教書板目》以及《福州府欽一堂目録》，均列有景教碑詮一書。這表明在康熙年間，北京和福州曾重刊印過此書。即便是在禮儀之爭後的乾隆年間，此書亦被重刊。據《中國古籍總目》載，中國國家圖書館藏有乾隆十九年京都南堂刻本。不過鑒於當時的禁教形勢以及士大夫對天主教的排斥態度，此書流傳有限。同一時期中國士人對景教碑文的解讀和景教屬性判定多有謬誤，顯然他們並沒有查閲、引徵此書。及至清末民初，此書多次被重刊。

此書不同版本見藏於海内外圖書館。法國國家圖書館藏有多部，古蘭（Maurice Courant）編目爲BnF Chinois：1190、1191、1192。其中編號爲1190的《唐景教碑頌正詮》（崇禎甲申武林天主堂版）收録於《法國國家圖書館明清天主教文獻》第二三册，但僅是部分影印。現已在法國國家圖書館查找到此書的足本，本次整理便以此本爲底本。梵蒂岡圖書館亦有收藏：Fonds Borgia Chinois（Borgia Cinese）.364（11），Raccolta Generale-Oriente-Ⅲ．222（6）均爲武林天主堂明崇禎甲申刻本，但後本没有泉州十字架碑刻圖案。另Raccolta Generale-Oriente-II. 162(1)，僅存部分文稿。《梵蒂岡圖書館藏明清中西文化交流史文獻叢刊》第一輯收録的是Fonds Borgia Chinois(Borgia Cinese). 364(11)藏本。此影印本與法圖影印本屬同一版本。羅馬耶穌會檔案館：Japonica-Sinica I,33,68兩部，均爲武林天主堂明崇禎甲申刻本；Japonica-Sinica I,53 4，景教碑抄本及李之藻的《讀景教碑書後》。據陳綸緒神父描述，此爲習是齋版本。此本前八葉爲景教碑文，版心標明『刻唐景教碑抄本』以及頁碼。第八葉附有『習是齋板藏』印章一枚。第九至十六葉是李之藻的《讀景教碑書後》一文，文末附有寫作時間，版心亦標明『唐景教碑書後』字樣。

方豪在臺北街頭搜得一本，收録於《天主教東傳文獻續編》。方豪推測此版爲光緒四年上海土山灣重刻本。《東傳福音》亦收録一刻本，編者標記爲『上海慈母堂清刻本』。通過比對，我們不難發現，此兩本實爲同一版本，甚至是同一藏本，即光緒四年土山灣慈母堂刻本。現所見的《天主教東傳文獻續編》以及《東傳福音》影印本僅保留了正文部分，徑直從『景教流行中國碑頌正詮，泰西耶穌會士陽瑪諾注』開始。並把福建泉州出土的三塊十字架碑刻拓片置於末尾，但隱掉了版心中的『天學古蹟』諸字，同時還調整了順序，把張賡題記置於首個拓片之後，其後的兩張十字架碑刻圖片亦調換了位置。同時，正文之前的諸多附屬文本不見影印。顯然，這與崇禎甲申刻本有較大差異。不過，此本並非光緒四年土山灣刻本的足本，正如方豪指出的那樣，『前缺數葉』。幸運的是，光緒四年刻本還見藏於日本早稻田大學圖書館。此一藏本當爲足本，其内容如下：

封面中央寫有書名『唐景教碑頌正詮』，在其左右分别注明了版本信息：『光緒四年歲次戊寅重鐫』『上海慈母堂板藏』；其後名列參與人員以及出版信息，與崇禎甲申刻本相同；接下來是陽瑪諾寫的『序』、景教碑頌録文；其後爲李之藻《讀景教碑書後》（落款時間爲天啓五年），此爲崇禎甲申刻本所無；之後才是陽瑪諾所注之正文；正詮終結後，重新編碼，録有三塊泉州出土的十字架碑刻及其簡介。雖然同樣隱去了『天學古跡』字樣，但其排序與崇禎甲申刻本一致，反而和《天主教東傳文獻續編》《東傳福音》的影印本不同。可見，早稻田大學藏本是光緒四年刻本較好的印本，而方豪所見的印本多有錯漏，不足取。《東傳福音》還收録了土山灣慈母堂民國刊印本，其於『天主降生一千九百二十七年』由『南京主教姚重準』，據『上海土山灣慈母堂第三版印』。此一印本可謂綜合了方豪影印本和早稻田大學藏本，陽瑪諾的序文、景教碑頌録文以及李之藻《讀景教碑書後》一應俱全，與早稻田大學藏本一致；正文後的泉州十字架碑刻及其簡介文字的排序則與方豪影印本相同。

可見，陽瑪諾《唐景教碑頌正詮》雖首刻於明崇禎甲申，但清末民初流行的版本多出自光緒四年刻本。而此一刻本多次重印，且不同重印本之内容亦有異。通過對上述所見版本的比對，我們可作如下推測：早稻田大學藏本爲光緒四年首個印本，除了增加李之藻的《讀景教碑書後》一文外，其他内容一仍其舊，是較好的後世重印本；《天主教東傳文獻續編》以及《東傳福音》的清末影印本則是第二個印本，僅保留了陽瑪諾的正詮部分，附録的泉州十字架碑刻亦顛倒了順序，是一個較差的本子；或許意識到第二個印本的問題，故才有了第三次重印，而民國重印本（一九二七年）依據的便是此第三次印本。此本雖補充了正文前的諸多附屬文本，但並沒有修訂泉州十字架碑刻部分。這也導致以訛傳訛，如英人穆爾《一五〇〇年前的中國基督教史》採用的便是第三個印本，對其中的泉州十字架碑刻的解讀有誤。

本次整理以法國國家圖書館所藏明崇禎甲申刻本（BnF Chinois：1190）爲底本，以早稻田大學藏光緒四年刻本爲校本，並輔以景教原碑碑文、《天學初函》《熙朝崇正集》等文獻。另增加附録，分别收録李之藻《讀景教碑書後》《熙朝崇正集》中的十字架碑刻摹圖、張賡《武榮出地十字架碑序》三種。

唐景教碑頌正詮

演西陽先生著

唐景教碑頌正詮

武林天主堂梓

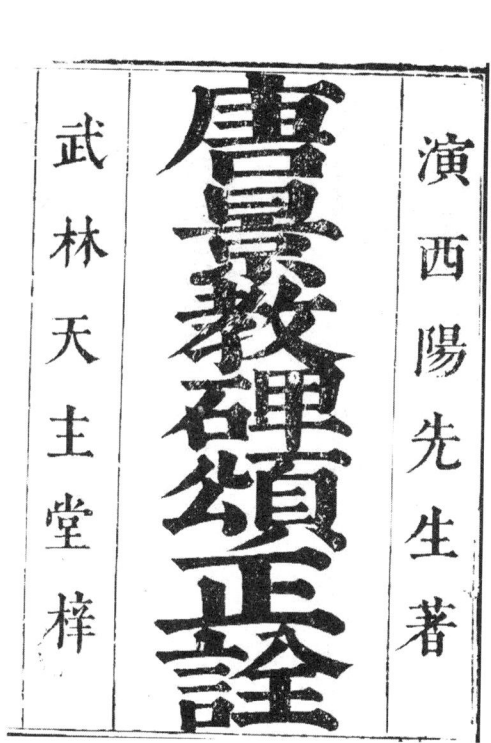

演西陽先生著，武林天主堂梓〔一〕

遵教規，凡譯經典諸書，必三次看詳，方允付梓，竝鐫訂閱姓名於後：
遠西耶穌會士陽瑪諾著；
同會費奇規、艾儒畧、孟儒望仝訂；
值會艾儒畧准；
崇禎甲申歲武林天主堂梓。

〔一〕光緒四年刻本改易爲：光緒四年歲次戊寅重鐫，上海慈母堂藏板。

判十字以定四方

唐景教碑額十字聖架

序

旅人偕同志覲中朝也，幾周甲子于茲矣。一切賢者樂與遊，所著諸篇，詳哉其述之也。乃問者逞逞以諸輩弗遠九萬梯航備歷，至即如歸，不能無惑。因嘗具述天主宏慈，惠茲士民，默牖至是，導正闢邪，宜頌宜感。客謂默牖遠來，訓正吾士若民，洵足頌感。然曷弗于數代以前，俾吾先人咸蒙接引，延迨今茲？誠所未解。諸輩時爲太息曰：『淺哉智慧，乃妄議天主意如是乎！』雖然，疑而思問，請容進其説。西聖奧斯定云：『富者濟貧，凡幾何遲速，提衡在彼，貧者不得預之，受濟頌恩乃其分也。』今茲天主祐中土，俾聖教遠來弗頌受，乃怨而責其後至也。借如有鰥升聞，登庸三錫，顧責君寵奚遲，誠哉狂悖莫甚焉。且中賢既言之矣，孰先傳，孰後倦。賢師教其弟子，與天主率厥下民，亦若是焉爾。天主教人，先性教，繼寵教。性教者，吾人因性光也；寵教者，天主超性光也。未能盡厥因性，頓冀超性，是未步先望趨也。

前此中土，若性教弗違，尚超性云乎哉。抑聖經喻聖教如日，其初出未曜普地，繇近逮遠，漸被厥光。被早固忻，被遲勿憎，旋至旋被矣。西方距中土幾九萬，聖教來滋遲固也，理論至此，必不復惑。矧遡厥繇，又弗惟自今始。邇岁幸獲古碑，額題景教，粤天主開闢迄降臨，悉著厥端。時唐太宗九年，爲天主降生後六百三十五年〔一〕，至西鎬，廣行十道。聖教之來，蓋千有餘歲矣〔二〕。是碑也，大明天啓三年〔三〕，關中官命啓土，于敗墻基下獲之。奇文古篆，度越近代，置廓外金城寺中。岐陽張公賡虞搨得一紙，讀竟踴躍，即遺同志我存李公之藻，云：『長安掘地所得，名景教流行中國碑頌，殆與西學弗異乎？』李公披勘良然，色喜曰：『今而後中士弗得咎聖教來何

〔一〕陽瑪諾換算貞觀九年爲公元六三五年，基本正確。

〔二〕陽瑪諾著述此文在崇禎十四年（一六四一年），距貞觀九年已有一〇〇六年，故言『千有餘歲』。

〔三〕李之藻《讀景教碑書後》並沒有明確説明此碑出土時間，以『邇者』這一模糊字眼稱之。此文寫於天啓五年，其後諸人多認爲此年即爲出土時間。徐光啓《鐵十字著》亦言『近天啓乙丑，長安掘地得碑』，其中的『近』字似乎並沒有完全確定此碑即爲天啓五年出土；在《景教堂碑記》一文中，徐氏則改稱『以天啓癸亥，關中人掘地而得唐碑』，持天啓三年出土説。其後張賡《武榮出地十字架碑序》、艾儒略《口鐸日抄》均作天啓三年。陽書同樣作天啓三年。

暮矣！』〔一〕古先英辟顯輔，朝野共欽，昭燭特甚，尚奚有今之人也！繼而玄扈徐公光啓，愛其載道之文，并愛其紀文字畫，復鐫金石，楷摹千古。〔二〕夫鴻碑較著，朗鑒有三，似勿更贅。惟碑旨淵義古，不敏慮覽者未辨；或猶託其詞，以固前惑也。因弗避膚拙，詮厥概，爲來者孚券云。

〔一〕上述對景教碑流傳以及李之藻解讀的敘述，與李之藻《讀景教碑書後》基本吻合，但也補充了一些關鍵信息，如出土的因由、出土後安置地點以及最初的反響等等。至於所録李之藻的感慨之言雖不見於《讀景教碑書後》，但與李之藻作《讀景教碑書後》的意圖卻十分契合。此言極可能是李之藻對傳教士所言，又被陽瑪諾轉引至此，故誠足可信。

〔二〕這透露了一關鍵信息，即徐光啓同樣致力於傳揚景教，予以摹臨、刊刻。徐光啓確有兩篇與景教密切相關的文章，即《鐵十字著》《景教堂碑記》。前文落款爲『天啓丁卯六月朔書』，可知《鐵十字著》寫於天啓七年六月初一（一六二七年七月十三日）；後文專爲山西絳州景教堂而作。Margiotti 言『晉絳二韓所建景門於天啓七年十一月十一日揭幕』，黃一農據此判定《景教堂碑記》當在此前應邀而作。也就是説，天啓七年，徐光啓居家期間作了《鐵十字著》《景教堂碑記》兩文。《鐵十字著》言稱景教碑『近天啓乙丑』出土，而《景教堂碑記》則言之鑿鑿地聲稱『天啓癸亥』出土。從中可以判定，《鐵十字著》成文在前，《景教堂碑記》著於其後。另值得關注的是，《景教堂碑記》首先見諸崇禎間刊刻的《熙朝崇正集》中。且在是書所録《景教堂碑記》之後附有景教碑額上的十字架圖案及標爲『唐景教碑頌并序』的一段文字：『景教之流行於中國也，自唐貞觀九年始。當（轉下頁）

大明崇禎辛巳孟春之望〔一〕陽瑪諾題

（接上頁）代偉人如房僕射、郭令公輩實羽翼之，今此碑額可考鏡也。泰西諸賢來賓，闡明天學而景教乃重光於世，允可補儒易佛，以了生死大事。克己實脩之士，無不願窺其藩者。此碑天啓癸亥年，關中掘地得之。兹抄本重刻，以共同志云。』上述圖文即爲陽瑪諾所言『復鐫金石，楷摹千古』，或爲徐光啓的景教佚文。從『抄本重刻』可知，徐光啓確實刊印過景教碑文。目前爲止，並未發現徐光啓所録的景教碑抄本。

〔一〕即崇禎十四年正月十五，公元一六四一年二月二十四日。

景〔一〕教流行中國碑頌并序〔二〕

大秦寺僧景淨述

粵若常然真寂，先先而无元，窅然靈虚，後後而妙有，總玄樞而造化。妙衆聖以元尊者，其唯我三一妙身，无元真主阿羅訶歟。判十字以定四方，鼓元風而生二氣，暗空易而天地開，日月運而晝夜作。匠成萬物，然立初人，别賜良和，令鎮化海。渾

〔一〕大秦景教碑原文及《天學初函》所收録的景教碑抄本均作『𣌭』，不過李之藻在《讀景教碑書後》中作『景』。總體而言，李之藻所抄録的景教碑文與原碑更爲吻合，諸多異體字大多保留。但在抄録過程中，個别地方抄録有誤。陽瑪諾所録碑文，不僅參考了李之藻的録文，而且還依照原碑拓片作了修訂，改正了李之藻録文中的錯漏。與此同時，陽瑪諾録文對原碑中不常見的異體字均徑直改爲常見字形。在李之藻抄本及陽瑪諾抄本之間，尚有《熙朝崇正集》收録的閩景教堂抄本。在此，三個抄本連同原碑一併校對。

〔二〕閩景教堂抄本夾注：『碑中所云僧乃出家脩道之謂，非奉佛僧也。』

元之性，虚而不盈；素蕩之心，本無希嗜。洎乎娑殫施妄，鈿飾純精。閒平大於此是之中，隟冥同于彼非之内。是以三百六十五種，肩隨結轍，競織法羅。或指物以託宗，或空有以淪二，或禱祀以邀福，或伐善以矯人。智慮營營，恩情役役，茫然無得，煎迫轉燒，積昧亡途，久迷休復。于是我三一分身，景尊彌施訶，戢隱真威，同人出代。神天宣慶，室女誕聖于大秦；景宿告祥，波斯覩耀以來貢。圓廿四聖有説之舊法，理家國于大猷〔一〕；設三一淨風無言之新教，陶良用于正信。制八境之度，鍊塵成真；啓三常之門，開生滅死。懸景日以破暗府，魔妄于是乎悉摧；棹慈航以登明宫，含靈于是乎既濟。能事斯畢，亭午昇真，經留廿七部。張元化以發靈關，法浴水風，滌浮華而潔虚白；印持十字，融四炤〔二〕以合無拘。擊木震仁惠之音，東禮趣生榮之路。存鬚所以有外行，削頂所以無内情。不畜臧獲，均貴賤于人；不聚貨

〔一〕大秦景教碑原文作『天猷』，但《天學初函》所收録的景教碑抄本、閩景教堂抄本作『大猷』。在此，陽瑪諾顯然是保留了李之藻的更改。

〔二〕大秦景教碑原文及《天學初函》所收録的景教碑抄本、閩景教堂抄本均作『照』。

財，示〔一〕罄遺于我。齋以伏識而成，戒以靜慎爲固。七時禮讚，大庇存亡，七日一薦，洗心反素。真常之道，妙而難名。功用昭彰，強稱景教。

惟道非聖不弘，聖非道不大，道聖符契，天下文明。太宗文皇帝，光華啓運，明聖臨人。大秦國有上德，曰阿羅本，占青雲而載真經，望風律以馳艱險。貞觀九祀，至于長安。帝使宰臣房公玄齡，總仗西郊，賓迎入内。翻經書殿，問道禁闈，深知正真，特令傳授。貞觀十有二年秋七月，詔曰：『道無常名，聖無常體，隨方設教，密濟羣生。大秦國大德阿羅本，遠將經像來獻上京。詳其教旨，玄妙無爲；觀其元宗，生成立要。詞無繁説，理有忘筌，濟物利人，宜行天下。』所司即于京義寧坊，造大秦寺一所，度僧廿一人。宗周德喪，青駕西昇，巨唐道光，景風東扇，旋令有司，將帝寫真，轉摸寺壁。天姿汎彩，英朗景門，聖迹騰祥，永輝法界。

案《西域圖記》及漢魏史策，大秦國南統珊瑚之海，北極衆寶之山，西望仙境花林，東接長風弱水。其土出火綄布、返魂香、明月珠、夜光璧。俗無寇盜，人有樂康。

〔一〕《天學初函》所收録的景教碑抄本、閩景教堂抄本作『亦』。這是李之藻抄録錯漏所致，陽瑪諾則根據原碑拓片作了更訂。

法非景不行，主非德不立。土宇廣闊，文物昌明。

高宗大帝，克恭纘祖，潤色真宗，而于諸州各置景寺，仍崇阿羅本爲鎮國大法主。法流十道，國富元休，寺滿百城，家殷景福。聖曆年，釋子用壯，騰口於東周；先天末，下士大笑，訕謗于西鎬。有若僧首羅含、大德及烈，並金方貴緒，物外高僧，共振玄網，俱維絶紐。玄宗至道皇帝，令寧國等五王，親臨福宇，建立壇場，法棟暫撓〔一〕而更崇，道石時傾而復正。天寶初，令大將軍高力士，送五聖寫真，寺内安置，賜絹百匹。奉慶睿圖，龍髯雖遠，弓劍可攀，日角舒光，天顔咫尺。三載，大秦國有僧佶和，瞻星向化，望日朝尊。詔僧羅含、僧普論等一七人，與大德佶和于興慶宮脩〔二〕功德。于是天題寺牓，額戴龍書，寶裝璀翠，灼爍丹霞，睿扎宏空，騰凌激日。寶賚比南山峻極，沛澤與東海齊深。道無不可，所可可名；聖無不作，所作可述。肅宗文明皇帝，於靈武等五郡，重立景寺。元善資而福祚開，大慶臨而皇業建。代

〔一〕大秦景教碑原文作『橈』，《天學初函》所收録的景教碑抄本、閩景教堂抄本作『撓』。陽瑪諾遵從了李之藻的意見。

〔二〕大秦景教碑原文及《天學初函》所收録的景教碑抄本均作『修』。閩景教堂抄本與陽本同。

宗文武皇帝，恢張聖運，從事無爲，每于降誕之辰，錫天香以告成功，頒御饌以光景衆。且乾以美利，故能廣生；聖以體元，故能亭毒。我建中聖神文武皇帝，披八政以黜陟幽明，闡九疇以唯〔一〕新景命。化通玄理，祝無愧心。至于方大而虚，專静而恕，廣慈救衆苦，善貸被羣生者。我脩行之大猷，汲引之階漸也。若使風雨時，天下静，人能理，物能清，存能昌，沒〔二〕能樂。念生響應，情發自誠者，我景力能事之功用也。大施主金紫光禄大夫，同朔方節度副使，試殿中監，賜紫袈裟僧伊斯，和而好惠，聞道勤行，遠自王舍之城，聿來中夏。術高三代，藝博〔三〕十全，始効節于丹庭，乃策名于王帳。中書令汾陽郡王郭公子儀，初總戎于朔方也。肅宗俾之從邁，雖見親于臥内，不自異于行間。爲公爪牙，作軍耳目，能散禄賜，不積于家。獻臨恩之頗黎，布辭憩之金罽。或仍其舊寺，或重廣法堂，崇飾廊宇，如翬斯飛，更効景門，依仁

〔一〕大秦景教碑原文作『惟』，閩景教堂抄本作『維』。《天學初函》所收録的景教碑抄本與陽本同，均作『唯』。

〔二〕大秦景教碑原文及《天學初函》所收録的景教碑抄本、閩景教堂抄本均作『歿』。

〔三〕《天學初函》所收録的景教碑抄本、閩景教堂抄本作『傳』。李之藻抄録錯漏所致，陽瑪諾則根據原碑拓片作了更訂。

施利。每歲集四寺僧徒，虔事精供，備諸五旬。餧者來而飰之，寒者來而衣之，病者療而起之，死者塟而安之。清節達娑，未聞斯美，白衣景士，今見其人，願刻洪碑，以揚休烈。詞曰：

真主无元，湛寂常然。權輿匠化，起地立天。
分身出代，救度無邊。日昇暗滅，咸證真玄。
赫赫文皇，道冠前王。乘時撥亂，乾廓坤張。
明明景教，言歸我唐。翻經建寺，存歿舟航。
百福偕作，萬邦之康。高宗纂〔一〕祖，更築精宇。
和宮敞朗，遍滿中土。真道宣明，式封法主。
人有樂康，物無災苦。玄宗啓聖，克脩真正。
御牓揚輝，天書蔚映。皇圖璀璨，率土高敬。
庶績咸熙，人賴其慶。肅宗來復，天威引駕。

〔一〕《天學初函》所收録的景教碑抄本、閩景教堂抄本作「纘」。李之藻據意更改，陽瑪諾則根據原碑拓片作了更訂。

聖日舒晶，祥風掃夜。祚歸皇室，祅〔一〕氛永謝。
止沸定塵，造我區夏。代宗孝義，德合天地。
開貸生成，物資美利。香以報功，仁以作施。
暘谷來威，月窟畢萃。建中統極，聿脩明德。
武肅四溟，文清萬域。燭臨人隱，鏡觀物色。
六合昭蘇，百蠻取則。
道惟廣兮應惟密，強名言兮演三一。
主能作兮臣能述，建豐碑兮頌元吉。
大唐建中二年，歲在作噩太簇月七日，大耀森文日建立。
時法主僧寧恕知東方之景衆也。
朝議郎前行台州司士參軍呂秀巖書。

〔一〕大秦景教碑原文及《天學初函》所收録的景教碑抄本均作『祆』。閩景教堂抄本與陽本同。

天學古蹟

泉郡南邑西山古石聖架碑式

萬曆己未出地，崇禎戊寅摹勒〔一〕

〔一〕此十字架碑刻摹圖亦見載於《熙朝崇正集》，但在細節方面有所差別。《熙朝崇正集》卷一録『中華天學古蹟』一目，其内容即爲此書所録的十字架碑刻圖案。這些圖案作爲附録附於本書之後。

閩泉州城水陸寺中，有古十字架石。爲大司寇蘇石水先生之太翁所得。崇禎十一年二月中，教友見之，于吾主受難之前日，奉入聖堂。按郡志，水陸寺，唐玄宗六年建，今廢。

閩泉州府城仁風門外三里許，東湖畔，舊有東禪寺。郡志云：『唐乾符中，郡人

搆庵居僧齊固。廣明元年，更名東禪，後廢。』近寺百武許，有古十字石，在田畔，未有識者。于崇禎十一年二月，吾主復活之四日，教友因拜墓見之。三月望前，同教者恭奉入聖堂云。

聖架兹古石，置溫陵東郊畔，年代罔知，往來無覩。崇禎戊寅春，因余興懷，帝心鑒格，昭示郡朋，獲之。爰請鐸德，竪桃源堂中。張賡記〔一〕

〔一〕張賡另著有《武榮出地十字架碑序》一文，參見附録。

景教流行中國碑頌正詮

泰西耶穌會士陽瑪諾註

景教

性家曰：『物名指解物性，名義既明，物性瞭然。』因性家欲明解某物之意，立符物意之名，首務也。景淨士將述聖教，首立可名曰『聖教，景教也』。識景之義，聖教之妙明矣。景者，光明廣大之義。〔一〕

古時人多迷謬，背忘真主，妄事土神，或認天象、日月、星辰等無靈之物，從而祭

〔一〕在此採納了李之藻對『景』的解釋。

之。不知天象、日月、星辰等類統惟天主所造，用之以炤臨下土者耳，本無生、無覺、無靈。不祭其造之者，而祭其受造者，正道不明，厥黯至矣。〔一〕經曰：『若太陽西沉，地昏人〔二〕寐。夜行者，槩多陷仆。旭日既旦，地昭人寤，出作盡利。』〔三〕昔先知聖人，仰求天主降臨，乃曰：『主來鑒兹，下民可憫，久若幽囚，死于冥而弗覺。主教光明，祈主躬臨，解縛昭昏，俾履正道，以肇善行。』

又主謂宗徒曰：『廣遊普地，敷吾教。從者登，逆者墜。』〔四〕宗徒奉命流行，聖教始周遐遠。經美宗徒曰：『厥聲啓口，周地畢充，教通八極，罔少滯壅。』主又喻曰：『吾教猶網布海，漁諸鱗迨充牣。厥容廣哉，靡鱗弗存。』經云：『主國，遠總東西之海，廣涵南北之極，靡弗偏焉。』既光明且廣大，名之景故。

〔一〕在此所言的是關於祭祀的理論，依據爲托馬斯神學。
〔二〕清光緒四年本作『入』，當誤。
〔三〕依據的是若望福音 11：9－10。
〔四〕依據的是馬爾谷福音 16：15－17。

流行中國

據碑考年，當时聖教在唐，約二百載，累朝欽崇，聖堂星布。繇宰官洎都人士，莫不順旨從風。爰立碑記，用垂永休。迨大明萬曆、崇禎間，于閩之泉州，掘土得石，上勒十字聖架之形。又于近地得石亦然，今並竪溫陵堂内。自唐距明，既閱今古；繇閩去陝，又極西東。乃碑刻多証，流行惟舊，于茲益信。

碑頌

碑文體具二端，先序後頌。序者，序聖教之宗。自初入華邦，以迄周彌方域，修士册名，列宗顯號，都邑著方；頌者，頌聖教之奥，紀累朝弘奬，用茲傳徽不朽。太平有本，協和有原，盛美有自。

大秦寺僧景淨述

建碑之士，以厥名、厥國、厥職，首著其信。大秦者，中西一邦也，乃天主降生救世之地，距中土三萬餘里。景淨來兹，緣以厥邦名，名其寺，其職傳景教。

或疑寺、僧爲釋。不知寺本官制得名，如大理、太僕、光禄、鴻臚之類。當蒙朝廷崇獎，因以名焉。景士名僧者，當時之士，削頂存鬚，碑中顯舉。既離塵俗修道，通稱亦謂曰僧，就當時所名而名之耳。猶今以所居之宇而謂之堂，我輩之名而稱之曰士、曰儒，皆學士家所推重，而别凡俗云爾。若用西文，衆誰能解？試詳碑義所云。无元真主，三一妙身，開闢人物之始生，邪魔人慝之原委；三一分身之慈，室女誕聖之異；景宿告祥，波斯來貢；無言新教，開生滅死；七時禮讚，七日一薦；削頂存鬚，白衣示淨；法浴水風，印持十字；同人出代，亭午昇真等。〔二〕種種實迹，釋

〔二〕上述教義與術語，李之藻《讀景教碑書後》亦作了簡要梳理，並明確它們『悉與利氏西來傳述規程吻合』，但並沒有做出更加詳細的考訂與説明。可以推測，李之藻對景教教義的定性，定有西教士在旁（轉下頁）

教悉無。繇斯以觀，衆疑昭釋，緣舉原文，明詮如左。

粵若

造端發語之辭也。

常然真寂

景淨起詮天主之妙。曰真者，葢真，天主之本德也；寂者，天主之本情也。常然者，恒永而無變也。

（接上頁）協助。同様，陽瑪諾在此對『寺』的解讀，亦有中國奉教儒生的助佑。不過，陽瑪諾明確指出『削頂存鬚』是離塵修道的標誌，而非李之藻所言稱的『無分道俗，男子皆髡』。

聖經每稱天主，曰『其真實，厥言真實，確宜篤信』； 又云『永永真實，厥言恒固』； 又云『真實乃天主束儀，言約束吾人，無容妄動』。 主言爲真實約，既發厥口，永永弗爽。 伯鐸羅宗徒語其徒曰：『汝未入聖教前，攸奉神悉僞妄，既入後易心，從真實主。』〔一〕奥斯定聖人曰：『真與妄，如光與暗，直與曲。 弗信天主聖言之真者，如求光于暗，求直于曲，其將能乎？』天主之知，全知，因無欺于己； 其善，全善，因無欺于人，是乃其真實之繇。 人既信天主惟真，斯信厥教並真，從事尤易。

恒行恒寂，又惟天主。 厥御萬有，若眎微蟲，靡有能棼厥寂。 雅各伯宗徒曰：『天主無變動，併無微影變動。』〔二〕經紀天主曰：『惟吾真實，惟吾無變。』聖人謂天主，猶石柱砥江流。 厥流弗息，或越柱、或方逮柱、或猶未底柱，惟柱恒寂弗動，世物于天主亦然。

或疑：『天主因厥人有罪，怒欲加罰。 厥人既悔，天主息怒旋宥，曷云蔑變？』曰：『非然！ 天主自無始之始，早見厥人罪； 即自無始之始，並早見厥人悔。 怒罰、

〔一〕 依據的是伯多禄前書 4：3－11。
〔二〕 依據的是雅各伯書 1：17。

矜宥，無始悉定，未之少易。茀厥人攸爲有先後，而天主應隨之現耳。可悟人爲之變，主自無變。』

先先而无元

无元者，天主無始之始也。是妙惟天主自有，厥妙靡窮，畧徵于物。如天神性洎人性，亦肖天主之靈。茀厥無始之始，縱天神蔑有，矧人于物乎？經曰『天主，萬物始』，是也！奥斯定聖人詮曰：『物有三倫，下倫有始有終，如草木、禽獸、魚蟲之屬，以逮人之形軀。斯厥存時，謂曰流時，不免先後、修短、久暫之殊；中倫有始靡終，如天神，以逮人之靈性。厥存謂曰永存弗敝，縱無先後、修短、久暫之殊，茀厥始既受賦于天主，是厥存滅，蔑弗繇主；上倫蔑始蔑終，厥存弗茀靡先後、修短、久暫之殊，更蔑他物獲敝厥存，斯惟屬天主自存。是厥存也，全體渾焉，純一靡竟，永恒蔑限，絕無往來、現在之别洎出入、加減之分，永自成一。

窅然靈虛

詮天主之知。窅，深也。虛，純無錯雜也。言天主之靈，靡所弗知。自徹厥體，蔑始、蔑終、蔑量，并徹厥化萬物之諸蘊，斯天主之至靈。人非下質，疇容疑貳。昔有矇者，曰：『主座高遠，詎獲覩知人事？』經責之云：『斯狂人言哉。天主生人，俾克覩聞，已顧弗克覩聞；生人，俾厥克知，已顧弗克知。藉厥蔑知，烏克經造萬有而獲存，而賞罰各盡，而救持灾患，聆人禱祈，悉遂之。』今人奉神，弗辨真僞，即推以至靈，恪禀莫遑，獨萬物真主而疑之乎？藉厥蔑知，罔殊盲瞽，胡爲天主。奧斯定聖人曰：『凡悖理之念，莫甚于認有真主，藐若冥頑。』則既爲天主，靡所弗知，信矣！

聖人譬吾人智，如人坐平地，止覩目前；天主智，如登崇臺，弗界邇遐，一覽悉具。物之流勢，有已往、未來、現在之判。天主至知，恒一現今，永蔑判别。聖人又解天主之精知，曰：『吾人之知，有時倦息差謬，莫能一覽洞物之情，必先知其一，漸測其二，繇物之固然，因推其所以然，弗免勞思焦心；主之精知，無時停息，無不昭視。凡人念慮、語言、行事，皆在其目，了無暗冥怠忘差謬，因能準人善惡之賞懲。

其昭視也，安安而無微勞、無少倦。一炤而物之當然及所以然，了然洞徹，弗慮微謬。

後後而妙有

右晰蔑始者，惟一天主爲萬有先先；斯晰蔑終者，惟一天主自爲萬有後後矣。厥性自有，靡他倚賴。永永恒有，絕異萬有之有，謂爲妙有。性家攸論，弗係于物以始，即弗係于物以存，靡物獲竟厥終。斯理至昭，罔勞苦索。

總玄樞而造化

斯示吾人宜信，天主以厥全能，于全無化有萬有，萬有胥應命立顯。經曰：『天主發命，萬有咸出，順命而顯，弗延須臾。』〔二〕既晰天主爲萬物主，斯晰萬物莫之違矣。

〔二〕 依據的是詩篇 33：9。

或疑：『全無曷能生有？』祭利聖人曰：『物未有前，無物；則全無者，厥本名也。斯地無草木、昆蟲諸物，惟全無獲稱。克造物者，非人非神，茀天主全能，俾萬有出于全無。』斯謂總玄樞而造化萬有。

妙衆聖以元尊

妙，美餙也；元尊，天主貴體也。既信天主全能，厥始生物于全無，各俾本性諸恩，斯可信厥性至尊莫尚，備美諸聖。凡諸聖人超性明德，蔑弗繇之。葆禄聖徒抑傲者曰：『爾形神攸受恩，咸天主授爾。爾宜俯謝，弗得自驕，妄云繇己。』宜法古聖，識己貧乏曰：『吾善悉天主寵，吾行善，惟主導；吾言善，惟主啓；吾念善，惟主興。主聖祐先予、偕予、隨予，予乃善。』

其維我三一妙身，無元真主阿羅訶

斯詮天主三位一體難名之妙。三者，三位也；一者，一體也；妙身者，天主全體也。聖經恒用人身之名以解其全體，試解罪人之靈及身盡敗以罪，曰：『罪人，盡敗其身是也。』阿羅訶者，如德亞國，天主降生救世之地，主本號也。斯示人識天主何體，謂厥位三、厥體一，實乃真主，本號阿羅訶。天主三位一體，厥義淵深，蔑容名狀。天主降世躬昭斯示，宗徒獲厥親承，累葉聖人翼翼詮厥奥。本論具《聖經直解》〔二〕，兹弗贅。

判十字以定四方

判，分也；十字者，四極交羅之義也。天主化造坤輿，肖十字四端形，緣斯獲晰異教立説大謬。彼謂多主造地，某主山，某主海，故兹以十字詮天主化造之公。大地四極，統惟一主，是生是存，詎獲有他。

〔二〕《聖經直解》是陽瑪諾譯述的大部頭漢語神學著述，此書以天主教主要的宗教節日、節期爲線，較爲系統陳述了耶穌、瑪利亞等神學人物的生平事跡以及與此相關的神學崇拜，由此譯介了天主教新約尤其是福音書中的主要内容。

鼓元風而生二氣

鼓，動也；元風者，萬物未分之前，其元料，中史所謂渾淪是也。經記：『天主厥始，將造萬物。』〔一〕最先造天，次造水地二行，用之而鑄形有之萬有。二氣者，中儒所謂陰陽是也。氣居空際，分上中下。上分逼日故熱，下分返炤亦熱，中分遠于上下故冷。因其雖本特一，原蔑能二，但因含熱冷二情，有二氣、有陰陽之稱。〔二〕

暗空易而天地開，日月運而晝夜作，匠成萬物

時始蔑光，天地蒙昧。天主生光，易晦成昭，乾坤乃曜。古昔天主默啓古聖每

〔一〕創世紀1：1。

〔二〕這與宋儒的理解不同。在宋儒視域中，陰陽具有化生萬物的本體意義，與天主教的創世論具有可比性。但陽瑪諾在此僅把氣理解成物質性的存在物，並以其溫度差而劃分出二氣，或陰陽。

瑟，命紀郲闢，貽示來兹。厥典備載天地物始，洎歷代人族統系。兹譯本《寰有詮》《寰宇始末》《萬物真原》等書，〔一〕悉準聖典，業詳厥概，兹弗贅。

然立初人，别賜良和，令鎮化海，渾元之性，虚而不盈。素蕩之心，本無希嗜

前詮天主肇造無靈之物，兹詮天主始生有靈之人，厥貴越物。初人，爲人類始祖，厥名亞黨，譯言受生于土，受生于赤，葢天主用赤土以成，因名之如是。天主賦之靈性，上下二分之平，是曰良和；畀之獲御庶有，寰海宇内，統惟厥鎮，是曰令鎮化海。〔二〕厥性本謙而弗溢，渾焉純白，是名曰素；其容宏洪，是名曰蕩；無邪可閑，是名曰本無希嗜。聖經約舉厥性之精，曰：『首人受造成時，正直性生。』夫正直者，

〔一〕上述諸書均爲入華耶穌會士的漢文著述，基於教會立場，譯介了西方宇宙學知識。《寰有詮》爲傅汎際譯，李之藻筆録，明崇禎元年刊刻；《寰宇始末》作者是王豐肅（即後來的高一志）；艾儒略作《萬物真源》，崇禎元年刊刻。

〔二〕創世紀 1：28。

原義也。天主用聖寵，前滿厥靈，主寵特至，俾護原義。譬之國君將出，有衆先導，有臣扈從，有相陪奉。聖寵者，原義之先導也。有原義，而美利咸集，繇是舉世猛毒諸物，悉供厥命，無敢或侵。且厥天時恒霽恒平，罔見祁寒暑雨，地蔑荊棘，人弗汗勞，莫煩胼胝；百穀時成，食飲充贍；人生厥際，莫病莫虞；生世多期，恬然假寐；活克登天，多幸奚甚。迨扈從之貴，諸德是萃，厥受明悟，恒具巨光，備本性、超性大智。不學，能；不慮，知。神敏洞燭，上天文，下地理，中庶彙。靡弗精極，且陪奉之貴，厥愛欲罔礙，循善避惡，悉如厥意。攸受諸恩，悉以羽翼原義，如相臣陪大君然耳。

或問：『原義何？』曰：『渾焉内外之平，是也。人有上分，悉和天主義。令行禁止，欣欣樂受，罔微礙焉。天主緣報厥順命之善，錫厥下分亦悉和厥上分，纖微罔逆，斯原義之謂。』

經攸曰：『主造首人，賦厥巨智，錫厥心明。天地物性，精微咸徹，葢天主之光盛貯厥靈是也。』

洎乎娑殫妄施，鈿餙真精，閒平大於此是之中，隟冥同於彼非之內

洎，及也。娑殫者，邪魔本稱，譯言讐也。鈿餙，粧點之意。閒字，古書與間字同用，謂間隔也。茲詮元祖亞當厥性粹精，緣聽魔妄，掩飾本美，與平大之真性間隔，與冥同之真愛仇隟也。

或疑：『天主厥初生人，既予性美，欣欣樂生，何今吾皆不然？』曰：『邪魔妄施厥計，誑元祖獲罪于天主。吾人咸屬厥枝，厥根既敝，枝並弗榮。人方主命，庶物緣遂方人，世難並集，咸人自招，弗足云異。』

經曰：『天主既造無靈庶物，繼造男女兩人，締以夫婦禮，命廣厥類，用滿八埏。先置極樂之境，俾享厥福，備諸草木、百卉觀美，果實旨甘。一以試厥順，一以示厥福之繇，匪出于人，咸繇天主。緣禁一樹之實，戒云「勿食，食則死，並喪攸受諸恩。斯吾嚴命」。無何，魔嫉人福，誑乃妻云「視某樹實甘美，盍取食？」渠云「主誡予食必死，無敢輒動，矧食之」。魔云：「汝誠愚甚，弗識斯實之能，食之能洞萬有，等天主。主言弗誠，弗願汝夫婦輩與齊，斯戒食故。」渠緣魔誘，遂摘食，用一授厥夫。夫

暱妻柔，弗克忍而亦食，緣並方命。』〔一〕受厥約刑，吾人厥苗裔，並受遺累。斯邪魔施妄，世苦之繇。

或疑：『一果實至微，食過甚細，主刑太嚴，未見厥慈。』曰：『非也，厥罪至重，約舉四焉。一、斯戒易守，故犯甚重。奧斯定聖人曰：「元祖迷甚。樂境諸果，儘甘任食，主禁只一。厥戒胡輕，守斯匪難。試詰犯繇，克辭乏食？克云難從？弗欽故犯，誠乃實辭。厥辭醜，厥僭至矣。」二、大負主恩。纔受多寵，弘慈擊目，方宜心感守令，顧倏受倏方，宜晰厥重。三、天主既戒云「食之必死」，邪魔縱云「食之無害」，乃弗以主命爲誠而信魔妄，甚辱主命。詎謂輕科，可貸嚴刑？四、厥命匪一，即方一端，兼有多辟。一曰厥心疑主，二曰徇婦慢主，三曰妄驗果實之能，欲試主與魔言孰確，四曰貪食踰節，五曰害己又害厥後，六曰希與主並，斯端極傲，允屬罪魁。惡首惟傲，緣一果冀齊天主，奚傲如之？奧斯定聖人曰「元祖多智，厥智猶暗」，又「厥攸知，增減存滅，惟主是繇」。乃自憎厥知，自厭厥下，冀俾無所弗知，至尊罔匹，致慢主命。厥心傲、厥迷哀，希擬主福，喪現福焉。迨若魔計，抑又陋哉，罔己以傲，罔人

〔一〕文中言及天主造人以及元祖違逆之事，依據的是創世紀 1：27－28，2：22－24 等。

以傲，並莫逃厥傲刑。』

或問：『傲惡奚居首？』曰：『緣貪而食，緣魔誘而貪，緣喪主寵被誘，緣慢主致喪主寵，緣自尊輕主。傲惡存乎自尊，一入元祖心，天主〔一〕疾惡棄絕，斯晰傲誡惡首，故經曰「傲矜居萬罪首」。〔二〕昔上古多彼亞聖人訓厥子云「戒之戒之，毋容傲氣入乃心，毋得自尊入乃心、喪乃心」。〔三〕而諸喪之首，斯罪之狀，莫克勝數，天主嚴刑奚異。矧主用罰之際，旋施厥慈。經曰：「元祖方命，天主旋示良方。俾獲起。時主語魔曰，毒龍毋自妄誇，毋昂傲首。我于來時，將生一女，踏汝首，厥女之子大克汝，汝羣乃大敗。」〔四〕良聖人詮曰：「毒龍乃邪魔，女乃聖母瑪利亞。子其既降世，以攻、以勝、以破魔惡計爲職。」聖經紀厥勝云：「逆賊勤守厥寨，安享厥財。忽巨勇突入，攻而勝之。必奪厥兵，抄厥輜重，以散本兵。」解曰：逆賊，指邪魔。厥寨，指普地。厥兵，指惡謀。巨勇，指吾主。吾主降世敵邪魔、殺厥力、破厥謀、削厥權、制厥

〔一〕清光緒四年本作『大主』。
〔二〕依據的是箴言 16：5。
〔三〕依據的是多俾亞傳 4：13。
〔四〕依據是啓示録中的異象。

勢，于是俾人棄魔而向主。

奥斯定聖人嘆曰：『幸哉人罪，緣主降世，成人贖人，大施靡竟之慈。昔魔妄施，俾人離地堂樂境；茲主降世，俾人登天上福堂。爾徒異主罰，弗念主慈者，謬也。』

奥斯定及多瑪兩聖人，評元祖夫婦罪，誰首誰從，云：『罪首屬妻，繇彼嫉主福，疑主言，推厥夫同陷者故。』又有聖人云：『罪首在夫，以亞當躬承主戒，厥妻轉受于夫。夫爲妻首，首受主戒，首方主命，首招萬民之苦。緣彼方命，世染原罪，無與厥妻，重罪歸夫。』斯評較切。

或問：『元祖獲罪，受罰宜矣，後人何與？』曰：『泉濁，流濁；本傷，枝傷。元祖獲罪，厥裔共之胡異？譬之發麵酵，合時味甘，踰時味酸，麵緣並酸。元祖乃吾人同類之首，始生未犯，厥性本美；方命之後，大改厥性。吾人爲彼傳生，生際必共厥污，是名原罪。』

聖賢又紀曰：『天主初造人，與約誡云：「雖汝罔功，吾徒手賜汝本性、超性多恩，汝必盡忠奉命。如是，汝乃安享厥賜，汝子若孫咸享厥賜，吾甚愛之，視若忠裔。不然，汝或心迷方予命，汝乃蒙叛逆惡名，吾必甚怒，降罰萬苦，以迄于死。汝子若孫，並同汝罰，汝宜警戒切識。」』噫！元祖弗戒，倏忽忘命，昏迷負約而犯誡焉。天主如約始降多罰，用懲厥罪，先失靈性之聖寵，後罹種種世殃，并吾子孫輩同厥累焉。斯晰天主罰元祖，並罰吾輩之大義。

聖賢又設喻曰：『今有臣，未建尺寸功。其君先予以高爵厚禄，旋戒曰：「予奪繇我，兹特徒手賜汝。汝能遵命，乃終厥享，汝裔世食汝享。不然，爲叛逆，吾奪汝而罰至重，凡汝子孫恒是逆裔。」君命如是！設其臣弗戒，而遂叛焉，自取放置。爲厥子孫，視無禄爵，煩苦如民，宜異厥先之干憲乎，抑異其君之法譴乎？』用是推之，可無疑義。是故人生帶有原罪，不可少疑。

昔異教人不信小兒初胎皆有原罪，乃曰：『父授子以生，無罪；子受之父而生，亦無罪，原罪何隙入之？』奥斯定聖人答曰：『今有人偶陷深坑，見者不速救，而徐責其陷坑之人，必怪之曰，「汝宜速援吾出，弗宜徐責吾入也。」然則人既偕入原罪深坑，汝怪其入，奚益哉？宜求天主施救，乃利矣。嗚乎久哉！巨門大闢已入，汝何求小隙耶？』葆禄聖徒明厥門曰：『元祖之罪，引罪入世。罪既入，死輒隨之。』〔一〕罪在彼〔二〕謂之本罪，在我謂之原罪。欲晰其流毒之遠，當知後人原係元祖之身，如肢體係元首然。彼代吾人首領主命，并代吾人首肯主約。則彼領，即吾領；彼守與犯，即吾守、吾犯；彼受供命之賞，吾與共之；則彼受犯命之罰，吾亦與之、共之矣。原罪之流，不益信乎。

或问：『原罪招致多難，請示厥詳。』曰：『厥患屈指莫罄，苐言其畧，則先敝内靈，繼延厥身。原罪在靈，不容聖寵，故厥靈甚醜穢，天主甚讐惡之。苟弗求聖教善法以潔除，終弗能升天。斯一患爲最，别有四患，聖賢謂之四傷：一傷明司，二傷愛司，三傷下分之嗜，四傷下分之怒。』

傷明司何？奥斯定聖人詮曰：『無喻可喻吾人之愚。夫羽禽雖愚，人殆甚焉。羽禽弗學而認厥母，弗携而識就哺。人顧不然，生時弗知其母，餒時弗知就乳，長而無師，弗能辨生死之向與形神貴賤諸理。雖有大智，師心矢論，尚多謬雜；學士雖勤，弗能悉準。經曰：「天主造世，物類森森。人雖殫思，弗罄厥理。」夫物既至賾，

〔一〕依據的是羅馬書 5：14。
〔二〕彼指的是亞當。

學宜至長，而年壽甚促，或誇周知，不亦過妄？寧謂無知，庶乎允當。又況生命本促，人更爲之促其促。宴息居半，飲食閒暇居半，務學之時，僅惟半晷，可識甚淺。且天主生人形軀，俾得盡力于善學。人反厥用，先身後性，五官爲性學門，狥五官而性學喪焉。古賢嘆曰：「物質咸助厥模，用修厥職，特人質宜助厥靈，而反敗厥職。」聖經曰「肉軀重土，勢本墜落」，牽靈偕落是也。明司固迷，斯傷至劇。若元祖未犯命時，明司受有大光，用燭物理，靡弗確當；既犯命後，明司被傷，忒差莫計。』

傷愛司何？曰：『愛之偏，如毒涎惡酖，首害人心，俾偏愛己私。弗同未方命時，厥愛咸正恒和天主，愛憎順主。今輒忘主，弗審當否，苐狥爵貪。奧斯定聖人悉厥害曰：「凡嚙靈之思、焦心之念、平生之愁懼淫忿、背公、失信、妄証、邪謀、詐佞、盜竊、妬上、慢下、憎惡同儕、尊己卑人，種種之偏，皆歸愛己，而愛司至傷。」』

愛司既傷，循善避惡弗啻其難。葆禄聖徒曰：『異哉吾愛司，愛善而行之則難，惡惡而避之弗易。奈何愛惡互爭，難易相敵，勝負莫辨，甚哉愛司之劣。』〔二〕詮曰：

〔二〕 依據的是羅馬書7：19、21－24。

『人性含理，惡者，理之反也。今人趣惡若馳，就理如負，猶病者愛生惡疾，顧辭瘳疾之劑，而甘發疾之食也。』

又人當幼時，向善甫始，厥行弗定，倏忽更變，惟逡巡惡習，固持難釋。故經曰：『幼童錯履，迄耄弗知返。』此之謂也，皆明驗愛司之傷。奥斯定聖人嘆曰：『靈使百肢，或作或止，速順靡違，及使循善卒難。時順時否，來去弗定，可以弗定名厥定。』亦可晰愛司之重傷。

傷下分之嗜何？曰：『靈性之下分，嗜欲之敗也。嗜欲無度，以人行獸。元祖未方命時，原義克制逆萌；方命後，則如駁馬跳梁，羈之弗得。葆祿聖徒自異曰：「吾不幸人也，嗜欲頻攻吾心，吾身作吾勍敵，吾奚敢寐？謹厲吾兵，迎敵接戰，齋素鞭撻，以苦吾身，敵鋒速挫而伏命。」噫！聖如聖徒，尚患嗜欲之攻，必習苦以勝之。哀哉吾人，不聖不德，乃安意逸樂，藏賊于靈，不用微勞，妄希克敵，能乎？葢嗜欲者，悍僕也。逸之益悍，撻之斯降。又，炎火也。世味之薪，益增其炎；勞之以苦，如水斯滅。又，劇病也。縱口增病，戒口則瘳。聖徒之法，後聖皆倣傚焉。吾人舍是，奚法可師？』

傷下分之怒何？曰：『斯忿怒，踰節也。巴西畧聖人曰：「天主畀人以怒者，將防患而衛生也。」如勇士防寇，如筋節防身。何方命後，顧以怒情傷人之命？卸仁德之慈，襲猛獸之暴，忿怒所發，噬人如犬、牴如牛、吼如獅、殘如虎，靡所弗至，悉怒情之傷。』

怒，害人多，自害弗少。緣怒而致重疾，弗計其數。厥苦弗堪，種種怒病，人槩目擊奚煩更悉。

又飢渴之害，人所莫免。士攻業、農力田、商經遠、工動作，多難之故，咸以飢渴。天主欲罰元祖之罪，謂之曰：『自茲以後，弗能坐食，腹餒必勤耕，汗力反土，耘耔穡事，食飲粗足，斯乃汝罪之刑是也。』〔一〕

又多禽獸之害。元祖未方命時，禽獸百物，咸順人命；方命後，物亦方人，爪牙、蹄角之屬，皆若共盟，利器毒人，職是之故。又多寒暑、旱澇之害。元祖未方命，終歲和平，雨暘時若，百物長春；方命而後，水旱疊興，呼而弗應，嚴冬酷暑，相迭難人。經曰：『諸天之變，四時之乖，雷霆孛彗，災異駭人。空中諸象，皆如主兵，用征逆然。』又生命之促，必臻于死，『厥初天主化成長生樹，人啖其實，年延無損，安度世

〔一〕依據的是創世紀 3：17－19。

期，活能升天，弗經死苦』。元祖方命，主謂之曰：『識之識之，爲人爲灰。昨出于灰，來歸于灰，必迨死亡。』〔一〕斯罰，爲人世終罰，重罰也。夫人莫不愛生怖死，今卒弗克，斯刑誠極。經釋人命之短，設多喻曰：『人生如牧者之蓬，朝成暮毀；如織者之經，未就悉斷；如驛者之倏至，如順風之發舟，如翬斯飛，如矢去弦，如朝榮夕枯之草。』

或聞而異之，曰：『嘗覩多人至耄期，曷云甚短？』曰：『若是人幾何？千伯一二耳。餘或幼亡、或壯逝、或鋒鏑橫暴，莫可勝舉。又況耄期，雖云齡久，較擬身後永時，弗啻殀焉。特如俄頃，俄頃既過，死期速臨。原罪之罰，卒莫能避。』

昔主以原罪之患規衆曰：『譬之旅者，下山遭冦罄刼，斫傷瀕死。』〔二〕詮曰：『旅從山下，乃人性也。天主造時，並錫多寵。先既高矣，方命自招諸罰，後乃下焉，如自上而下者然。異教之人，弗解世患奚自，弗識原罪之故。』

或疑原罪染人，未有實証，故弗之信。不知聖教教人，不敢以難信者誣人，姑舉

〔一〕依據的是創世紀 3：19。
〔二〕依據的是路加福音 10：30－36。

三條，用証厥真：

一、証聖經。葆祿聖徒曰：『元祖一人，招罪入世，厥流綿延相染。斯罪爲吾世父遺產，吾子輩咸承受焉。』〔一〕如今之人子，承乃考之產然。苐斯產也，陋矣哉！而斯承也，哀矣哉！又曰：『元祖于吾主互反，兩行甚懸。』元祖方命，巇己性，并巇厥後之性，驅人悉供魔役。吾主承聖父命，俾之咸脫魔繩，復爲天主子。元祖害己性，自致死罰，并害吾輩，咸罹于死。吾主降世，以身受死，緣救萬民之死，俾吾靈性仍獲厥生。經曰：『疇無罪，疇能自誇厥靈至潔無污？』彼初生之嬰，厥靈尚弗免垢。達未聖王嘆曰：『異哉！予始胎，吾靈即穢。吾母受孕，吾始有罪。』〔二〕斯罪非厥本罪，爲原罪明矣。

二、証聖人之言。聖人僉曰，天主降世、受生、受洗、受死，曷以故？蓋主受人性，緣痊吾人之性；受洗，緣洗潔吾人之靈；受死，緣去吾人原罪之死。又曰，元祖食禁樹之實以方命，吾人均屬方命，均屬負欠者。厥券懸于禁樹之枝，吾主緣自懸

〔一〕依據的是羅馬書 5：12。
〔二〕依據的是詩篇 51：5。

于十字木架之上，用厥釘勾免，用厥聖血塗抹，乃獲聖父之釋貰。又曰，最初夫婦二人，既方主命，既出地堂，如發配人徙厥本鄉然。彼乃敗根，吾皆敗枝；彼敗曰本罪，吾敗曰原罪。哀哉！吾性不幸，未出胎，而靈已污；未覩光，而靈先暗。信哉！世人不幸之甚。

三、証真理。一爲天主攸造之物，必全無缺。造天全、造地全、造昆蟲草木咸罔弗全。備物凡以爲人，是故造人。獨畀靈性，超越萬物。造物既能各極厥妙，詎造人顧弗粹精。達未聖王謂主曰：『主造人時，大彰厥智。』〔一〕我思厥營人身，及賦以人性之精，極殫思，厥造精妙，益精益微。乃今人性多缺，明悟多謬，愛欲多偏，身多穢行多醜，人亦甚拙矣，曷造之云工？可明斯拙，非繇天主手，特壞于吾人轉手也，緣知自作其拙，乃原罪故。

二爲天主之義，至公無私，賞罰悉中。惡不累善，善不混惡，定法不易。昔古教人，時有穢行，主亦時降厥罰，衆心執迷弗知厥非，相顧異曰：『異乎天主之義，先人

〔一〕依據的是詩篇104篇。

獲罪，而吾被其刑。如父嘗醯，子齒得酸，義乎哉？』〔一〕天主甚恶斯喻，責之曰：『悖義之徒，爲是悖義之喻，盛吾怒而用擊劇罰。吾造先人，吾造厥裔，彼此之靈，吾造也。吾義惟公，視厥行美惡，隨賞罰之，弗問厥父與子。』〔二〕奥斯定聖人詮曰：『主言顯示世人咸有原罪。今吾目覩世罰，多苦、多病、多逆、多難，以趨于死，明皆天主之刑。如使元祖方命，罔與吾人，混同彼罰，必傷主義。』兹視吾罰，并視吾有原罪矣。

或問：『據聖賢喻，原罪染世，若洪水淹人。第按經記，洪水之時，尚有八人，幸免厥害。則兹原罪之害，亦有幸免者乎？』曰：『獲免斯者，鮮矣，僅有二人，餘無一免。其一爲吾主，以人性締天主性，降世成人，本無原罪，本莫克染。蓋凡繇人道生者，斯有其染。吾主弗然，降世咸出天主之工，絕非干于人道者故。其一爲聖母，論其始胎于母，宜染如衆。第緣天主原選爲吾主降生之母，愛之特甚，緣獲脱免，異于凡人。如將溺者，幸賴有力，先提幸免，故聖母始胎，天主以聖寵大滿厥靈，罔使微隙，原罪無自可入，緣脱斯染。』聖賢廣徵斯理，一曰母勢貴賤榮辱，威係厥子，孰有

〔一〕依據的是以西結書18：2。

〔二〕依據的是以西結書18：20。在此，對聖經原文作了較大變異的解讀。

子而弗願榮貴厥母。天主自能脱免聖母于原罪，即弗染矣。二曰元祖夫婦二人之位，與萬萬天神之位，擬較聖母，弗及萬一。彼輩皆爲使役，其位有限，聖母則天主母皇，厥位靡對。元祖、天神受造之時，尚皆無染，聖母之益當無染，信矣！諳德肋宗徒曰：『天主選至淨之土造首人，選聖母至淨無罪之胎造厥至淨之身』是也。三曰聖經多喻聖母之淨，云：『聖母之美，完全之美；厥光，太陽之光。』〔一〕全美者，言其無時得蒙罪污也；太陽之光者，言其無時得蒙罪影也。四曰衆聖人之言，皆云『聖母始胎，天主聖寵先貯厥靈，後來原罪莫得侵之』，又云『聖母聖靈，乃天主聖殿，無纖芥可掃，無半塵可拂，無微灰可除，至潔至淨、卒世全精者也』。綜覽諸條，可無餘惑。

元祖夫婦二人，謂本罪。不謂原罪者，以厥始生爲天主親造，弗同于衆，弗屬罪人子，特惟自作之辜，故也。

〔一〕依據的是智慧篇7：29。

是以三百六十五種，肩随結轍，競織法羅

言異教之衆，爭立門戶，若人悉力織網羅禽也。斯晰世人明悟之傷，迷惑之至。葢教之真、路之正，必有一而無二。奈何世人順從多岐，繇是其種愈久而愈紛矣！

或指物以託宗

人昧正道，錯認諸物，尊之若主，或奉日月，或奉斗星。弗悟斯皆天主攸造之物，用以炤臨吾人。緣引吾人推徵厥造真主，乃俱曹然指物爲宗，不綦惑歟？經曰：『天主生日月、星辰，布列于天。』光美炫目燿心，人宜以爲梯，漸引使上，而識造之之主。不知緣物以徵主，反用物以自穽，大負天主生物之意，惜哉！

或空有以淪二

淪，亂雜也；二者，空、有也。斯晰釋非。葢云物出于無，終歸于無。而有者實有，不得淪亂。今釋盡空諸有，淪此二端，良弗識萬有之主，厥性妙有，真實非虛，弗容或空也。

或禱祀以邀福

斯晰人之淫祀邪神求福，謬妄弗悟。經曰：『土神邪魔之像，不見聞、不言動，塊然如尸，弗能自佑，烏能佑人？』[一]禱祀之者，非徒無益，又獲罪于真主，是求福得禍也。

[一] 巴路克書6章（耶肋米亞書信）。

或伐善以矯人，智慮營營，恩情役役，茫然無得。煎迫轉燒，積昧亡途，久迷休復

斯晰二氏之妄。吾人無善可伐，異端立教，妄自尊大，矯誣真理，俾人惑于其說，營營役役，茫無實得。其心煎迫，轉相燒害，久迷沉錮，失向真主，若盲者失路永昧，安止本所也。

於是我三一分身，景尊彌施訶，戢隱真威，同人出代

斯晰天主降世之繇。天主降世，爲救人罪。主曾自明厥來之故，設爲喻曰：『昔牧童牧羊百，偶一離羣失路。牧童姑置九十九羊，往覓厥一，覓旣獲，抱懷至喜，携入原羣。』〔一〕詮曰：『牧者，吾主也；九十九羊者，天神也；離失一羊者，世人也。

〔一〕 依據的是路加福音15：4－5。

世人獲罪，失天堂之路，天主降世成人，受難救贖人罪，引之獲升天國，登天神之位，如失羊之復羣然。』

又昔罪人就主聆教，主以喜色與共食，時有惡口謗云：『與罪人同席，是亦罪人。』主答曰：『人强無疾，弗事迎醫，疾者必迎醫療。吾爲神醫，罪人靈病，吾來匪醫義人，耑療罪人。』[一]

聖人詮曰：『詳主二喻，斯明吾人之罪，乃天主降世之故。緣救罪人，甘取人性；欲人升天，甘降爲人。』又曰：『世人咸緣罪失聖，天主降臨，俾之獲返厥聖。』又曰：『吾主爲神醫，其寶血爲神劑。若人靈無病，奚煩主來，而傾灑其寶血耶？』三一分身者，乃天主第二位也。[二] 彌施訶，吾主聖號也，譯言天主先許降生救世主也。[三] 此乃天主三位之一，第二位聖子，爲昔人攸望降來救世之主。戢隱真威，同人出代者，言天主降世之時，斂藏聖威，出世如人。 聖人詮曰：『主隱聖威，如帷燈罩燭，燭燃于內，光映于外。

[一] 依據的是瑪竇福音 9：10－13。

[二] 即李之藻《讀景教碑書後》言之的『費略』，意即聖子。

[三] 陽瑪諾在此説彌施訶是音譯的專有名詞，符合實際情況，今譯爲彌賽亞。但他忽略了『景尊』這一富有中國本土文化色彩的意譯稱謂。

論吾主天主之性，雖隱人性之內，人性莫掩厥光，隨時宣著。故奇行聖蹟，昭灼于外，俾人易信厥爲真主。』〔一〕經曰：『天主將往異域，乘輕雲而入。』〔二〕詮曰：『吾主天主性如太陽，其人性如輕雲。雲惟輕，日易顯。吾主人性輕清無翳，透露厥內，含天主之性。以故一盼及瑪竇，而化貪爲潔，竟列宗徒；口訓人士，而多方信從，頌聲丕播；手撫諸病，應時輒愈；罪人抱其聖足而蒙赦，死者聆其聖音而立甦，斯可信厥爲真天主，并真人矣。』

神天宣慶

斯述天主降世之第一大奇。首提天神宣慶，以賀普地之大幸。經記天神降報

〔一〕這是對基督論神人二性的詮釋。包括下文，均表達了基督既是真正的人，亦是真正的神，具有神人兩性，兩性不混淆、不分離，共同處於同一本體中，簡言之即持基督二性一位的立場。衆所周知，景教所屬的聶斯托利派正是在此問題上與正統教會的理解有所不同而被斥爲異端。聶斯托利主義被認爲持基督二性二位的立場。

〔二〕依據的是依撒依亞 19：1。

約有三：

一、爲天主降孕之前，天神來報于至潔淨、至盛德童真女之前，曰：『申爾福童女，天主聖寵盛滿爾靈，主降世爲人，豫選爲母。』〔一〕童女弗敢違命，伏叩敬諾。于時，天主聖子，降厥淨胎成人，爲厥真子。斯童女高位，爲天主母，厥名瑪利亞，譯言海星。〔二〕自光炤人，母德之至，罄天神與人之舌，靡揚萬一。縱令天神并諸聖人之德，統會成一，較擬聖母之德，遠遠弗逮。經記達未聖王，神目見天國聖城，深嘆曰：『美麗哉！懸絕萬世之美麗，異哉厥址！世城之址，皆深埋于地，乃址至峻，夐然建諸崇山之上。』〔三〕詮曰：『聖城者，聖母也。主安厥胎，若大君安居堅城。始胎之際，乃厥址也。建崇山之上者，是時攸受天主聖寵，遠越諸神聖之表。』經贊聖母云：『凡天神、聖人，皆勤集其神財，特爾財叠出諸財之上。』

聖賢恒言，聖母之奇，畧似吾主。主如帝王出幸，先有諸臣清道。主未降，時多

〔一〕依據的是路加福音 1：35。
〔二〕與正統信仰相比，聶斯托利派最重要的神學特徵便是否認瑪利亞『天主母』的稱謂，而僅稱其爲『基督之母』。
〔三〕依據的是聖詠 48。

豫像。代有先知、聖人豫書其情，以示後來。聖母則如皇太后，其未生亦先有多像，亦多先知、聖人豫録厥奇。伯爾納聖人曰：『奇哉，聖母之大奇！早早于未生前，天主示元祖而許其生。默啓先知、聖人，錫之豫識聖母，雖弗克以肉目覩，而神目視之如在目前，愛之如母，仰之如后，奉之誠如天主聖母。』

又其始胎之奇，畧似吾主。主投聖母之胎，聖母仍是童身。乃聖母之母年已老，胎已荒，得生聖母，與童女生子畧似。又吾主投胎，原罪莫染。聖母始胎，原罪宜染而弗染，亦畧似焉。篤瑪及衆聖人皆曰：『聖母高位，可稱無窮際。天神、世人能讚其美，莫能詳讚其美。』

二、乃經紀聖母既懷吾主，未幾淨胎忽顯，若瑟淨夫弗得其故。天神語之曰：『若瑟，達未王裔，勿疑淨女。厥妊弗繇人道，悉天主聖神之工。將生之嬰，名耶穌，彼贖人罪，救世之主。』〔一〕

三、亦經紀，吾主聖誕當夜，郊外牧童三人，看羊守夜。忽巨光射目，光中天神語曰：『毋驚畏，來報汝福幸之音。汝也、通國也，咸宜欣樂。救世之主，頃降誕某

〔一〕 依據的是瑪竇福音1：19－21。

所，亟往躬拜。』牧童如命往見，悉符神語。〔一〕斯第一奇蹟，可釋異敦之疑。

據經所紀，聖母甚貧，產厥子于廢亭，臥以馬槽，裹以薄襁。煢煢一嬰，迨既長，恒罹百難，如是而欲信其真爲天主，真爲救世之主，誠甚難哉！弗知天主降世，厥旨有三：一則贖人之罪。人之罪概繇佚樂，主故贖之以苦。二則主乃神醫，降來療罪人神病。神病之根，始于愛私，傲、淫、奢、忿、貪饕等情，悉愛私之枝。主欲以謙療傲，以貞療淫，以乏療奢，以恕療忿，以淡薄療貪饕。〔二〕人法主苦，病根必除，病枝自散；三則主乃神師，降世指人天國正路。阻厥路者，財也、樂也、傲也。此主在世，恒以神貧、身潔、心謙，三者勸人。主若弗貧、弗潔、弗謙，胡爲良師，胡爲善誘？是其多罹苦難，明徵實有人性。若其明顯並有天主之性，更多証實。伯爾納聖人曰：『吾主誕日，雖擇馬槽，母衣以襁，若與世間寠人無異。乃天神當時齊集欽承，奉命而往告牧童，奉命遠報異國之人，是皆証厥真爲天主。第執迷者，故棄實証弗之肯信。雖弗以予言信，宜以聖經信。葆祿聖徒曰：『天主聖父，命厥聖子降世成人，并

〔一〕依據的是路加福音2：8－14。
〔二〕具體内容可參見龐迪我的《七克》。

命天神降來。欽奉厥命，則宜信厥爲真人，兼真主矣。』

室女誕聖于大秦

斯述天主降世之第二大奇。誕于童女之身，厥身仍爲全潔。經曰：『主若太陽，母若水晶。太陽之光，透入、透出于水晶，而水晶無損；又若太陽之光，出于其輪，而輪質弗傷；又若地生五穀、百卉，而厥土罔虧。』〔一〕自生人以來，未有童女生子者。即自兹以迄世界窮盡，亦再無童女生子者。童女而生子，特聖母之至奇，而天主自作之神工也。

景宿告祥，波斯覩耀以來貢

斯述天主降世之第三大奇。景宿者，巨光之星；波斯者，異國之名。吾主誕

〔一〕類似的比喻首見於羅明堅的《天主實録》，室女的稱謂亦見於此書。

時，新星發顯，導異國之人，恭詣降誕之所，俯伏朝禮而貢獻其方物。

或問：『來朝爲誰，人有幾，國何方，貢何物？』曰：『據經與聖人之言云，有土之王，共有三人；厥地名福亞臘彼亞，距主誕處東去二千餘里；厥貢三，黄金一、乳香一、没藥一。三王皆極賢達，各諳天文，咸識新星爲天主降生之兆。攸貢之物，並含吾主之義，並表三王之誠。黄金，王于五金。王信吾主實王天地萬物，故貢；乳香，焚供天主者，王信吾主内涵天主性，故貢；没藥，用塗人尸，存久弗朽，王信吾主並爲真人，將來雖死，聖尸復活，弗至腐朽，故貢。』

或問：『新星何星，始顯何時，三王何識其爲天主降誕之兆？』曰：『斯星非曆象列宿間之星，列宿諸星，恒麗本天，咸有厥度。太陽光出，厥光悉隱，弗能顯于白晝。斯星不然，第遊于空，東西南北，隨三王以偕行偕止。乃天神携之而動，又能弗避太陽，晝夜皆顯。且厥光大過太陽，俟主命既訖，散弗復存。故吾主降誕之夜，新星忽出，三王乍覩，速乘駱駝啓行，歷期十三日乃至。三王皆古先知之裔，其于一千五百餘年之前，預録遺書曰「來時新星必顯，實乃瑞徵爲救世者聖誕之兆。」三王久習遺書，忽見斯星，偕約亟往，又仗天主默詔，俾能尋至主誕之所。』

圓廿四聖有説之舊法，理家國于大猷

圓者，周全也；廿四聖者，古經内先知者，豫紀天主降世之情，約二十四也；舊法者，古經也。〔一〕吾主自降誕以迄受難，凡厥言行，按之古經，二十四先知者豫紀之言一一符合，周全罔缺。繇是聖教之美，大扶王化，而家國大猷，清和咸理有餘矣。

設三一淨風無言之新教，陶良用于正信

三一者，即前所言天主三位一體也；淨風者，至潔無污之化也；無言者，其教弗係于口，弗希多言，特貴善行也；新教者，吾主降世，易古教之規，而躬建新教之禮也；良用者，人性明愛之良能也；正信者，信用于正，不入于邪也。葢吾主降世，明示天主三位一體至精至妙之義于人，而躬建新教，非若古教之難明。其首重之大

〔一〕即基督教經典中的舊約。

端，在信天主三位一體，教化之美，至淨至聖，能化習俗之迷，陶鎔其性，俾明愛之良，用得其正，信向一主，而無他岐之惑矣。

制八境之度，鍊塵成真

八境之度者，聖教真福八端也；塵者，惡人也、世物也；真者，善人也、天國之物也。聖教迪人，特重真福八端，神貧一、良善二、泣涕三、嗜義四、哀矜五、心淨六、和睦七、爲義被窘难八，解見《聖經直解》第十三卷。

或問：『八端槩苦，曷謂福，曷謂真福？』曰：『世人如瞽，第視目前世物，輒以爲真。弗知凡目及覩咸屬有形，咸歸易盡，乃天主造此，以供吾人度世之需，可用而弗可溺者也。兹世之後，世物悉無所用，善人所托之以爲不朽者，惟生平所寶八端真福而已。奥斯定聖人曰：「真福八端者，明世福與天福之絕殊。」世福外，天福内；世福，富貴安樂，暫而且險。天福，貧窮患難，忍而成功；世福，贋也。天福，真也。世人鮮識内者、真者，槩迷外者、贋者。迨兹世既逝，務真福者，永享天國之真福；輕真福者，永罹地獄之真禍。經曰：「惡人厥欲靡恒，厥心如月，盈虧時變，須臾易面；善人異是，見善固執，至死弗變。」彼謂之塵，此謂之真，故也。經又曰「世物如纖塵，厥值至微，厥勢速變」。哀哉！惡人在世若瞽，視世物若永享。迨厥已逝，啓視吾之富貴，其速如塵飛雲散，漚之起滅，然後嘆夫僞之詎真，不已晚乎！後世之物則不然，皆真實，永存不變。善人既升天國，極戴主恩，曰：「深謝主恩，錫予爲王。予國靡竟，予爵無疆。世苦痛哭諸患，遐哉永離，莫侵予國。」故彼曰塵，此曰真。人入聖教，定志從守，弗問善惡，僉受弘益。善人入教，賴之日進厥善于粹精，奉持信德，修真福八端，爲每日善課，津津受聖教，如弟子之于良師；惡人入教，既悔往非，改惡從善，鎔其渣滓，用信德之火，習真福八端，爲熱心之薪，其就聖教如就爐冶。又聖教之益，尤能大改世物之觀，俾人視若微塵，獨晰天上之物，誠重且真。』

啓三常之門，開生滅死

三者，信、望、愛，超性三德也；常者，人人宜保此以終也。備斯者，升天國；喪斯者，墮永獄。啓厥門者，吾主也；生者，靈性之神生，即天主之聖寵也；死者，亦靈性之神死，即諸端之重罪也。吾主既降，常生之路開，永死之途滅。凡進三德之門，蔑不沐厥弘慈也。

信德何？曰：『神業之基，善程之始也。無斯德者，厥業無功，厥程弗上，天主不録，雖行弗克至天國。葆禄聖徒曰「主弗愛無信者」，弗愛其人，詎愛其工。』

或問：『宜信何端，乃獲超性之信？』曰：『宜信天主。凡屬天主之降諭，或命天神之降誥，或示先知聖人之豫言，盡宜篤信，總爲出自天主也。倘疑其非真，更求別証，是慢天主爲不足信也。譬有忠信之士，口傳某事真實，爲我目擊，苟聞者而弗信之，不亦藐視厥士乎？慢侮天主，罪莫大是。』

或云：『奚據知其總爲出自天主？』曰：『兹據約有三，一为聖會衆人所信，代相傳受，絡繹弗絶。衆之所信，可信出自天主。葆禄聖徒曰：「聖會乃美麗身，吾主爲首，首降施于肢，時相默喻，豈有差謬？」〔一〕二爲主教之士以萬計，精天學之賢以萬計，明哲傑儒以萬計，羣集討論，定厥信端，必宜確信。吾主親許云「凡有羣集討論聖教之理者，我在中焉，而導引焉」，如是而容有謬耶。三爲教皇代吾主居世，獲主殊寵，聖神默炤，故其所决之疑，所定之信，莫能少欺。主語伯鐸羅宗徒，并後諸

〔一〕依據的是以弗所書4：15－16。

教皇曰：「吾求聖父固汝信，魔雖罄術相攻，竟弗克動。」〔一〕聖賢曰：「教皇之信，乃聖教神宮棟樑。命信者，必信；命棄者，必棄。」厥命爲天主命，此謂聖教真實之信。』

真信之等，又分二殊。一曰活信，一曰死信。聖寵乃真信之活，重罪乃真信之死。吾人靈性，無罪則活，有罪則死。雅各伯宗徒喻曰：『無靈之尸與無善之信惟均。』〔二〕蓋言尸無靈，雖有耳、目、口、鼻，不能見聞、啖臭。真信而無善行以輔之，厥靈蒙罪，任行多工，弗獲名功，曰死者故。葆禄聖徒曰：『吾信雖至，可以移山。雖至行多奇蹟，倘靈無聖寵，死信也，無益之信也。』〔三〕繇是可識靈魂于身，善行于信，彼此之義槩均。軀有靈存，五官百體悉效厥職。有聖寵之信，雖行微善，定獲厥功，謂活者故。主曰：『濟貧者，雖冷水一勺，厥功鉅，厥報優矣。』〔四〕

望德何？曰：『靈性之矴〔五〕也，怠志之鞭也。人非仰望功報，厥志易隳，手足懈

〔一〕依據的是瑪竇福音16：18－19。
〔二〕依據的是雅各書2：26。
〔三〕依據的是哥林多前書13：2。
〔四〕依據的是瑪竇福音10：42。
〔五〕清光緒四年本作『碇』。

倦，輟工弗前。惟望德能堅定厥志，臨難弗移。如商賈望利，險阻不避；三軍望賞，效死不難；傭者望酧，而不惜其汗勞；農夫望穫，而不辭其胼胝。葆禄聖徒曰：「吾善敵神讐，善趨德路，主豫備旌善之冕，吾望既逝，主加吾首。」〔一〕額我畧聖人解曰：「聖徒比人勞苦于工，身面汗濕，拭之以帨，復繼厥工，念望工報。」聖徒之帨苦于前工，思念苦報，乃肯奮繼完工，斯望德之益。』

或問：『安得超性之望？』曰：『先建厥功而後望超性之真善，是也。真善有序，真望亦然。其一，在望天主爲其爲萬物之向，宜爲我真望之故。葢望天上之真福，全在獲享天主也；其二，在望聖寵，以獲真福之助；其三，在望聖人爲我轉祈天主，托其功德，望天主速允吾求，速赦吾罪，加吾德力與凡靈性之需；其四，在望天主賜吾世物，備繕升天之程。若人意止身家，無超性高志，不得謂超性之望。』

或問：『先建功，而後望者何？』曰：『不務建功而望，曰虛望，弗克遂厥所求；先建功而望，曰實望，天主乃允厥求而弗孤攸望。雅各伯宗徒謂弟曰：「多有求而不遂者何？乃弗知善求故。」解曰：「有功之求，爲善求。苐天主因其善功，以時賜

〔一〕依據的是提摩太後書4：7－8。

恩。」賜恩遲速，人不能知。何時爲合當之時，稱厥時宜，獨惟天主。』

愛德何？曰：『斯諸德之后也，諸德之餙也。愛德在中，諸德不孤，衛之如王，諸德賴之皆光，天主乃樂視之。否則諸德黯冥，而弗能邀主之視。』

或問：『宜何愛以獲超性之愛？』曰：『厥類不一，愛天主，其首也。爲厥無量能、無量知、無量慈、無量善，種種所有之奇，皆屬無窮，非人言思之所克竟。姑約言之，則曰愛天主爲其爲天主，非止爲其能酧善、賜福而愛之也；其次，愛己之靈也。凡人之靈，誰不自愛，然必勤務行善，乃獲升天而享天主。若行之未善，弗成愛己，經曰「惡人必惡己靈而自爲之讐」是也；其次，愛己之身也。依節存養，毋自損傷。身者，靈性之良友，助靈修德行善，乃稱良友之職。如徒佚樂飽飫，無輔厥靈，失厥本職，反爲靈讐靈害，身同害矣，烏謂愛身；其次，愛人也，并愛吾之讐也。蓋愛德至全，必含普地之人，弗包仇人，弗謂全也。』

信、望、愛三德，論至廣，不能備述。斯之爲德，吾主未降之先，行者甚希；主降之後，行者甚衆，謂啓三常之門故也。

開生滅死，斯乃吾主降世之首務也。主謂衆曰：『吾降爲何？爲致人之生，爲滅人之死。』經曰：『自元祖方命，死若王王于普地。』人皆屬死，如屬于王，皆因原罪，並有靈性之神死。吾主爲善牧，勤牧厥羊，俾獲無窮之生也。主又規衆曰：『吾乃萬民之生也。罪人者，死人也。彼願從我，我存其靈，俾永生焉。』奥斯定聖人解曰：『阨襪也、聖母也，二者之殊，一可異而一可奇。』可異者，阨襪首爲萬民之母，乃聽魔誘，大闢死門，引死入世，人皆屬死；可奇者，聖母領天主之命，大啓天堂之門，幸哉產吾主，以致萬民之神生，以滅萬民之神死。經曰：『天主于降生之先，誚死勢之劣，曰：「死乎死乎，吾乃汝之死也！」』蓋言吾將降而攻〔一〕汝，吾將受難而死，以吾之死贖世之罪。厥罪既償，厥靈復活，死失其權。吾之一死，實乃死之死也，謂開生滅死者故。

懸景日以破暗府，魔妄於是乎悉摧

景日者，光大之日，即吾主受難之日也。吾主既死，聖靈離尸，光昭如日，贖世之急務已全，爲光而且大之日也。暗府者，地中古聖之寄所也。主既受難死，聖靈

〔一〕清光緒四年本作『致』。

降于古聖寄所，是所先謂暗府，今則破暗而爲光矣。魔妄者，對真主而言也。吾主爲真，邪魔爲妄矣。悉摧者，羣魔驚吾主贖世之功，而銳氣摧挫，弗克當天主之聖威，魔力至此而窮也。

按古經典及聖賢諸解，皆曰：地中有四重大穽，最下者，大地中心，謂之地獄，乃惡鬼與惡人所受萬苦永殃之冥阱；稍上一重爲煉罪苦所，在教之人幸獲善終，或因謝世之時，猶有宜補工夫，未能補之于在世，死後姑置此所，以鎔其滓。厥靈既淨，乃獲升天；又稍上一重爲妖殤之所，是所無苦無樂，爲其在世孩童無知本無善惡，故其所報，亦無苦樂，但非領洗，因有原罪，弗獲升天；又最上一重爲古聖人寄所，自元祖方天主命，天門因人罪而閉塞，雖古聖人莫能自進，天主俾之姑寄此無苦之所，待主降生受難救世之後，乃啓天門。故吾主聖靈降此，以携古聖，偕出升天，謂破暗府者故。信經第五端曰『我信其降古聖之寄所』，是也。

棹慈航以登明宫，含靈于是乎既濟

此承上文，言主降臨古聖寄所，拔其靈于暗府，棹其慈航，登之真福之明宫。而古聖之靈久待而望濟者，于是而既濟也。

能事斯畢，亭午昇真

斯言吾主既完贖世之工，死後第三日，聖靈自古聖之寄所回返聖尸，復活如舊。後四十日，以厥本能，日午之時，當衆騰空歸于天朝。信經第六端曰『我信其升天』，是也。

經解是端始末曰：『吾主既復活，四十日間恒現宗徒，明示種種未來之事。至期各與撫慰，携之登山，舉手降福，倏爾上升，同諸古聖偕登于天。天神齊降環衛，音樂滿空，頌聲盈耳，漸升漸遠。聖徒目送而神馳，時有彤雲降遮，遂弗能見。宗徒仰望，不忍下山。主遣二白衣天神，降而諭之曰：「仰誰耶？主今雖升天離汝，第至世末必復降。降時厥光灼爍，于兹罔異。」宗徒聞命以歸。〔一〕主升諸天之上，安坐聖父之右，統御萬物，厥國厥權，永弗易焉。』

〔一〕依據的是使徒行傳1：3－11。

經留二十七部，張元化以發靈關

斯舉吾主新教經典之数，二十有七：乃聖史四、路加聖史一、葆禄聖徒十四、聖各伯宗徒一、伯鐸羅宗徒二、若望宗徒四、達陡宗徒一，是也。〔一〕元化者，聖教之大化；靈關者，正道之要樞。蓋吾主未降，大化未開，正道多阻，異端滿路，窒塞弗通；吾主既降，躬訓本國，惟别地之人，弗知聖教，尚迷故習。主故默牖諸宗徒聖史，集録聖經二十七部，命周大地，隨方敷教，以聖蹟去其阻，以實理闢其關。繇是天下四方，始覩正道而始行大化也。

法浴水風，滌浮華而潔虚白

斯舉行聖水之禮也。法浴水風者，領洗而入教也；浮華者，今世之浮榮也；虚

〔一〕即聖經新約二十七卷書。

白者，領洗之時罪污既除，厥靈清虚粹白也。蓋今世之榮，似重實浮，人槩迷焉，弗識真福之路。吾主制立聖洗之禮，俾之獲去罪垢，服從誡規，始輕視乎世榮之浮，而恒護其虚白之潔。經紀聖洗之能，至廣至大者故。

約言聖洗之大能有三，一洗原罪之污，餙以聖寵，富以諸德。蓋人受生于其親，而受人之性，因爲人而有原罪，是爲天主之讐。既領聖洗，始得爲天主之子，而後聖寵餙其神生，諸德之聚，繇是能致；二盡獲本罪之赦；三全免諸罪之罰。領洗之時，不論罪之輕重多寡；授洗之士，不命領洗者行工，以刑戮抵其前非，即得厥赦。聖賢曰：『未領洗者，死人也。領洗始生，天主始紀其行。善者以之賞，惡者以之罰，弗追其未領洗之往失焉。』

篤瑪聖人曰：『上三能，皆于聖水之洗切應。水之爲物，光明也，滌垢也，解熱也。受聖洗者，並受聖寵，諸德之聚，厥靈光而無黯。受往罪之赦，厥靈潔而無污；受罪罰之赦，厥靈免獄火之熱，此聖洗有取于水之義也。』

印持十字，融四炤以合無拘

斯舉吾主之十字聖架也。主命教内之人，恒印恒持十字，以保所受之聖寵。十字聖架，其四端有四極之形。凡入教者，宜奉十字聖架爲表，以效法吾主之聖愛，無拘富貴、貧賤之等，皆必互愛而與四方普地之人，融徹而和睦也。

或問：『和睦關于十字聖架何？』曰：『人方主命，爲主之讐，被主惡憎，彼此絕愛，弗克相和。吾主如中人，降世受難于十字聖架，爲天下古今罪人，獻其功于聖父，求回義怒，復垂聖慈。聖父繇是享受吾主之功，即垂聖愛而和于人。葆録聖徒曰「奇異哉，吾主之大恩，自甘十字聖架之苦，其寶血俾天合于地」〔一〕是也。人思聖父爲十字聖架之功，垂愛于我，則印持十字聖架之時，詎難推厥愛，而和睦于人。又思吾主何故受難于聖架，非爲己，全爲愛吾普世之人。吾人時時仰而思之，聖架之形，恒在心目，易效吾主愛，和睦之義，不切係乎？』

〔一〕依據的是歌羅西書1：20。

擊木震仁惠之音

擊木，鐸聲也；震，動也。斯以仁惠，明吾主之新教也。古教甚嚴，戒規繁而且厲。吾主降世，定爲新教，易從易守，若木鐸弘音，感發人心，而播其仁惠。

聖人解曰：『經記，天主降古教之令，率每瑟聖人登山，授以古教。時巨火烏烟，降繞其山，颶風陡作，空中大變，雷轟霹靂，嚇聲弗止。〔一〕聖人明其故，曰「古教者，警人之教也」。天主欲當時之人畏厥威，懼厥罰，以守厥戒。故懼者多，愛者寡。新教始興，即有聖神降臨。聖神者，天主之聖愛也，以示新教乃仁惠之教，吾主聖言爲仁惠之音，如木鐸之震擊然也。主規厥徒曰「惟愛之一誡，總括吾教。」葆録聖徒亦云「能愛天主與愛人，乃爲全守天主之教，可知仁惠者故。」』〔二〕

〔一〕依據的是出谷紀19：16－20。
〔二〕傳教士對天主教教規的闡釋：愛主與愛人，這是十誡中的核心教旨。

東禮趣生榮之路

斯言吾主在世之時，命人奉敬天主之禮，取向東方，望獲天堂之常生，真福之光榮也。自古迄今，西國率以東向瞻禮天主，凡建天主聖堂聖臺，厥向槩面西方，瞻禮者向東行禮，以示吾主如太陽東出，光炤普地者然。吾主常曰：『吾爲普地之太陽，人從吾，弗陷于冥，必獲常生之光』，〔一〕此東禮者故。

存鬚所以有外行，削頂所以無内情

斯舉傳教之士與受教之人。厥益有七，斯條首舉其益之一。聖教内修士，勤治内外之神功，槩存鬚削頂，自別于俗。聖人云：『伯鐸羅宗徒首行此禮，其意有三：一則髮者，身之餘，意念之像也。脩士剪一分，留一分，以表專心事主，絕去累情，僅

〔一〕依據的是若望福音8：12。

容少念，以便身需，獲免飢寒，利于脩道；二則欲明脩士，首戴吾主刺冠之像，以吾主攸被之辱，戴爲吾榮，而首頂吾主受難之恩；三則示人宜欽厥位，識乃神王。』伯鐸羅宗徒謂修士曰：『爾皆天主選人也，皆聖人也，皆神王也。』〔二〕人宜欽者故。

不畜臧獲，均貴賤於人

臧獲者，奴擄男女也。斯舉其益之二。西方教人，從古及今，毋得鬻身、鬻妻、鬻子與人爲奴，惟傭工弗禁，斯不畜臧獲者故。

敷教之士訓人無私，獎善責非，弗視貴賤，教之如一，且敷教至公，賢愚僉受。主語徒曰：『爾輩太陽也，廣周普地，廣衍吾教。從之者升，逆之者降。』解曰：『太陽至公，山谷並炤，彼此均被，敷教者肖焉。又從教之衆，品列勢殊，第尊卑貴賤，各安厥分。上弗陵下，下弗慢上，同等弗欺，總如共父之子，視猶昆仲，斯又均貴賤者故。』

〔二〕依據的是彼得前書2：9。這與李之藻的理解不同。

不聚貨財，示罄遺於我

斯舉其益之三。聖教内修士之工有三：一救本靈、一救本身、一救貧人。既入修會，非止弗私蓄斂，全以己有，周給貧乏。

或問：『貨財奚害于修，必以罄遺？』曰：『聖人皆云，神貧之德，輕己之身，易遵修途。貨財勢如重任桎梏，俾弗獲行，故修道者棄絕貨財，如捐重任，解桎梏，形神並輕，修功若馳。伯爾納聖人曰「神貧之德，靈性之翼，如翬斯飛，弗煩漸習，而一飛戾天」，斯之謂也。又修士以周遊爲職，〔一〕弗去貨財，必圖存守，烏能脫然，克全本位，斯又罄遺于我者故。』

〔一〕早期教會史上，修士以隱修爲主，外出訪遊受到嚴格限制。在此，陽瑪諾言稱修士以周遊爲職，顯然是暗示當時外方傳教的耶穌會士。

齋以伏識而成

斯舉其益之四。乃持齋素，以馭本身，弗令蕩佚，以敗厥靈。茀聖教修士齋規不一，有終身之齋，雖病弗違；有半年之齋；有惟用菜羹之齋；有惟用一飯一水之齋。各依其本會齋規，以爲嚴守。

齋之爲益，廣矣難悉，約而言之，正諸情之偏，乃齋之本德也。人之肉軀，如不馴之馬，縱以豢芻，愈悍逆而難伏，減其食，無弗馴矣。奥斯定聖人曰：『吾軀，吾驢也。欲乘而正行，彼逆而邪僻，我强以齋素，斯順歸正道。』經曰『豐育其僕，則當其逆』，斯之謂也。解見《聖經直解》第四卷。

戒以靜慎爲固

斯舉其益之五，乃守聖教之十誡也。十誡之目曰：一欽崇一天主萬有之上，二毋呼天主聖名以發虛誓，三守瞻禮之日，四孝敬父母，五毋殺人，六毋行邪婬，七毋偷盜，八毋妄證，九毋願他人妻，十毋貪他人財物。〔一〕 解見《滌罪正規》《解畧》諸書。〔二〕

或問：『十誡爲修士之工，在教諸人亦共守否？』曰：『奚止在教之人當守，雖普地之人盡攝焉。譬之大君御宇，普天率土，莫逃厥制，苟或不服，必屬刑誅。繇是觀之，世人皆天主所生。十誡者，生人之度。盡屬其生，即盡惟其制矣，奚逃焉？』

又人之靈，皆有是非之良，是者當行，非者當止，苟遂厥非，即違厥性而獲罪于天主。十誡皆理之至當，原依于人本性之光，以故弗問其人在教與否，盡當恪守。聖人示警外教諸人曰：『爾輩毋放意自欺，毋謂十誡任重，緊束難卸，弗堪其負，吾寧弗入其教。吁嗟！拙哉！斯心斯計，或入或否，疇能卸之？從天主生民至今，以

〔一〕 十誡乃是梅瑟在西奈山上授頒的戒條，詳見出谷紀20：2－17。

〔二〕 《滌罪正規》由艾儒略著述，崇禎十七年刊刻，系統介紹了天主教會的悔罪、解罪。《解畧》即爲王豐肅（高一志）的《教要解畧》，闡釋了天主教的經文、十誡、信經等內容。此種著述風格亦影響了陽瑪諾。其後，陽瑪諾亦著有《天主聖教十誡直詮》一書，更爲詳細地解讀了十誡內容。

洎世末，何人何時能脱天主之十誡乎？』

論守誡之樂，心静而安，時惺戒備，慎防將來，根本益固，益難撼摇。經曰：『厥靈安樂，如坐盛筵，珍奇既滿，詎虞糲食，莫能度生，弗惧弗怯，威儀秩如。又若獅居劣獸之羣，岳鎮巨風之變，曾弗少動，安哉？其守誡之樂乎！』

論犯誡之異，經曰：『惡人入無畏之地，厥心恒悸，如在大畏之中，見害微影，輒生戰慄，視如實患，厥心猶恒沸不寧之海，猶恒飄弗止之風。如犯王法者，聞衛士之叩門，驚怖而無少寧。』犯誡之危，不甚可驚耶！

七時禮讚，大庇存亡

斯舉其益之六。言聖教修士，既登聖會品級之尊，誦經之工，每日七次，不得少缺。其誦經之益，不特施及在教生人，并及在教亡者，或在煉所，未獲升天，因賴修士禮讚之工，獲拯厥苦。信經第九端曰『諸聖相通功』是也。

昔達末聖王解通功之端，竊自忻幸而呼主曰：『我幸者哉！彼畏主者，每行善功，厥功廣溢，以及于吾。』解曰：『聖會如茂樹，善人乃厥枝也。厥根吸潤，引貫百枝，並受其利。又如美大之軀，善人爲肢，肢雖匪一，厥脉相通。聖教善人，厥等雖殊，通功之利，一而已矣。』

廣哉通功之利，弗第及于生人，煉所之靈，並受其益。善人爲煉所之靈，獻功于主，克減厥苦，而升天愈近，或速拔之，俾得升也。又聖會善士，並通天國聖人之功。聖人在天主之前，恒爲彼祈，天主因聖人功德，而恒允之以申祐焉。

或問：『通功之利，奚獨益夫聖會之善人，而等罪人弗與？』曰：『善惡既殊，禍福自別。在教外人既不領洗、不信天主聖教，先自絕其萬善之根，必弗能真立善功。既非真善，則其善究歸于惡。又在教惡人，無功于己，曷能通功于人，曷能共享善人之功？盎博削聖人曰「筋連百肢，氣血乃通，百肢長養。聖會之中，愛德如筋，善人互愛，因共通功。罪人自絕超性之愛，自斷筋脉之連，烏能與共通功之恩乎？」愛德之在人心，有如湧泉，滿而洋溢。善人能通其流，俾無所阻，引而受潤；惡人反是，罪塞其流，靈自枯槁，弗獲受潤，奚異乎！』

七日一薦，洗心反素

斯舉其益之七，言瞻禮之主日也。聖教内每七日之一日，謂之主日。在大統曆，日遇房、虚、昴、星，太陽之日是也。薦者，獻祭也。聖教内有獻天主聖祭之禮，其能利之大，湔滌司祭之心，俾存其潔，而無污也。七日一薦者，特指主日之公祭，集衆瞻禮而言也；若司祭之士，每晨奉祭，不必衆集，謂私祭焉。

或問：『聖教主日者何義，衆集攸行者何工？』曰：『主日之義，淵矣；教衆之工，善矣。主日者，乃天主始造天地、人物之日也，教人是日當謝造成之恩。至日槩罷俗務，蚤趨聖堂，瞻禮致謝，可識是日爲大賚之日矣。奥斯定聖人曰「今世之首日，主日也。」又古教之衆被擄，而久羈異國，天主脱之于擄，命還本國。時有大海阻前，衆不得渡，天主分濤成路，衆乃得行，猶履平地。〔一〕此開海之日，主日也；又古

〔一〕即爲梅瑟帶領族人从埃及返回故土，過紅海之奇迹，詳見《聖經》出谷紀的記載。

教之衆行路之時，途中絕糧，無法濟餒。天主從空降食，厥味至飴，衆籍以飽。〔一〕此降食之首日，主日也；又吾主聖誕之日，及復活之日，及聖神降臨之日皆爲主日；即今世終末之日，亦必在于主日，是貴主日者故。

在教衆人，每遇主日，槩歇百工，恭詣聖殿瞻禮、與祭；聽講聖道、誦經；祈禱或爲君親，或爲仕民，或爲親友，並祈天主垂賜祐庇。凡在教者，爲己滌靈，爲人祈福，皆主日之工，可識其善。

真嘗之道，妙而難名，功用昭彰，强稱景教

既詳聖教七益之槩，玆約其妙，蓋言聖教爲真主攸建之教，惟真主聖教之道爲真道、爲永嘗不息之道，厥妙難名。自三一之奥，以迄分身之奇，種種聖情，非名言之克竟。且厥用光大，世間所有之稱名，槩難克肖，不得已而以光而且大之義名之景教云爾。〔二〕

〔一〕詳見出谷紀。

〔二〕顯然，陽瑪諾採納了李之藻的意見。

道非聖不弘，聖非道不大，道聖符契，天下文明

言國主助聖教之廣，聖教助國主之光。蓋聖教流行之益，緣帝王從奉，居高作倡，大道廣敷，教法相資，而皇猷熙奏也。

或問：『帝王益聖教者何？』曰：『聖賢皆云，帝王者，行道之車。凡人或聞教而多阻者，一則舊習難割，一則欲情恣肆，一則貪利昧理。苟非帝王用善法以御之，期民于善，不甚難乎？用善法以御之者，善也。若能躬行其道以帥之，尤善之善也。帝王之勢，譬之宗動天然，晝夜恒運，樞紐九重，力能帶下，强之同動。熱落聖人曰「上者，民師也，教善，而民善；民之太陽也，體光，而地光；民之書楷也，模端，而字端；民之明鑑也，光澈，而容徹；民之表度也，本正，而影正。」此帝王從守聖教，上行下效，而異端邪說不得而阻之也。』

又問：『聖教益帝王者何？』曰：『帝王既從聖教，聲名洋溢，遐荒裔域，罔不率俾，生而尊榮，沒而不朽；國人遵教，忠愛其上，親遜同風。道聖符契，天下文明，信哉！』

太宗文皇帝云云〔一〕

斯述聖教繇來之地，及其時、其士、其帝、其事等等多情。一一實紀，以致弗信者因之得信。覽者試思事証多端，弗得弗真，亦可以無纖惑矣。太宗以下諸帝，及臣房玄齡、郭子儀，俱詳唐史，玆不贅。阿羅本者，乃傳聖教入中土首士之名也。『忘筌』義見《莊子》，亦不贅言。〔二〕太宗之時，有上德阿羅本者，自大秦國，航海歷險，至于中國。〔三〕貞觀九年，首獻經像，計吾主降世後六百三十五年也。太宗命宰臣房玄齡出郊迎入，接以賓禮。居之大内，翻經問道，辨其真正，故于十二年秋詔示

〔一〕在此之前，陽瑪諾對景教碑文作了逐句，乃至逐字的詮釋、註解。因爲這些碑文闡釋的是基督教的核心教義。陽瑪諾藉此用來宣揚其學説。從『太宗文皇帝』開始，景教碑文大篇幅地陳述了景教與唐皇室之間的密切關係。對此，陽瑪諾則予以簡略，其註解之文亦簡短。這表明，陽瑪諾對景教在唐代的歷史處境以及政教關係並不過於關注。

〔二〕見《莊子·外物》。

〔三〕對於阿羅本入華途徑，景教碑文並無明確説明。在此，陽瑪諾肯定其通過海路而至中國，顯然是與當時耶穌會士入華相比附。

臣民，朝野欽奉，而即於京師義寧坊之地創聖堂，内置二十一位司祭之士。

宗周德喪云云

青駕西昇，謂老聃也。言周德喪，而道人西去。唐道光，而真教乃東來，於是命工繪帝真容，置之聖殿壁，姿彩廣耀，昭朗光大之門，永輝真法之界也。

案西域圖記云云

珊瑚海，紅海也；[一]返魂香，奇香也。樹榧香，油能療傷，使瘡速合無痕，本名巴爾撒木香。人受重傷者，用此療之，槩得大效。謂返魂者，甚言其效之速，以美其名，非真能使人魂之復返也。

[一] 把珊瑚海考訂爲紅海，無非是説明大秦國的南境抵紅海一線，用以突出耶穌降誕之地的如德亞亦在其境内。

高宗大帝云云

大法主者，衆司祭之首，統理聖教之事者也。十道者，十省也。高宗即位之元年，乃吾主降世後六百五十一年也〔一〕。高宗託阿羅本鐸教之任，統理司祭諸士，并在教諸人。此時聖教流行，聖殿滿城，國家隆平，受其美利。

聖曆年云云

聖曆之元年，乃吾主降世後六百九十九年也〔二〕。先天之末，乃吾主降世後七百一十二年〔三〕。『用壯』『騰口』二義見《周易》；『下士大笑』，見《道德經》，〔四〕不待詮。

〔一〕高宗永徽元年，即公元六五〇年。
〔二〕武則天聖曆元年，即公元六九八年。
〔三〕先天爲唐玄宗的第一個年號，先天末年即先天二年，公元七一三年。
〔四〕《道德經》四十二章。

此言魔嫉聖教之行，引釋輩，使皆盡力謦計以阻之，至聖曆年而蜂起，依衆恃强，隨地肆謗，十四年之期，〔一〕其口不止；又先天之年，無知小儒，齊出護僧，同嗤聖教。奈何教根未固，多輩動摇，而聖教之幹幾爲之撼。

或疑：『當時聖教，既爲朝野欽崇，又敢騰口者誰？』曰：『欲禁嚚訟之口，難矣哉。吾主曾責惡人曰「人行不善，必忌日光，以光著厥惡也。」〔二〕如目瞀之人，日光彌曜，厥目彌昏，異端多詛，曷異乎！』

據此碑稱釋子騰口，則此景教明爲正教，不得以景淨士稱僧妄疑矣。

有僧首羅含、大德及烈云云

羅含、及烈，上德二士之名也。當時阿羅本已逝，而羅含膺命爲司祭首，與大德士及烈共掌教事。此二士皆自西方巨室，絶棄世務而來傳教。因景淨曰：『是時，

〔一〕即指從聖曆元年至先天二年，計十四年。
〔二〕依據的是若望福音3：20。

聖教爲魔裂，如斷綱絕紐。得羅含、及烈是勛貴臣，名家士一心合力振而維之，聖教復顯而流行如故。』

玄宗至道皇帝云云

玄宗即位之元年，乃吾主降世後七百一十四年也。〔一〕此言玄宗宣寧國等五王，躬詣天主聖堂，更新建臺，而聖教棟石復得其正也。

天寶云云

天寶元年，乃吾主降世後七百四十三年也。〔二〕此言玄宗命内臣高力士送先朝

〔一〕延和元年八月（七一二年九月），李隆基登基，改元先天，是爲先天元年。先天二年十二月朔（七一三年一十二月二十二日），改元『開元』。文中所言的即位元年爲先天二年（七一三年）。

〔二〕天寶元年，即七四二年。

五帝之容于聖殿之内，備極禮儀，慶賀之盛也。

龍髯雖遠云云

龍髯弓劍，中史紀黄帝昇天事也。事雖迂誕，景淨姑借言之，謂古帝修道顯著異踪。今也玄宗令繪五帝之容，置之聖殿，人視其容，如親炙其光，故云日角舒光，而天顔咫尺也。

三載大秦有僧佶和云云

三載者，天寶三年也，乃吾主降世後七百四十五年也。〔一〕此言天寶三年，有西士佶和，自大秦國來。蒙玄宗詔賚之隆，命羅含及普論等，共十七司祭之士，同于禁宫頌聖經，而行修道之事。當時，聖旨勑諭裝餙聖堂，親題牓額，大顯光燿，其恩如

〔一〕天寶三年，即七四四年。

山，其澤如海也。

肅宗文明皇帝云云

肅宗即位之元年，乃吾主降世後七百五十七年也。[一] 言肅宗于靈武等五郡，重建新堂，更益舊數，大開諸福之門，而皇極克建也

代宗文武皇帝云云

代宗即位之元年，乃吾主降世後七百六十四年也。[二] 降誕之辰，吾主聖誕本日

[一] 天寶十五年七月，肅宗即位，改元至德，即七五六年八月。

[二] 寶應元年四月二十日（七六二年五月十八日），代宗即位，次年七月朔（七六三年八月十四日）改元廣德，是爲廣德元年。文中所言即位元年，當指廣德元年。

也。〔一〕言代宗每于聖誕之日，勤備異香，送于聖堂，謝主賜祐，得成御衆之功；命備御膳，以給司祭之士，顯其隆情；又言天主美利益人，廣生萬物之品，代宗體天〔二〕行教，錫福于民，而亭之毒之也。『亭毒』義見老子。〔三〕

建中聖神文武皇帝云云

德宗即位，建中元年乃吾主降世後七百八十一年也。〔四〕此言德宗勤業明理，化通幽玄，其祝無矯誣，可無愧心也。

〔一〕碑文中的『降誕之辰』本意是指皇帝的壽辰，而非耶穌誕生日。

〔二〕清光緒四年本作『主』。在此替換『天』，與禮儀之爭有關。

〔三〕《道德經》五十一章。

〔四〕大曆十四年五月，德宗即位，次年改元建中，是爲建中元年，即七八〇年。

至於方大而虛云云

此言聖教修道之功。尊主誠，方義廣大，又不自賢，愛人猶己，廣慈善貸，篤行哀矜，用彼以自修，用此以勸衆也。又明聖教之能，能使雨暘時若，人康物阜；生者、死者，咸獲其所。凡祈主者，舉念之頃，誠求至速，無不獲天主之昭格也。

或問：『修道首謙者何？』曰：『聖人云「人始修道，如謀累千仞之臺，必先厥基，如謀升九重之殿，必繇厥級。謙者，修道之始基也，初級也。能謙，斯有基而弗傾，拾級而能上，否則不免頹落也。」經戒善士曰「爾位益高，爾謙宜益甚。」天主乃享爾謙，而祐爾行。』

或疑：『所云念生響應，情發自誠，聖教之能如是，胡爲教中之人，恒有求而弗獲者？』曰：『天時之變，人事之乖，悉繇天主。欲免是者，但當求天主，不當妄求邪神，固矣。至有求天主而不應之故，則聖人曰「人非故也，主恩如江恒流，人罪如障厥流，求而弗遂，無異也。」雅各伯宗徒曰「人求弗得，弗知善求」〔一〕。先改厥惡，而後致禱，乃爲善求，攸求乃獲。昔古教之時，有異天主弗允其求者，主命聖人告之曰「汝聽吾命，吾聽汝求。汝啓口吻，吾速傾耳。雨暘罔乖，年穀長稔，稼一穡百，汝倉一歲而充，汝及僕畜，皆足皆餘。」繇斯以觀，天災人害，種種患難，皆人自招。苟奉聖教而敬承主命，改惡遷善，勉焉日孜，又奚有求而弗獲者哉？』

或疑：『求土神者，嘗有靈應，曷云無益而不當求？』曰：『邪正不得並也。正者惟有一天主，則邪者盡皆土神，正者益人，邪者害人。或求天主而不應者，非天主不顧其人也。天主顧之有過其求者，如子求父母以物，父母或不與之，非父母不愛其子也，正慮時不宜與而與之，不足利之，適爲害之。天主乃吾人共父，其爲吾慮，大過人親之慮其子焉。或有求而弗與者，將欲懲吾往非，而增吾來善也。吾知主旨，速于遷改，不甚善乎？彼或求土神而有應者，亦非真土神之靈而果愛其人也。人槩不識凡所降賜，皆繇天主，而妄以其效歸于土神。彼即乘人之奉己而竊天主之功，以爲己力。狡計多端，引人入邪，竟致獲罪天主，卒受永殃。此所謂求土神者，

〔一〕 依據的是雅各伯書 4：3。

非徒無益，而又被其重害也，戒哉！戒哉！』

昔天主諭古教人，曰：『獨吾乃真主，人之生死，特係于吾。吾欲厥生，輒生；吾欲厥死，輒死。』經記：『一惡王病劇，命内臣至土神廟求祐。方行，天主呼一先知聖人，令速迓王使，責之曰「國中自有真主，能愈王疾，奚爲往禱土神？彼似真而實假，耳無聞、目無見、鼻無臭，蓋惟土偶。王乃背吾向彼，病必甚，未幾必亡。」先知者既傳主命，王果如其言而死。』〔二〕夫繇天主之諭，與經之所記，土神之無能信矣。求之者，不得其福，反得其禍，盍深醒乎！

大施主金紫光禄大夫云云

伊斯者，司祭者之名也；王舍者，西郡之名也。此言伊斯繇小西王舍之郡來入中國。其德高、其學備、其藝精，効節策名，備極眷寵也。達娑者，釋氏之名，當時有掌賔之職，因接衆而蒙慈惠之稱者也。舉此以明伊斯之美，大勝其人，而聞所未聞、

〔二〕　列王紀下1。

見所未見也。蓋惟聖教之内，有哀矜之行十四端，而食飢、衣裸、顧病、瘗死皆其行之最著者。當時哀矜之行，伊斯倡之，而大人君子如郭汾陽者皆樂効之。繇是，聖教之美行，表白于人目也已。

序之以此終者，蓋欲人識聖教之功，本其愛天主之心，推以愛人，其德並立而不孤也。碑文止是，後頌不過總括序言以賛之，首惟真宰，次美列宗，明國祚之所繇，而以爲聖教之弘功，弗可以弗誌也。義旨顯白，故弗更贅。

諾不敏，爲是詮也。惧夫虚前賢之志，錮後學之迷。按碑弗辨，摭入他門，爰舉碑序實義，乃他教不能解，不能竊者，表而出之。考據聖教諸西來原本，稍釋其下，匪敢自任一斑。庶令千載上下，要歸一致，而無疑爾。於戲！巨唐累朝，聖教光昭。君臣弘奬，房郭諸公。中史推美，既乃顯列。今時學者，稽古多勤。苟詳斯序，聖教流行，其來舊矣！今之所傳，無二于昔。信好之望，存乎博洽。若國朝治隆三代，道軼漢唐。諾輩于兹，沐浴四朝，翻經譯義，編編足考。然而聖德未鐫，頌音莫繼，則請俟之今日房郭焉！區區渴懷，跂予望之。

景教流行中國碑頌正詮　終

附録：

《讀景教碑書後》〔一〕

盧居靈竺間，岐陽同志張賡虞惠寄唐碑一幅，曰：『𨗉者長安中掘地所得，名曰景教流行中國頌。此教未之前聞，其即利西泰氏所傳天學乎？』余讀之，良然。所云『先先無元，後後妙有』，開天地、匠萬物、立初人、衆聖元、尊真主，非天主上帝，〔二〕

〔一〕通過比對可知，《天學初函》收録的《唐景教碑抄本》與法國國家圖書館所藏《唐景教碑抄本》（編號：chinois 1188）爲同一版本。前者在景教碑文之後附有『習是齋藏版』等字樣，而法圖藏本則無。《天學初函》本中個別字缺失，今據法圖藏本補齊。《讀景教碑書後》一文原不見於《唐景教碑頌正詮》明刻本，清光緒四年慈母堂刻本才補入，列於陽瑪諾序文、景教碑文之後。一九二七年民國重印，翻刻的是光緒四年刻本。值得注意者，上述兩本中的《讀景教碑書後》，一些句子作了改竄。本次整理亦加註説明。

〔二〕清光緒四年慈母堂刻本及民國重印本均改爲『皇皇天主』。

疇能當此？其云『三一妙身』，即三位一體也；其云『三一分身』，即費略降誕也；其云『同人出代』，云『室女誕聖於大秦』，即以天主性接人性，胎於如德亞國室女瑪利亞而生也；『景宿告祥』，異星見也；『覩耀來貢』，三君朝也；『神天宣慶』，天神降也；『亭午昇真』，則救世傳教功行完而日中上昇也；至於『法浴之水』『十字之持』『七時禮讚』『七日一薦』，悉與利氏西來傳述規程脗合。而今云『陡斯』，碑云『阿羅訶』；今云『大傲魔』，碑云『娑殫』，則皆如德亞國古經語。不曰『如德亞』，而曰『大秦』，考唐書，拂菻國一名大秦，西去中國四萬里；〔一〕又考《西洋圖誌》，如德亞纖東一道，其名曰秦，道里約略相同。阿羅本輩殆從此邦來者，故以大秦稱云。

其至長安也，以貞觀九年，上遡耶穌降生近六百禩。是時宗徒傳教，殆徧西土。大唐德威遠暨，應有經像重譯而來。爾乃宰相郊迎，翻經内殿，爲造大秦寺於義寧坊，命名景教。景者大也、炤也、光明也。大帝時又勑諸州各置景寺，崇奉

〔一〕在正史諸書中，『拂菻』最早見載於唐代成書的《隋書》中。《隋書・裴矩傳》中引裴矩的《西域圖誌》，言及了當時從敦煌至西海的三條通道，其中北道的終點即爲拂菻國。

之至，顯與儒釋玄三教共峙寰宇，非特柔懷異域，昭王會一統之盛而已者〔一〕。聖曆則武氏宣淫，先天則太平亂政。貞哀既相挺迕，水火應必煎烹。用壯相傾，理同盜憎，禍來無鄉，蓋千古有同慨焉。羅含、及烈重振斯文，佶和再來，渙頒睿劄。玄肅代德，四朝寵賚彌渥。汾陽重廣法堂，依仁施利，修舉哀矜七端，遂勒此碑，以紀歲月。其頌中多述唐德，亦具景教大指。所稱賜良和，懸景日，明著肇我人類以及補續救世之恩。而貞觀所譯，竝所留二十七部經文，即今貝葉藏中，或尚有可檢者。

所疑天學儒行〔二〕，曷以僧名？則緣彼國無分道俗，男子皆髡，華人强指爲僧，渠輩無能自異云爾。即利氏之初入五羊也，亦復數年混跡，後遇瞿太素氏，乃辨非僧，然後蓄髪稱儒，觀光上國。我神祖禮隆柔遠，賜館多年，於時文武大臣有能繼房郭之芳踪，演正真之絶緒者乎？七千部奧義宏辭，梯航嗣集，開局演譯，良足以增輝册府，軼古昭來。其如道不虛行，故迄今尚有所待。

〔一〕清光緒四年慈母堂刻本及民國重印本均改爲「也」。

〔二〕清光緒四年慈母堂刻本及民國重印本改作「傳教士」。

三十餘載以來，我中土士紳，習見習聞於西賢之道行，誰不歎異而敬禮之？然而疑信相參，詫爲新説者亦繁有焉。詎知九百九十年前，此教流行已久，雖世代之廢興不一，乃帝天〔一〕之景命無渝。是佑諸賢，間關無阻。更留貞石，忽效其靈。所繇仁覆閔下，不忍令魔錮重封。天路終閟，故多年閟〔二〕奇厚土，似俟明時。今兹煥啓人文，用章古教，而後乃知克己昭事，以無俾〔三〕忝生而怛死。此學自昔有聞，唐天子尚知莊事，而况我聖朝重熙累洽，河清璽出，儀鳳呈祥之日哉！

碑文贍雅可味，字體亦遒媚不俗，世〔四〕不乏欣賞者。要於返而證之六經，諸所言帝言天，是何學術？質諸往聖，曩所問官問禮，何隔華夷？即如西賢九萬里外繼踵遠來，何以捐軀衛道，九死不悔者，古今一轍？而我輩不出戶庭，坐聞正真學脉，得了生死大事，不可謂全無福緣者。何以尚生疑阻，悖吾孔孟知天事天之訓，而不

〔一〕清光緒四年慈母堂刻本及民國重印本改作『上主』。
〔二〕清光緒四年慈母堂刻本及民國重印本作『秘』。
〔三〕清光緒四年慈母堂刻本及民國重印本改作『俾無』。
〔四〕清光緒四年慈母堂刻本及民國重印本改作『世之』。

慙且驚？〔一〕夫〔二〕且借碑作砭，明絫細駁，即欲不祛俗〔三〕歸真，祈嚮於一尊而不可得。不然者，無論詭正殉魔，自斲生理，政恐蜉蝣生死相尋，共作僇民。迴望房梁公、郭汾陽王，已爲絕德，而况其進焉者乎？

天啓五年，歲在旃蒙赤奮若日纏參初度，涼菴居士〔四〕盥手謹識。

〔一〕清光緒四年慈母堂刻本及民國重印本增一「乎」字。
〔二〕清光緒四年慈母堂刻本及民國重印本省一「夫」字。
〔三〕清光緒四年慈母堂刻本及民國重印本改作「僞」。
〔四〕清光緒四年慈母堂刻本及民國重印本增「李我存」。

《熙朝崇正集》中的十字架碑刻摹圖〔一〕

圖一

圖二

〔一〕本文所參引的《熙朝崇正集》爲法國國家圖書館藏本（編號：Chinois 1322），此本亦由韓琦、吴旻兩先生點校整理出版（參見《熙朝崇正集、熙朝定案（外三種）》，中華書局，二〇〇六年。）韓吴點校本對目録頁作了適當的修訂，遺漏了一些信息，如篇名『熙朝崇正集』旁的小字『唐景教碑頌及諸天教古蹟』，卷一目録中的『中華天學古蹟』。卷一共插録了三幅十字架碑刻（即下圖一、二、三），其中圖二亦未被韓吴整理本收録。本文根據法圖本補録。

圖三

《武榮出地十字架碑序》〔一〕

溫陵　張賡〔二〕

天之有主宰也，習稱之、習信之〔三〕。倏聞天主名，則又異之，異之而再諦想，則亦旋知此稱，即與習稱天之主宰無二義，無二名也。若是而以天之主宰，呼爲天主，普爲人間〔四〕共欽事之主。雖至愚等、至狂等想亦無有異矣。然而傳稱降生，傳奉十字架，不但小慧士或不信，彌自負大慧士彌不信。即最黠闇如余，當未聞道之先，亦不敢〔五〕頓爲信也。爾時我云：『至神無相，我不信降生，正以無相信天主、尊天主

〔一〕本整理本，以《熙朝崇正集》中的序文爲底本，以《天學集解》收録的序文爲校本。

〔二〕《天學集解》本作『張賡 溫陵』。

〔三〕《天學集解》本多『矣』字。

〔四〕《天學集解》本多一『世』字。

〔五〕《天學集解》本作『能』。

也；至神無倚，我不信十字架，正以無倚信天主、尊天主也。』今而後，乃知無相者誠天主，無倚者誠天主。但必局無相，局無倚，曾不能化爲形相，且永垂此瞻依〔一〕之具，則又當疑爲幻、疑爲空，更不足尊、不足信矣。星降説、嶽降甫申〔二〕，是亦何據？古來傳之，人多遂信之。天主生星生嶽，豈其所生者可云降生，生之者乃不可自降而生乎？胡然降生，爲我衆生；胡然受死，爲救我等死。死則假此架成苦功，死而復生升天，則遺此架垂靈蹟。是我世世當感念，奚宜怪者？〔三〕烏號遺弓，乃誕益信；十字聖架，最真反疑？疑無故不徵不信，不信不尊，夫亦人情。天主閔下，於是乎乃假符節以顯示之。萬曆四十七年，有石刻十字架，從武榮山中爲孩如鄭公開現，莫辯何代神物。天啓三年，關中掘地亦得景教碑頌，其額鐫十字架。按視武榮碑，刻畫無異。惟是關中碑有文有字，知爲唐刻。與今西師傳述降生、十字架諸蹤，洎教誡規程，語語皆符。武榮碑固不立文字，而孩如公博奧格致，意是不可棄、不可褻，珎而竪

〔一〕《天學集解》本作『倚』。
〔二〕語出《詩經・大雅》：『嵩高維嶽，駿極於天。維嶽降神，生甫及申。』
〔三〕《天學集解》本作『奚以怪者』。

諸讀易窩垣間。其有此主神蹟，且有關中碑印證，尚未及聞，惜其往矣。極西鐸德艾師思及，從九萬里來，敷教中土，入我八閩，夙爲余承教之師。崇禎二年，載至溫陵。而余適歸休，與同志肇建郡之主堂于崇福古地。余仲倩即孩如公孫，乃於艾師座間獲聆聖架真詮，而述此碑。余亟偕師往觀，相與感仰讚禮。越今五載，堂事粗庀，遂胥奉而豎堂中。於戲！武榮去關中數千里，不相謀之地也；唐去今且千年，又不相謀之時也。有文字關中碑與無文字武榮碑，又不相謀之刻也。而此聖架遺蹟，截然合符。兩碑後先出地，若有期會。西師持關中刻方來，倐從語次，得兹證佐，又若有假以機緣。嘻！我等知主不在目見，縱令無印無證，亦且必信必尊。然而信者希、尊者希，吾主乃今顯示符節，宛如諄諄命之也。異哉此架！累代秘藏，于今耀靈，肆我皇睿聖間生，小必昭事，而此日在郡當道，又咸志脩安，知所欽崇，寰寓紳衿氓萌，亦多翕然共宗。是蓋休明有開，巧相際會乃爾。於是莫禁喜溢，僭爲述敘，幾弘此道以永。

天主降生後千六百三十三載，旹大明崇禎六年，歲次癸酉。奉教下學張賡稽首謹譔，弟子王胤霖盥手敬書，仲夏溫陵會士仝立石，郭如珪敬鐫。〔一〕

〔一〕此一落款信息，《熙朝崇正集》没有收録，據《天學集解》所録序文增補。

天主聖教十誡直詮

陽瑪諾撰　代國慶整理

本書係國家社科基金一般項目
『馬尼拉摇籃本漢文宗教典籍的整理與研究』
（編號：17BZJ028）階段性成果

提要

西洋傳教士入華以宣教佈道爲根旨，在其所宣揚諸多神學教義中，十誡出於其悠遠的歷史傳統，完善的聖俗體系，顯著的倫理説教成爲他們著力宣介的教義之一。耶穌會士入華之初，刊印的首部漢語神學作品《新編西竺國天主實録》（萬曆十二年刊，一五八四年）以三章的篇幅（章十二至章十四）講解十誡，且在書末附有《祖傳天主十誡》，是爲首個漢語版十誡：一要誠心奉敬一位天主，不可祭拜别等神像；二勿呼請天主名字而虚發誓願；三當禮拜之日禁止工夫，謁寺誦經禮拜天主；四當孝親敬長；五莫亂法殺人；六莫行淫邪穢等事；七戒偷盗諸情；八戒讒謗是非；九戒戀慕他人妻子；十莫冒貪非義財物。

其後利瑪竇在其神學著述中力倡『一神教』立场，這显然是对十誡的有意闡發。十誡作爲天主教核心教義頻繁出現在耶穌會刊刻的漢文教理書中，與利瑪竇密切相關的《聖經約録》收録有新譯的十誡：一欽崇一天主萬物之上；二毋呼天主名而設發虚誓；三守瞻禮之日；四孝敬父母；五毋殺人；六毋行邪淫；七毋偷盜；八毋妄證；九毋願他人妻；十毋貪他人財物。

同一時期，在菲律賓傳教的多明我會士貝納維德斯、高母羨等亦提供了另一十誡漢譯本，收録於*Doctrina Christiana*（《天主要理》）一書中：第一件，惜僚氏勝過各衆物；第二件，不可亂咀誓；第三件，尊敬禮拜好日，不可作工夫；第四件，孝順父母；第五件，不可害死人；第六件，不可姦淫等事；第七件，不可偷提；第八件，不可生事害人，亦不可説白賊；第九件，不可思想别人妻；第十件，不可貪圖别人財物。

上述三種譯文是對十誡的首批譯介，其中《聖經約録》中的十誡版本對其後耶穌會士，乃至明清中國天主教會的十誡漢語表達產生了更爲顯著的影響。隨著更多傳教士的東來，他們亦展開了對十誡的神學詮釋，諸如耶穌會士蘇如望《天主聖教約言》、王豐肅《教要解略》以及多明我會士罗明敖黎尼媽《新刊僚氏正教便覽》、施若翰《天主聖教入門問答》等。這些作品均刊刻於十七世紀上半葉，其内容深淺不一，語言風格各異。值得注意的是，王豐肅在《教要解略》中不僅交代了十誡的產生緣由、最初形態、宏旨大意，並逐一對十誡條文作了較爲詳細的闡釋，其間不乏對中西思想的匯通和辯駁。因此，《教要解略》不單是一部解經作品，還具有顯見的中西神哲對話特性，此一詮釋風格亦影響了陽瑪諾。

《天主聖教十誡直詮》是陽瑪諾漢語神學詮釋三書之一（另外兩部作品是《唐景教碑頌正詮》《聖經直解》），主要是基於天主教的神學立場針對舊約文本的釋經作品。關於這部書的寫作、刊刻緣由，作爲是書校閱者的中國奉教士人朱宗元在《十誡序》中有所透露。朱宗元強調了十誡的重要性，認爲天主教入華以來，『載籍之富，斯萬斯千，惟攸當行，不踰十誡』，諸多神學教義、戒規林林總總，皆是十誡的具體實踐與達成，此前十誡雖『頗有譯述，畧揭玄微。獨兹教典，尚疎解詁，竊私自語，奈何人世南針而無專書備論乎？』故而，對十誡專門詳解變得尤爲重要，此一重任即由陽瑪諾承擔，並稱讚陽瑪諾『其爲書也，援據經言，博采先議，緒引縷陳，綱廞條析。』

據朱宗元序文，陽瑪諾先在福建活動，『近承長令，來傅淛境，訓接之暇，勒成此書』。其實陽瑪諾由閩而浙，一方面是由於『福建教案』的波及（一六三七—一六三八年），另一方面主持浙江教務的伏若望於一六三八年去世，故而陽瑪諾調任杭州，並在接下來的五年中『駐會城』（一六三八—一六四三年），主持教務。正是在此期間，朱宗元與陽瑪諾過從甚密，朱宗元以師相奉，『小子私幸，受業終歲』。不難想象，如同朱宗元潤筆陽瑪諾其他著述一樣，他對《天主聖教十誡直詮》一書亦有貢獻。據其所言，陽瑪諾在杭州著述此書，並向五百里之遙的朱宗元寄送書稿，『時公駐會城，去我海上，江山限隔，五百而遥。閔予小子，先以示我。』不僅如此，朱宗元還刊刻了此書，『付之棗劂，稽首拜手，復我神師』。

由此可知，陽瑪諾在杭期間（一六三八年至一六四三年間）撰述了《天主聖教十誡直詮》一書。朱宗元亦參與其事，不僅予以筆潤、審校，還刊刻出版。這個版本當爲《天主聖教十誡直詮》的初版，後世佚失。此版刊刻的具體時間，北京主教湯亞力山的重刊本有所透露。一七九八年，湯亞力山在北京重刊此書（即京都始胎大堂版）時，應該看過此書的首版，故能在重刊本上標明『天主降生一千六百四十二年，極西陽瑪諾述』等字樣。這表明，朱宗元的刊刻本當在一六四二年。另外，朱宗元序文提及當時陽瑪諾『春秋七十有奇』，即剛過七十歲，當以中國傳統的虛歲計。陽瑪諾生於一五七四年，到一六四二年周歲六十八歲，虛歲正好爲七十。

法國國家圖書館藏有另一版本的《天主聖教十誡直詮》，編號：Chinois 7192。

此版爲『江寧天主堂梓行』，即在南京刊刻，而刊刻者正是當時在南京傳教的張瑪諾，故此版徑直寫『遠西同會士張仲金閲梓』。費賴之言張瑪諾字仲春，馮承鈞先生指出爲仲金之誤。今據《天主聖教十誡直詮》江寧本，亦可爲馮承鈞添一證據。一六五一年，張瑪諾入華，首先在南京，再赴淮安傳教（一六六二年），後受『曆獄』的衝擊而謫居廣州，一六七一年返回淮安，一六七七年九月歿於南京。江寧本收録了佟國器的序文《敘十誡》，此文落款時間爲『順治己亥』（一六五九年）。這説明，江寧本當於是年刊刻，即在張仲金前往淮安之前。至此，《天主聖教十誡直詮》一書的序文、正文等基本内容已經成形，後世雖有數個重刊本，但並未就其主體内容作增添、删改。

陽瑪諾對十誡條文逐一詮釋，但詳略有間，具有顯著的傾向性。是書分爲上下兩卷，『上卷論前三誡，上愛天主；下卷論後七誡，下愛世人』。兩卷篇幅相當，這反而凸顯出前三誡詮釋之文佔比之多。上卷圍繞前三誡，較爲系統論證了天主的存在、天主的唯一特性，尤其針對天主的欽崇，從理論和儀軌兩個層面進行了較爲充分地闡釋。陽瑪諾通過徵引托馬斯神學理論，重申了天主教等級崇拜體系的正當性，『上禮以事真主，中禮以事聖母，下禮以事神聖』，構建起一顯著的神聖崇拜等級，涵蓋對天主、聖架、聖母、聖人的崇拜以及具體的崇拜方式諸如聖像、遺物、瞻禮日等。其間，又不失時機地批判了崇魔之情，並把中國本土的宗教習俗一併納入，『如事釋道土神、誦經宣咒、齋醮獻香、塑繪僞像、崇緝寺觀，病求愈，患求解，貧求富，無子求孕，皆其大者也。他如灼龜筮蓍、卜籤決筊、簡日占卦、視地脉風水立室營壙，亦其屬也。至若信休咎于夜夢，占吉凶于物變，見犬吠鳥鳴以爲不祥，途遇凶服者而心生惡忌，皆大背首誡也。』

下卷七誡主要規範人與人之間的關係，以『親其親、長其長，勿害同等、勿損厥物，勿污厥名』爲根旨，具有顯著的現世倫理意義，故與中國本土思想具有更多對話、交流的空間。第四誡孝敬父母，陽瑪諾積極吸納儒家孝親思想，認可敬養父母的重要性，視之爲僅次於欽崇天主，並從愛、敬、順命、養親等不同層面充實孝敬之意。陽瑪諾亦由己之父母外推，把『父母』泛化，『非獨爲父母言也，凡君、長、官、師、耆老皆父母之屬也』。值得注意的是，在師一目，陽瑪諾強調了神靈之師是爲『吾靈之父母』『上主口舌』，坦言『神子孝敬神父，明理也，公情也』。這顯然力圖把外來傳教士納入到中國孝親等級體系中，以爲己張目。第五誡毋殺人，陽瑪諾不惜篇幅批駁輪迴之説，視之爲佛氏私論，『可以罔細民耳，君子不取也』，以辟佛的正統儒士自居。此兩誡佔據下卷一半篇幅，這反映出陽瑪諾對中國思想的重視以及對儒釋不同的取捨態度。

通過陽瑪諾的眼界，我們不難看出，藉由十誡不僅可以宣介正統的天主教神學教義，而且可以據此來與中國思想文化對話、碰撞。中國人通過對十誡詮文的識讀，不僅可以了解天主教的神學體系、儀禮規範，而且還能從中體查到同情同理，以爲己修身之用。誠如佟國器在《敘十誡》中説到的，『宗定則詣崇，本植則品篤，甚除則氣淑，邪懲則念專，極純則原復。崇詣日峻，篤品日高，淑氣日融，專念日粹，復原日親』。

《天主聖教十誡直詮》一書後世多有重刊，據杜鼎克統計，此書分別於一七三八年（北京領報堂本）、一七九八年（北京始胎堂本）、一八一四年（北京始胎堂新刊本）、一九一五年（上海徐家匯土山灣本）、一九三〇年（上海徐家匯土山灣重刊本）刊刻出版。本次整理，以法國國家圖書館所藏的江寧本（BnF Chinois ： 7192）爲底本，以日本早稻田大學圖書館所藏的北京始胎堂本（一七九八年）爲校本。

十誡序〔一〕

粤若稽古，玄黄未肇，萬象虚無，獨有元尊，妙性自淑，體一位三，常然静寂，無始無終，靡形靡届。全能則摶捥在手，全智則幽微畢燭，至仁彰德，至義單威，普斯惠愛，森造寰區。首製巨靈，號名帶光，其逆命，變純性以爲魔。彌格大神拒奸，獲功稱聖，百有餘兆，主功皆成六日，末誕含靈男女各一，男則亞當，女則厄娃，躬享安乎地堂，後期升乎天域，神既常生，身亦不死。傲魔恨妬，售奸謀于食果。元祖從邪，遺罪染於萬世。先錫寵光，俄然墜失，樂土去而荆棘滿園，寒暑生而禽獸逆命。乾開坤闢，二〔二〕千餘載，生民濟濟，暨被八埏。諼棄元尊，淫興哀慝，馨德不聞，罪惡

〔一〕此文亦見於《道學家傳·教要》。
〔二〕京都始胎堂本改作「一」。

盈貫。上主不臧厥攸爲，汩陳洪水，大絕民命，羣靈迨萬彙咸殄，櫝漂宇内，諸厄藏生，百有五十日，水降土乾，仍俾長世。當是時也，羣靈絕而僅存，庶類滅而仍演。渾素之性，擬今尤盛；好懿之衷，擬今亦然。權輿一所，昆散他方，智僞漸興，尤風斯煽。淫殢之祀繁，則欽崇之義缺；譸詐之習張，則盟誓之變作；血氣之務熾，則瞻禮之期廢；悖逆之行成，則孝敬之意眇；忠恕之理息，則殺傷之風起；禮義之防棄，則邪淫之竇闢；廉潔之化衰，則貪盜之奸肆；素朴之誠盡，則妄証之患殖。上主不忍下民之終于隮顛，洪施大訓，付之梅瑟，左砙三誡，右砙七誡。若者以升，違者以墮，率斯道也。大秦之國，古稱聖土矣。無何娑殫殲猷，大綱羅俗，萬方有罪，百世希良。或指天地以爲宗，或祀亡人而稱主，或煉呼吸而希昇，或誕輪廻而等族。冀福利則寄柄於山川，占吉凶則憑權於卜筮，測治忽則觀變于星辰，定窮通則索遇于命相，恣淫則拂性爲奸，攘奪則越人于貨。茫茫下土，久昧真宗；蠢蠢黔黎，槩歸苦獄。主日閔斯，降生代救。體則兼人之性，位則費畧之位，名則耶穌之稱，解則救世之義，國則大秦之土，時則漢哀之世。童貞誕聖，初無孕合之污。十字釘懸，極備艱難之條。世有三歲，停午〔一〕上升，爰命宗徒，敷教八極，摧破魔網，用啓天步。

當我神宗皇帝御極八年，有大西上德利公瑪竇，航海來賓，洪宣愛鐸。嗣後諸賢繼踵，大暢聖傳。小子不敏，獲聞斯義。至矣哉！道貫天人，理究象數，開生滅死而出幽入明者也。載籍之富，斯萬斯千，惟攸當行，不踰十誡。有傲伏之，有妬平之，有吝去之，有忿息之，有淫坊〔二〕之，有饕節之，有怠策之，皆以克己厲行而綱維乎十誡也；饑者食之，寒者衣之，渴者飲之，旅者舍之，虜者贖之，病者顧之，死者壟之，暴者勸之，愚者啓之，憂者慰之，過者責之，侮者恕之，寬宥數之，爲生死祈，皆以博施廣愛而潤飾乎十誡也。聖洗之禮，滌愆尤于既染；告解之條，除誤陷於新污。傳油俾神靈以堅振，鴻功藏聖體聖血于酒餅。品級則七等之神權，婚姻則一婦之永睦，臨終則深悔之聖傳，皆以調劑補救而玉成乎十誡也；彌撒獻主，成儀于三十三種。信德始基，敷奥于十有二節，皆以觀感警悟而省惕乎十誡也。頗有譯述，畧揭玄微。獨兹教典，尚疎解詁，竊私自語，奈何人世南針而無專書備論乎？

〔一〕景教碑作『亭午』。
〔二〕京都始胎堂本作『防』。

陽公瑪諾，號演西，春秋七十有奇。始總教于中區，繼傳音于八閩，近承長令，來傳淛境，訓接之暇，勒成此書。其爲書也，援據經言，慱采先議，緒引縷陳，綱廞條析。善惡之辨，較若列眉；報應之理，不爽毫末。洵淑慝之權衡，大道之指歸矣。時公駐會城，去我海上，江山限隔，五百而遙。閔予小子，先以示我。嗚呼，皇哉矣〔一〕！上主之愛吾也。大哉矣〔二〕！吾師之憐予也。小子私幸，受業終歲，將振羣聾，付之棗劂，稽首拜手，復我神師。

鄞縣朱宗元維城氏敬敘

〔一〕京都始胎堂本作『皇矣哉』。

〔二〕京都始胎堂本作『大矣哉』。

敘十誠

夫因光見日，惟日生光；因主〔一〕生天，惟天有主，理甚明也。人生於天，自有亞當、厄娃，男女含靈，未免客氣爲帶光，是以主一主敬，帝王以之事天〔二〕，而勿貳勿叁〔三〕，斆學於焉。克己一得則清，十全乃徹，以誠爲修，祈主愛人，大備也。梅瑟洪訓，西儒利子瑪竇航宣既詳，陽子瑪諾約畧天人、象數，舉成紀以列功，期全能爲證，體不偏不僻，適還性初，所謂日用精微，是刻乃盡矣。盖識首定宗，敦先植本，習惟除甚，情貴懲邪，程歸純極。宗定則詣崇，本植則品篤，甚除則氣淑，邪懲則念專，極

〔一〕京都始胎堂本漏『因』字。
〔二〕京都始胎堂本作『以之昭事』。
〔三〕京都始胎堂本作『參』。

純則原復。崇詣日峻，篤品日高，淑氣日融，專念日粹，復原日親。敬一之極，臻乎精微則勉强自然。百慮一致親乎天〔一〕，即親乎主，十誡統乎聖教，立言已見《真詮》，謹爲同會弁首。

峕順治己亥都御史襄平佟國器序。

〔一〕京都始胎堂本作『上』。

天主聖教十誡卷上

極西耶穌會士陽瑪諾述　遠西同會士張仲金閱梓
甬上門人朱宗元較〔一〕

總論十誡

旅人遊世

人無忘己之爲旅哉，維古伊今，孰久處而不往者哉？經曰『我等旅人』，此之謂

〔一〕　京都始胎堂本無『遠西同會士張仲金閱梓，甬上門人朱宗元較』，另增有『上卷論前三誡，上愛天主；下卷論後七誡，下愛世人』。

也。夫行旅，既意注攸往，必求厥所歷之程。若不曉所繇至，倀倀乎其何之？吾儕既稱天堂旅人，顧于所繇至天堂之路，茫然靡覺，豈不大愚耶？厥路維何，十誡是也。十誡爲陟天周道，循此者，坦直至天；履蹊者，迷謬失足。前轍既覆，後車不鑒，踰世一日，近獄一步，嗚呼哀哉！昔人有問主者曰：『弟慕常生之境，冀享真福，惟主指予直道。』主曰：『十誡嘉猷，他計僉拙。』慕天堂不依是計，勞身倦步，而終莫能迄也。

昔有聖汎際會士，專志覓天堂直徑，主鑒愛之甚。一日神目忽見多神，自空而下，競入修院聖堂，以白灰灑地且遍。主始進入，徐步登臺而止，主履咸印灰上。聖母後繼，踏主踪不爽毫髮，宗徒又繼亦如之，衆聖又繼，務踐主跡，乃弗獲全踐。無何，多衆擁門踏至，縱步跳躍，吾主暨聖母、暨宗徒、衆聖遺踪咸熄。最終聖人汎際入堂，欲依主步而不見，太息泪下。泣罷，俯躬吹開亂灰，幸見三四，甚喜。致敬遵跡而行，豁心醒目。厥殿與天神，與聖人皆不復見。解曰：路在殿内，十誡之象也。吾主首行，聖母繼，宗徒又繼。後多修士，雖偶越主踪，厥槩有依。縱步跳躍者，罪人也。吾儕將隨多聖耶，將隨惡儔耶？倘宜棄此而取彼，奈何吾不允廸十誡正道耶？

公端涵五

共名一

誡含五端：共名一，厥聖二，厥宗三，厥數四，厥列五。共名奈何？疑者曰：『聖有恒言，十誡，性教之誡也。焉云主教攸訓？』觧之者曰：『性教，天主攸命；書教，天主攸命，而皆不離十誡，但二教之人罕務率繇，惟愛教孜孜不敢違怠。且始入聖教者，有首功焉。講經列數，觧厥理，首功也。聆經矢志遵守，首功也。故指其名，曰天主聖教之誡。』

疑者又曰：『既稱聖教之誡，凡教中人守之無疑也。彼教外者，亦負此誡之任乎？』曰：『曷足疑耶？彼朝廷統御中華，疆內臣民皆在宰制之下。所制禮樂法度，莫不欽承。厥有不遵，悉置典辟。吾等皆天主所生之人，即盡受天主十誡，雖在教外，曷能逃厥度？况人靈性皆具明悟，克辨是非。是，則行；非，則止。但行悖理之事，即屬反性之人。故十誡悉出于自然，合人本性之光，萬方百姓，不計在教與否，僉當承守。否，即獲反性愆慝。』聖人警教外者曰：『弗欺己，弗寬綽厥心而曰「重哉！十誡之負；拘哉！厥繫。吾入聖教則負則繫，曷自外諸？」拙哉汝計，女〔一〕意外于教者之無與于誡也。教内教外，弗脱厥任，弗鮮厥繫。自生民至今，亦自今至世盡，時時有十誡，人人皆羈以守，孰謂教外可弗守耶？』

厥聖二

厥聖奈何，聖多瑪曰：『至哉十誡！甚〔二〕矣其聖，純矣其純，赤金十煉，未免少滓。』十誡以千百煉，求其微滓，若求影于日，終勿獲。他教多謬多渣，幸有雜善，皆繫十誡，愈近愈善，愈離愈惡，足徵厥聖，蔑可復加。

厥宗三

至若厥宗，天主也。主自造生世人，即銘刻厥心以本性之光，俾視十誡理範，

〔一〕原文作女，通『汝』。

〔二〕京都始胎堂本作『聖』。

遏惡趨善。人盡畀斯光，盡以光生厥理。罔俟學習，授受以覺，人犯茲誡，竟莫能委目。我勿之知，肆悞蹈于逆轍。其從人設殊教，亦無獲委以不知。葢明悖本性之光故。夫正教者，必聖必全。人智至短，其悟至迷。自立教術，曷免缺謬。立教之意，在乎正人之性，用避永苦，得永樂。賦性獨一，得賞罰世人獨一，教亦惟一。一者，屬之主乎？屬之人乎？是知特造物之主，得立教爲宗。惜哉多人，任厥私臆，設多門戶，掖世依率，使之同迷。以迷導迷，以瞽指瞽，既共厥罪，必共厥懲。

厥數四

若乃定數以十，不多不寡，則又何哉？天主立誡以正萬國之兆民，猶國君立政，以御國衆。簡則易知，約則易行，主誡至爲要省，曉人于思、于言、于行，趨所宜趨，避所宜避。不十則不及，過則餘。聖奧斯定曰：『人知書教之煩且衆，則知吾主聖教之簡妙也。』計書教之誡，六百有十三。伯多禄宗徒深嘆其煩重，乃曰：『吾先祖父及吾後世子孫，莫能勝也。』若夫十誡約矣，又以愛主、愛人括之，約之約矣！主因𠭊人守，曰：『勿怯載吾軛，吾軛飴矣，任者易勝。』

厥列五

至于厥列，聖多瑪曰：『國君既登基業，擬定條例，晝其次序，示人先後。先忠、敬、事上，斯國人盡厥責，而合睦于乃后，乃親其親、長其長，勿害同等、勿損厥物、勿污厥名，罔畜機心，攸思、言、行咸正。舉邦合睦，勿慮傾覆矣。』天主以普地爲國，以普地之人爲屬民，以十誡爲法律。最首者三，曰忠、曰敬、曰事。忠者何？信、望、愛慕真主，弗向邪神而爲逆臣。故初一曰『欽崇一天主萬有之上』；敬者何？認主至聖，其善之至，其真實之極，竟莫能作證以證人誰。故次二曰『毋呼天主聖名以發虛誓』；事者何？時至則輟俗務，默道誦經，以專奉主。故次三曰『守瞻禮之日』。修此三者，則人與主合睦，乃務合睦于人之工，始于親者、近者，而迄于疎者、遠者。近莫如父母，故次四曰『孝敬父母』。非獨爲父母言也，凡君、長、官、師、耆老皆父母之屬也。妻、子、童、僕、幼稚皆父母之推也。夫愛其人，必務全其命，故次五曰『毋殺人』。既全人生，必務勿穢吾身，與他人之身，故次六曰『毋行邪淫』。既無害他人之身，宜不損其財，故次七曰『毋偷盜』。既正其行，宜正其口，勿出惡言以傷人名，故次八曰『毋妄證』。既正其言，宜正其心，故次九曰『毋願他人妻』，次十曰『毋貪他人財物』。此十誡之列也。

罪之重輕

問曰：『犯誡者，即獲重罪耶，抑亦有别耶？』曰：『有别，且亦易知。夫人本性之光，自爲善惡之權衡。合理則善，否則惡。合深善大，否則微。違重惡重，違輕惡輕。假如竊人之物，態有二端，物一，害一。循物之貴賤，害之大小，以定罪之勢。物貴害大，厥罪甚重，因物因害也；物貴害小，罪亦重，因物也；物賤害大，罪亦重，因害也；物賤而害小，則罪亦輕。他誡之罪，概亦如是。惟六九兩誡之罪，擬于他誡有異，葢固覔污樂，雖微，罪亦重。』

立誡之意

問曰：『十誡銘刻于人本性，自克明達厥理。天主奚必于未降生之先，書之石板，及降生後又親口叮嚀也？』曰：『人幸存原所受純性，暨並受本性之光，則免書誡之工、叮嚀之勸。但人罪既起，雖不盡滅性光，全茫厥理，厥明亦受衰矣。罪先明之，罪後翳之。譬之火，不受灰，厥光炎炎。灰蔽光埋，僅見微爝；譬之目翳，雖未致目盡盲，亦必滅[一]其明視。罪者，性光之灰，靈目之翳，使人漸離乎神，漸近乎獸。經嘆曰：「厥始天主造人，賜之多恩，厥榮光幾侔天神，超然萬有之主[二]。獲罪後乃幾夷禽獸之醜鄙，難于全燭十誡。」又曰：「主視普地，遍覓知人，乃迷者無算，知者靡一。」奧斯定聖人曰：「正若病者，病劇而自諱。」痴哉罪人，弗知真主，祇事邪神；弗知己尊，而行獸行；弗知德貴，輕之如鄙；弗知惡醜，愛之如美。理民之事，不從正義，弗知善惡、賞罰，厥弗知何哉？人罪幾滅性光，使若瞶視十誡之理故也。天主慟民之痴越開闢三千餘載，呼古聖梅瑟命取二石，主乃親指錐勒十誡，命傳大地，自是書教始興。惜書教人之猶迷也，主乃躬降示人，排列誡數，鮮晰誡要。守者之報，悖者之懲。口宣之，躬爲表，以示之，儀從之者遂盛。自是之後，愛教始行。然則書誡之工，叮嚀之勤，豈得廢哉？』

[一] 京都始胎堂本作『滅』。
[二] 京都始胎堂本作『上』。

守誡之全

達味聖王深思十誡之美，請人偕守，喻曰：『來矣來矣，謳歌頌主。偕執十絃之琴，齊奏而忻樂乃心。』聖奧斯定解曰：『十絃之琴，十誡也。一誡一絃，人守其一，而犯其二，琴失其合，弗樂主心。』宗徒雅各伯曰：『人守九令，而犯厥一，若犯十者然。全守大成，主乃傾耳以聆〔一〕厥聲。』夫人靈，天主美像也。蠢然方命，失善招惡，爲魔鬼徒。主欲其歸，復得舊美，乃立十誡。先四者必行，後六者必忌。人行且忌，則效繪雕之工，一施顏色，一去木餘，互全其工。人慕誡守十誡之工，行四斯施，忌六斯去。復攸失之善，棄攸招之惡，神靈乃始顯融，盡合于主，咸協于人。普地靖寧，民皆忻樂。

〔一〕京都始胎堂本作『領』。

第一誡，欽崇一天主萬有之上

天主訓古教人

古經載天主曰：『吾乃衆真主，汝儕往日被掠，久當異國暴君之賊。吾也憐苦鮮擄，引出賜享福地。勿忘宏恩，勿拜邪神，勿敬之如主，勿鑄塑雕琢土神、先民像，以至獻祭。汝主獨一，緊惟我。敬驚者，予酧；逆悖者，予懲。或敬或輕，爾儕其曷從？』此俱天主之辭，備首誡之理。聖賢詳晰厥義，分爲四端：宇宙内定有真主，一；真主不得有衆，二；人人盡宜欽崇，三；弗宜奉祭恭敬于他神，四。其説如左。

宇宙内定有真主其一

盲者勿睹日月，聾者勿聆萬物之聲，人心亦有盲聾焉。聖人歎曰：『世物勿拘巨細，僉天主之徵哉，僉厥遺跡哉。』俾人繇茲得覓真主，獲知實有。猶視厥道路，引人率繇。若覩途履跡，可循跡而追過客。受造紛紜燦然我目，日視而弗視受造之主。心之迷盲，厥又何加？經言：『萬有縱無含靈，允克開靈者迷盲，引以知悟，曰：「迷盲者來，偕我同聲，誦揚真主。」』奇哉，造我者主，吾勿克造予。主也，治吾若君治民，惟予不克自治；牧吾若牧者之畜羣羊，惟予不克自牧。顧弗知造我主，弗信弗事，乃尋僞主信事，厥迷盲何時已？又歎曰：『世物悉巨聲厲呼，繚繚靡絕，恒聒人聽，俾識真主。諸天巍巍，厥聲孔高，若呼曰「造此高者峻絶」；日月星辰，厥聲孔朗，若呼曰「造此光者弘明」；地豐天麗，厥聲孔達，若呼曰「造此豐麗者飫燦」；人之靈，厥聲孔昭，若呼曰「授爾靈者尤智慧」。』聖基所曰：『人奚必聆多聲，一天之聲，已足已餘。』經云：『天之美廣光運，大聲揚天主之奇，通徹八埏，暨于四極。人雖掩耳，不能不聽。』聖人嘆異而問曰：『天無口舌，高聲安來？』答曰：『厥體之廣，厥廣之明，厥明之被，四時行，百物生，即以是代口舌。』異哉！此聲。普天之下，或愚或明，或在蠻貊，皆明厥聲。惜乎多人，自蒙乃心，閉乃耳，天聲日騰，終莫之聆。憐哉是人，經責之曰：『聾痴人心。』自謀曰：『宇內無主。』解者曰：『痴人若心罔信真主，曷不大言曰：「我弗之信，乃藏匿勿信于厥衷。」』葢驚萬物齊出，咸爲有主之證。明斥厥痴，因畜痴于乃心，匿厥謬，勿敢顯言無主。

真主獨一其二

欲知真主之無二，必于天主之名乎思之。所謂真主，必至尊，厥知、能、善、廣，咸處其極。使有二三同等，則已有對偶，不可謂至。己各無至，焉謂真主？主謂古聖梅瑟，曰：『欲視我乎，幸得視我，則諸善美、奇妙並睹。』巴西畧聖人廣主意曰：『天主者，真福之泉，物之始終，無囿之光，不測之知。厥體超萬有，在物內而物無囿，在物外而不離物，實亦不係物，物則咸係于彼。無始而爲萬物始，無終而爲萬物終向。生而不死，知無謬，能無劣，高高、深深、細細。神人不及量，神人不及探，神人不及測，豈能有二耶？』主憫異教多人事土神，頻警曰：『真主獨一，勿迷勿疑。人臆所立，悉屬僞妄，惟我能生人、殺人。予攸罰，僞神僉不克救。』

異教多人，惑主言，曰：『自證厥真，自定爲一，曷教予儔勿疑？』聖盎色答曰：『女儕曷疑哉？惟伊具全知，故莫能欺己；具全善，莫能欺人。且女輩信厥一，勿益乃一。女逆無信，勿損厥一，伊何謀益而用女欺？女惟自塞厥心，肆勿曉厥証，女曷不虛乃心，洗乃耳，聽受萬聖萬賢之証？』

第一國證

人入某國，視其法律，審其錢布，聆其聲音，察其衣履，莫不符合，則知共君一君矣。今世萬物之類，萬類之性，其情若行渾乎大一，豈非獨一主造授，一主制御也哉？假令東方一主，西方一主，各出攸見而造馬屬，將見東方之馬食芻，西方之馬食肉。今馬之在四方者，性情行食不以纖殊，推之獸羣羽彙，莫不猶馬。雖隔萬里，構巢同時，孳尾同時，希革毨氄絕無先後。非一主默動引行，焉能合符如是？

第二心證

今之拜土神者，試捫心自揣曰：『我攸拜，其有一先者主之乎，抑各自備厥有，不相貸乎？』若云係一，則一者有能以生，亦有能以滅。其衆能被生、能被滅，被滅則何以受主名？若云各無攸繫，土神林林，奚啻十百，奚啻千億，奈何無窮者而稱主？若云土神理世御物，係厥職某理某物。物有定數，爲神攸準，則伊既曰物皆受造于彼，是物咸在後，曷其以物數定神數？若云某理東域，某理西域，處兹土者，僅當祀乃土攸理。釋仙總總，來自異界，奈何奉爲本主，昧昧以思，允覺背謬。夫惟敬一宰制萬彙萬方之共主，尚心安罔忒。

第三世證

聖祭彼盎曰：『一國兩主，亂滅隨厥後，主失愛，臣失忠，民失宜。憐哉是國，始以爭，終以血，弗克永年。幸哉獨王之國，主愛臣忠，兆民嘉賴。』今觀宇宙，日月並行不相害，萬類並育不相賊。四時從理，八風循律，御之者多主乎，抑一主乎？乃深嘆曰：『有多人勿識主奇，乃拜多土神，曰：「世物森森，一主曷及理，多者助之，主則安，物則平。」曷弗思主愈多物愈失理？國一君則平，否則傾；家一長則安，否則敗；身一首則美，否則怪。且天主之能至全，安俟他主以濟；厥智至極，安俟他主以燭。故敬多僞像，必謬必迷。』

古賢訓子

真主獨一，非特天教〔一〕聖人攸証，雖異教多賢，恃厥本性光，亦克灼元尊不貳，詔傳于來世。阿弗阿，上古名賢也。將逝，規子曰：『小子，聰聽爾父之遺言。朕言翼女陟，免女淪，爾勿迷土神，金銀燗目，實迷厥心。特事真主，真主特一。予鄉攸謂主，僉屬僞亂，有目不克視，有口不克言，手足不克行作，曷敬曷畏。真主罔受生而生萬物，人莫睹彼，彼視萬民，厥目允灼，人人攸藴意。或外攸形，洞洞明覿，雖纖毫罔或遁。小子，爾夙夜昭事，毋忽！』言畢，瞑逝。

蔽性之繇

疑者曰：『人恃本性光，克明真主獨一，明則敬畏。曷東西南北，伊古迄今，弗克依厥光炤，弗覺兹義，咸奉本土之僞神？』曰：『人靈克悟理，醜態既起，貪于貨貝，狥于淫殺。罪漸積，乃蔽厥靈，勿克如厥本初。經歎曰：「罪人溺諸慝之海，飲

〔一〕京都始胎堂本改作『正教』。

罪若水，可泣哉，可嗤哉！」尚乃敢大言曰予曷罪我，行則姸，載愆彌重，載媸愈甚。主厭厥罪，弗炤乃靈，以迷罰迷，肆弗克依本性光，灼見真主獨一。又緣魔鬼校算，大助人迷，頻入土神塑像，叩之則應，多有駭厥奇，遂畏遂事。史記，西方有名城，內多神寺。其一恒行多異，名聞四寓，祀者若歸市。宗徒祿茂入城，神即啞，勿克答響如昔。人異，問故。他神曰：「宗徒祿茂故。甫入城，卷厥舌，鍊厥手足，禁言遏動。」女也宜憐彼苦，翌日宗徒入寺，國君、民人咸集。宗徒命神言：「命觧譎計，命出像內，弗復誘衆。」魔如命，曰：「爾真主之宗徒也，攸敷教允實。予非主，亦弗有能，攸行異皆幻人目眩而信。」言畢，厲聲而出。狀嚇人，身短面黑，口吐火焰，張目疾視宗徒，切齒出戶，勿復見厥邦十二城。國君迄民，皆棄土神，服聖教。嗚呼！華人勿信予輩攸言，曷不觀魔鬼証，曷不儀式彼國之醒迷？』

人人必宜欽崇真主其三

欽崇者何？聖達瑪責曰：『敬伏之效，遜謙之號，屈心之意，非尊敬世人之禮可等。』夫世人或于我同列，或勢畧高。天主之貴若高，卓然超萬有，曷其同諸，知主之貴，我之賤；主之富有，我之劣，敢不欽乎？敢不崇乎？斯理非待學習而後知也。

無智無愚既明天地有主，明此主之一，明一主之當致敬俯畏，蓋本人心自然之靈故。雖然亦揭巨理數端，用釋厥故。

欽崇第一故

一爲天主乃最上、至尊、極高、甚大之主。試觀一國之君，貴莫與較。貴戚文武、百揆庶職雖各尊榮，方之元后，上下懸絕。故國人共事一君，寅畏小心，惟恐不逮，拜手稽首，惟恐不肅。然以較神人、萬物之公主，則又不倫。譬之夜望星月，光輝朗然。朝陽既晞，若者咸隱，向所謂大皆成微末。邦君視造物主，正亦如是。故自帝王公卿，下迄士庶皆當欽崇真主。經曰：『至高者惟一天主，厥能威無伍，厥始萬象虛無，命有倏出，伊欲再滅，物即歸無。』宇宙森森，擬主性浩大，若滴露視滄溟，若衡針視九天。八紘之廣被，主以三指縣大地山河，能指一，智指一，善指一。以能造製，以智制御，以善惠育。真主之權，與體偕有國主巍高係外，若披衣，或服或釋，臣庶侍，兵旅列，帑府實，則王；否，則曙爲天子，夕爲匹夫。主之權尊，銘鍥厥體無物能奪，無時或息，生人其欽崇哉。

欽崇第二故

二爲天主自具諸善諸好，凡人致敬向慕，緣彼善好。物愈善好，亦愈向慕。萬靈善好，視主善好，灼火于日也，涓涯于海也，則欽崇宜何如。

欽崇第三故

三爲天主萬民之公父，彼生我者，形骸攸出，不孝則爲僇辱。況主錫我靈，被我以二儀；資我以百物，保我則存，不然則滅；扶我則動，不然則止。視生我者恩，宜萬恩共包，奈何勿敬。主嘗責古教士衆曰：『女輩恒言天主吾父，予惟厥子，則曷不悉爾子道，爾先悉乃子之情？』後則謂主曰：『吾父吾父，是攸宜，乃女弗克敬，曷敢大言予惟主子？』嗚呼，天主恒子萬民，萬民曷不悉乃心，用敬厥父？

欽崇第四故

四爲天主攸錫大恩，世俗受人恩者，必獻所以報謝。試觀一國無君，則飢寒困瘁，莫爲振救，爭鬬攘害，莫爲聽斷。故不可一日無君，即不可一日忘敬。矧天主之恩，極大孔阜〔一〕，吾人生長存育，皆出于彼。九天三光，山海動植之森羅，皆設以資我含靈。又閔人靈之永墜也，降生于世，用救用贖，曩恩雖大，較之于此，又成微眇。其餘功惠，不可勝紀。復以恒以時，息畀刻授，吾儕夙夜感仰，拜瞻頌謝，尚不獲酬答億萬之一，而謂容緩欽崇乎？

欽崇第五故

五爲天主預備真福，以酬人之敬己者。迷哉多人，甘役于世，甘受艱辛萬狀。厥攸受福，不越世物，亦不踰分釐。事主者，其報我，則真福，則永祉，則萬榮萬善，盍其舍此而圖彼？

欽崇之等

或曰：『欽崇惟一天主，明甚。乃教中復崇多神聖，何也？』曰：『國人皆敬其

〔一〕孔阜典出《詩經·秦風》：『駟驖孔阜，六轡在手。』

君，亦敬其君之臣。敬其君者，爲厥至尊，爲厥高位；敬其臣者，爲代理攝，爲代握柄。有人于此，侮其三公，蔑其元士，可謂能事君乎？但所施之禮，則差等縣絕。天神、聖人僉上主之臣，上主之子，上主之朋，貴高聖世〔一〕，原受于主。人之欽彼，亦緣主故，而等則不可不別。正如四〔二〕國，禮儀畧有三種，一施元后，一施藩室，一施仕者。天國亦然，有上，有中，有下。越之則亂，守之則平。上禮以事真主，中禮以事聖母，下禮以事神聖，畧述如左。』

欽崇天主

欽崇之者，有内與外，緣人神形受賦自主，合而用之，厥事乃全。内敬者何？靈伏之，心謙焉。思自念天主何主，敢不欽畏，敢不順命，敢不固守攸誡，以信、以望、以愛。信厥全智，勿能欺己；信厥全善，勿能欺人；信厥言實，勿能失一。又望主無際之惻，無垠之仁。我痛之宥，我善之報。又思厥大恩，以愛酬愛，以謝酬德。凡

〔一〕京都始胎堂本作『德』。
〔二〕京都始胎堂本作『世』。

有獲罪，悔祈厥赦，恒自念曰：『主高無京，吾卑罔極。主諸美攸集，吾諸醜攸會。矢服厥命，固率循十誡無斁。』〔一〕外敬者何？言一行一。稱之萬王之王，萬主之主。誦經以揚厥能，以美厥善，以獎厥知，以張厥名，皆言屬也。立殿臺執物以獻，撫樂鳴琴，鼓簫咏歌，燃燭焫香，稽首叩伏、拊擗，皆行屬也。此之謂内外交修，德馨聞真主。

祭禮獨重

欽崇之禮多端，而莫大于祭。雖聖母暨神聖皆不能敬之以祭禮，厥禮惟三：一宜有主祭之士，士祭爲己亦爲衆，代衆謝，代衆祈，肆衆弗克竊擅厥職；二宜或殺或焚祭物，示主授造世物，我執受造以奉；三宜立高臺，以示主高。祭者必于彼，若立祭之意，亦有三焉。一，祭物以供敬真主，認厥高，信其無偶；二，謙伏我身，知惟卑陋，實屬受造，始一意謂之祭物，次二意謂之祭心。聖奥斯定曰『司祭者祭時，外祭世物，内祭厥心』，此之謂也。三，以求罪之赦，以致諸祥，以免諸凶禍。而世顧移此

〔一〕《詩經·周南》嘗言『爲絺爲綌，服之無斁』。

禮于土神，受祭者僭，予祭者逆。經深責斯輩曰：『土神皆魔，祭者、敬者悉厥惡種，迷哉！』多人見祠廟寺像則祭之，視天之廣則祭之，視日月之光則祭之，受世物之恩則祭之，憐乎無知，惜乎無明！勿思無始真主廣不際，光不囿，恩不竭，乃無祭無供，豈不逆哉？

欽崇吾主耶穌其四

問：『欽崇最上之禮，獨用于天主，祭之禮獨用于天主。若敬吾主耶穌則何如？』聖良曰：『耶穌降生以前，天主也；降生之後，亦天主也。其高尊，其奇妙，仍偕仍一，欽崇之禮宜一。』或者曰：『論耶穌天主之性無攸貳，論厥人性，欽之若何？』曰：『耶穌之人性，恒締結于天主之性，未嘗分析，則欽之亦不必分異。』宗徒多默既痛勿信之罪，稽首欽崇吾主曰：『吾主，真天主也。』主謂厥仇曰：『爾輩欽崇聖父，曷弗視我與伊？僉天主一性，亦以厥敬施予。』聖達納恤曰：『王被衮衣，臣行拜者，拜王亦拜衣。衣非王也，而拜之者，衣附于王，則一施之也。吾主人性，正猶衮服，内藏天主之性。欽崇之者，必一以天主之禮。』

欽崇聖架其五

十字聖架，吾主受苦難之像也，亦宜欽崇以吾主之禮。譬如人見帝王之像，必以帝王之禮施之。疑者曰：『主受苦本架，因縣尊體，灑以寶血，敬之固宜。後人削才鑄金攸成，與主曷與而施我敬？』曰：『均爲受苦之像，敬彼敬此，初無二意。帝王有二像，一睹容而繪，一係傳寫，皆帝王像也。敬一褻一，並褻帝躬，並膺褻罪。若原敬故，則有三端，曰貴、曰能、曰益。』

聖架之貴

葆禄聖徒曰：『主之苦木，吾榮也，亦吾貴也，亦吾樂也。得此貴樂，得此尊榮，遂勿復羨他樂，冀他貴，慕他榮，惟暴聖架之貴于普世，予職已殫。』繼乃嘆曰：『迷哉世人，誚吾狂，哂吾癡，弗知聖架之寶貴。』聖奥斯定觧曰：『聖架，吾主權柄也。惡者輶之，善者重之。惡徒以羞，善徒以榮。庶民也，巨臣也，帝王也，莫不敬戴。大哉！聖架之貴。』

聖架第一能

降伏魔猛，俾弗肆，弗加多害，聖架第一能也。聖基所曰：『吾主降世攻魔，聖架其鎗劍也。魔被刺斫，厥羣大敗。今視被敗之具，心慄亟遁。』聖奧斯定曰：『魔猛勇至甚，能力孔碩。惟懼聖架，勿敢正視。比之犬，入室被擊，復來謀入，視杖即速退。』魔，地獄猛獒也。昔遊地害人，主執聖架如枝，擊之使出。今欲再入肆害，宜畫聖號額上，置之門，事之室。奇矣，聖架固城，魔雖力攻，弗克破潰。吾神形恃爲堅甲，魔之利刃勿克入，吾靈吾身用固。

聖架第二能

摧折逆寇英鋭，增益義軍志氣，聖架第二能也。史記，古王出征逆寇，敵兵精壯，王師弱而未練，弗敢戰。王踟躕良久，夜深出寨祈主，忽見空際大光，中有聖架形，金字環遶，曰：『依茲必勝。』入寨，急制聖架，命一勇臣揭之竿，列諸先鋒。寇視

聖架，或戰而死，或怖而走，王三戰盡殲寇兵。〔一〕

聖架第三能

鮮拯萬患，聖架之第三能也。聖基所曰：『自昔迄今，聖架恒顯多奇，病者痊，死者生，解毒伏獸，不可勝數。』聖熱羅記曰：『昔天主欲罰世罪，世患叠起，海濤沸騰，近城人民盡溺。時有大聖衣臘良，人恃彼盛德，强之迨岸，而命海平。聖人印聖號沙上，命海曰：「勿踰聖號，勿越聖限。」波濤至厥所，如含靈然，厲聲猛鬨而退。未幾，海息如舊。』

〔一〕在此所言的『史記』當爲歷史上第一部教會史，即優西比烏撰寫的《教會史》。上文所載戰事實際上是發生於312年的羅馬米爾維安大橋戰役(the battle of the Milvian Bridge at Rome)。此役不僅是君士坦丁攫取羅馬帝國統治權的關鍵一步，而且還促成了基督教地位的上升。據《教會史》載，『依賴於上帝的幫助，君士坦丁皇帝接連進攻暴君的第一支、第二支和第三支軍隊，輕而易舉地擊敗了他們，揮師横掃意大利境内的大片土地，直逼羅馬城。』所謂的『依賴上帝的幫助』，即十字架向君士坦丁顯現，他在夢境中，看到代表基督的符號(☧)，還聽到這樣的話：『靠着這標記，你將得勝。』

聖架之益

聖奧斯定曰：『奇矣，至矣，聖號之益。世昔暗迷，因聖木受光；世昔多癡，因聖木始智；世昔魔奴，因聖木王魔；世昔主仇，因聖木復合；世昔若旅，竄流大地，聖木開天，引反厥室。天主攸降多惠，僉聖木泒。』基所暨厄弗泠二聖咸曰：『聖號，神死之甦，世人之望，普地之光，上國之匙，信德之基，教人之榮是也。吾友宜晝于口、于額、于胷、于百肢。夙興夜寐，飲食興作，跋涉途川，恒用聖號。爾生則安，爾死則福，善至惡去。憐哉，愧哉！吾友之怠，未入聖教，勤勤窺星，測象圖吉。今者若俱蠲，獨此聖架，衆吉之根，多祜之泉，上天之星，爾視而稼德善，必穡嘗[一]生之實；爾視而起行今世之程，必至天國，曷怠于用哉？』夫主未受難，十字一刑具耳，後乃尊顯若此。故凡我生人，皆當稽拜，置之室中，樹之市上，樹之道岐，樹之高山深谷，以顯爾敬；晝之舟車，晝之衣裳，晝之器皿，以福厥用。嗚呼！贖世之原罪，釋本身之慝，償所負之債，享無窮之福，免多方之苦，皆聖樹之美實也。可勿時用

〔一〕　京都始胎堂本作『常』。

哉，可勿時敬哉。

欽崇聖母其六

聖母在天主下，而居神聖之上。故欽之者，視天主則勿及，視神聖則過，緣聖母爲吾主骨肉之攸結。辟諸國王之母，巍然百僚上，則施禮者必不敢等之臣工。多天神，多聖人，僉臣位也，焉得與聖母比敬哉？且聖母大恩主，恒人之主保也。有聖曰：『恒憶世，恒念世，恒代世祈，聖母本職。厥在天，如日月、星辰之麗。三光麗天，施潤降滋普地，五金用生，百穀用成。聖母亦然，時求于主，俾主錫澤祉于我普世。』

聖人三喻

一喻，宇宙如一身，吾主首也，聖母項領也，世人其支體也。主之恩，則食也。其爲項領奈何？領近首，居百支之上，聖母切近吾主，而處乎下而高乎百神，一似矣；項處首與百支之間，聖母高位在天主與世人之間，代人禱祈，百不負一，二似矣；飲食必過項領，以養百體，主恩必越聖母以養人靈，三似矣。二喻，聖母者，天主之手也。天主將恩世人，授之聖母手，俾任分給。三喻，天主寶帑之鑰也。任闔任啓，綽矣其寬，帑闓澤流，不以須臾息。善者近之，則益其善；惡者近之，則免其惡。隨近隨受，悠哉，廣哉！自出世至世盡，恒救我類，悠不可竟矣。八埏之人，遠者邇者、賢者愚者，皆受厥恩，廣不可量矣。

聖暗瑟爾問曰：『吾輩或祈主之赦，或禱施恩，先祈主耶，或先乞聖母之祐耶？』答之者曰：『吾主義主，我罪人之士師也。負罪而祈，先祈聖母，求爲主保可也。主鑒厥功，攸懇恒允。辟之國人，欲得君賜，先覓勛臣，恃寵而獲。』聖伯爾納曰：『主至仁，亦至義。罪人懼威，詎敢禱赦。聖母全慈也，全飴也，依依無嚴。先近而祈，我求則獲。』嗚呼！受多恩者，尚其敬之哉。

脩士破魔

昔者一修士，隱居僻野，專心定志，默道于聖母像前。魔嫉其功，多方攻擾，曰：『女曷愚若是，遯世避人，勞心焦思而行多無勛之工，食少事繁，豈能久長？女將殘爾生乎，而犯誡之五乎。吾用深憫女，聿來慰女，女盍節勞損苦，用自懌樂。迄後改圖，尚可及也。』隱士叱之曰：『人日可就終，吾儕旅世，當刻息常若死候，曷敢惰安暇逸？今吾勞我，允利我，我不啻不生倦，又孔愉。我勿惻女苦，曷煩女惜我勞？』惡鬼被屈愈忿，肆力攻撓。士勿顧，惟懇聖母祜〔一〕。是後，魔頻來侵，竟徒去。倏日，猛厲而至，士心甚憂懣，自叱厥身，謂魔曰：『予從童年修道迄今，女攻擾勿休。今我年邁，氣衰力怯，祈女繼自今，任我行持，勿再攻阻。』魔曰：『諾！但有秘語告汝，女克允乎？須女先誓，誓勿露，我則告女。』士諾，魔曰：『今我與女約，女繼今勿復拜茲像，我即退，勿復女擾。』士曰：『此大事，不可率爾以斷。』魔哂曰：『曷煩爾思哉，棄之已耳，棄之已耳。』曰：『否！待吾今日以思，翌日復女。』魔又囑曰：『此須自裁，勿以詢于人。』士竟夜勿安，迄明往詢厥隱友，備告之故，且祈定惑。友大驚，責之曰：『友修道久矣，勿聞修貴有恒乎。修之于始，棄之于終，多歲攸積，一旦而失，豈不哀哉？子夙敬事聖母像，仇女〔二〕者曰棄之，爾棄之，適中女仇猾計。』士憬然悟，稽首而歸，篤行不改。翌日，魔至，瞠目大怒，責以背誓洩言。士厲聲應曰：『爾皮羊心虎，我已罄女狡計。昨者誤謬，予繼自今，增勤加勉，虔事聖母之像，

〔一〕京都始胎堂本作『祐』。
〔二〕京都始胎堂本作『子』。

怙聖母佑，予不女懼。』魔聞赧然，口誦多呪而去。

欽崇聖人其七

聖人居天國，有大尊貴，有隆功績，敬之曷疑？但其位居天主與聖母之下，故敬之禮亦視焉。聖賢廣述致敬之故，今約示其概。一曰，人或輕或重于國王之臣，其義皆屬于王。天國聖人，天主之臣也，吾主謂門徒曰：『恭女者，恭我；侮女者，侮我。』肆勿崇敬于聖、厥像，慢迄主；二曰，古賢有云：『奇哉，德乎！光可不滅，美可不枯，名可不朽，世物之足重者多矣，孰與之儔？』尊者，以德益榮；卑者，以德始有榮。世德多滓，猶曰敬之，況在聖人，百煉而致精純者乎？三曰，人敬恩主，不待學而能。在天聖人，吾之恩主也。聖祭彼盎曰：『聖人既逝而入天域，如人已脫風波之險，獲登定所。彼岸處者，憐載浮載沉于海中之人，多方謀脫其難。聖人亦然，既越世海，既迨天岸，安定飫足，于己無求，惟祈拯救世人，用懇于主。吾儕望若救，其惟用敬，稍酧伊澤。』聖伯爾納曰：『大哉，聖人之惻隱。厥在世，尚賴他聖代己懇禱，乃伊恒爲人祈。主鑒厥功，時降福于人。矧伊已陟天國，豈忘人哉？主豈不爲彼福人哉？亦若居世能哉，既逝勿奪厥能，益厥能，居世慈哉。逝世罔奪厥慈，乃反益厥慈，爲上主之忠工〔一〕，豈勿多能哉？恒視主哀心，恒體乃心，儀厥哀，曷勿多慈哉？緣慈喜求，緣能易獲，居世爲表，在天爲保。噫！天神于我異性，猶恒遊普天之下，救我人靈。聖人與我同類，詎忘人其勿益勿救，可忘彼與，可勿敬乎？」

疑者曰：『天地縣隔，在天詎視吾苦，聽吾求？』不知主性若鏡，兼統萬物，莫出其容。聖者獲視，如臨鏡燭物，悉灼予苦、予求，厥心憐施救。

又疑曰：『史記，一人患時，呼某聖人，即現解彼患。信若史言，設數人各處一方，同時呼某聖求救，則彼聖人者，安得一時或東或西，既出此復入彼乎？』曰：『昔奧斯定嘗疑此，謂友曰：「久疑久莫能決。予明知聖人恒救世，維救之何如？弗克知。其躬降，而一時並救多方與？抑主鑒其勛，命天神爲彼狀，往救此人，復一天神往救他人與？其或天主自用無涯之能，同時而救分處之人與？」既乃自責自決曰：「愚矣，我疑。若將羈係主能，若將束縛聖靈。夫聖人躬降可，天神代之降可，天主自救之亦可。彼邪神頃刻之間，能遊率土，矧聖人之靈。史記，一聖在世，主重厥容，俾一時並現于兩所。况已陟天國，曷其勿能如是？」』

〔一〕　京都始胎堂本作『臣』。

欽崇聖人之像

異教之衆難曰：『女所謂聖人之像，或聚以土，或範以金，或琢以木，或繪以五色，詎靈乎，詎真乎，而敬之哉？意安攸屬？』曰：『斯上主之意也，古教之經曰，梅瑟者，承主命琢天神像，置諸高臺，〔一〕復命本國王更琢二像，置之聖堂。吾主降世時，以白綺印聖容，遺之國君，命之敬奉。凡文物之邦有明帝、或勇士，暨卓邁豪俊，僉雕厥形，俾人視傚，矧聖人耶？』

難者曰：『苟若所言，敬先人像者，始特表孝愛，已久則勿知其爲人，敬祭之若主，求禧吉而免禍殃。今之崇祀土偶，不幾聖人之像爲蒿矢乎？』曰：『不可以彼之不善，疑此之善也。試觀日、月、星辰皆善物也，人誤用之，敬之若主，豈日、月、星辰之罪哉？聖像果善，吾立之之意亦善。有痴者謬敬若主，人自負痴而豈像之咎乎？若曰聖像爲土偶蒿矢，是猶見桀紂之縱惡，而以堯舜之居高位爲倡率也。且人亦知

〔一〕 户籍紀 21 章記載了梅瑟在上主的吩咐下製作銅蛇的故事，并把它『懸在木竿上，那被蛇咬了的人，一瞻仰銅蛇，就保存了生命。』

立像之義乎，吾敬之者，非以爲像而已，以爲對像猶對聖人爾。吾雖致敬于像，聖人在天之靈，已受予敬，而祈天主之祉佑斯人。』或曰：『何以驗之？』曰：『代有其事，恒見負魔之人，一拜某聖像，魔懼而出，病者立痊，如此者不可勝紀。試問魔之去者，畏聖人乎，抑畏此金木五色乎？是必畏聖人矣。苟畏聖人，則知雖致敬于像，猶之致敬于在天之靈也。而聖人之像，果不可不敬矣。』

立天主、天神之像之故

聖人在世，實有百體四肢，繪塑其像宜矣。天主純神無形，天神亦然，則立之像何居？聖基所曰：『人靈雖神，緣羈肉身之内，弗克知神物之勢，弗克描摹厥體，故形其無形者，以行吾敬。然所立像，弗敢臆造也。經記，主曾現于先知聖人，厥容可敬，鬚眉皓然，蓋示其無始之始，今循而像之。又聖神現時，曾借白鴿之形，蓋示其純性，今亦循而像之。凡天神發見皆如美童，衣白負翅。美童者示不能老，衣白者示純性，負翅者示行天主之命，至疾若飛，今亦循而像之。但致敬時，明知此皆純神，無可見之狀。』

或曰：『實敬在心，聖人視心而享吾敬。畫其像而拜之，曷益乎？』曰：『益不可殫，一，因人外肅而著内敬；二，以顯其愛聖人之甚，人愛一人而弗獲覩，視其像亦慰其慕。聖額我略曰「好視聖人之像，愛聖人之符也」；三，古賢曰：「經者，傳言之像；像者，無言之經。」葢謂人知誦經而明其旨，必有循避愛憎。視像亦然，如視吾主始胎，或聖誕，或立聖體之像，則思其愛，必念何以酧之；視受難之像，則思其苦，必念何以報之；視聖母、聖人之像，皆有所感悟，如視某，則思勉勵守貞；視某，則思慕效遜德；視某，則思刺策逸怠。因外之見，長心之善，孰謂像無益乎？』

欽崇聖人之遺物

聖人之像，不與原體，猶欽崇之，况遺物者。或其遺蜕〔二〕，或被用諸器，愈近于聖，愈沾其聖，可勿敬乎？聖納西諳曰：『聖人之遺物，堅固敵樓也。吾敬呼厥佑，魔攻不克復勝。又若竇帑，得富靈乏，病者即之而愈。』聖達瑪責曰：『奇哉，聖哉，聖母之塚，就之無聲，顯多奇以爲聲。奇若恒大呼曰：「吾昔聖母聖尸以箧也，予今

〔二〕 京都始胎堂本作『帨』。

虚而實也。聖尸飛天而空，多德留内而塞〔一〕。吾今天神之室，病人之痊，罪人之托，憂苦之慰，魔鬼之驚，真福之肆。」』聖巴西畧曰：『致命聖人之鍊，罪之鮮也。厥吾飽，厥患吾慰，厥苦吾樂，厥傷吾痊，厥憂吾福。遺物攸顯多異，不可勝數。蹤者近之則行，瞽者近之則明，聾者近之則聆，病者近之則起。』聖基所曰：『遺物之光，帝王視之弗逮。』今試問女：『某國古帝，其塚安在，享壽幾齡，逝之何日，行之何情？』必曰：『某帝既久入塚，榮光攸行，同入同滅，焉得知之。』予曰：『聖人之塚，大異于是。其逝之日，吉日也。世帝之塚，女本國之人勿知。聖人之塚，猶多異國之人知之。非徒知之，又往敬焉。庶民也，大臣也，帝王也，莫不稽首拜手于遺物前，篤求聖人代己祈主。人情安土，孰因視某帝，觀某麗景，瞻某佳殿，離鄉家，適異國，不避跋涉者乎？若棄其本土，越山踰海，以視遺物，林林其人。國君有閽者，閽闕朝夕。遺物之司門，則帝王也。躬起躬閉，守若寶帑不啻若。又倍之，曷其奈何勿敬？』

〔一〕京都始胎堂本作『宿』。

似欽崇而非欽崇

欽崇天主之禮，有真有實者，有僞有虛者。兩者衡之，僞，罪恒重。何謂僞？如謬從古教，生子而行割損之禮。天主立是禮，本使人信望將來救贖。吾主既降，而人行未降之禮，大僞矣；或欲証聖教之真，而僞引聖迹以驗，則大辱聖教矣；或明知此物非聖，佯謂聖人遺物，俾人敬奉，大僞矣。

何謂虛？如事天主，而計量于燭之多寡、先後，以爲不如是，主且不我享，此一虛也；妄意拜主，必擇旭時，待晏而拜，主且棄予，此二虛也；又聖老楞佐爲教被燒，聖若翰爲教被斬，人有因二聖，不敢食燒味、獸首者，此三虛也。厥外虛屬，不可殫紀，要之出于不知，視僞敬之，罪則輕矣。

違首誡諸端其八

違誡之事非一，今提其概。一在欽崇各等土神，拜叩焉；執物以祭焉；燃燭、焚香、燒定〔一〕焉；信有能，望得佑，祈施慶免禍焉，皆最重罪。經指若輩曰：『人或敬土神，或拜天三光，皆不明也。』真主惟一，敬之孔明；土神皆魔，不敬之孔明。蒼天三光，受造物也，非有知覺，加敬之何益。見形天廣麗而起敬者，正如生長村野之子，偶入帝京，見宮殿巍奐、庭燎著盛、侍御森羅，即驚以爲人主而拜之。天高地下，非華宮乎？日、月、星辰非庭燎乎？土神林林，非叛役乎？而畏之，而事之，則亦村民之拜宮殿、庭燎也。大不明哉，罪也何如！

崇魔一故

或問：『聖經攸記，厥始天主開闢，世祖暨多聖，特事真主，無各土神之名，無拜祭三光者。厥後多迷，曷自而起？』曰：『始于魔鬼之倨及妬。魔本謀匹主位，當時不獲遂計。今惑世人，入藏土神之像，嘗行奇幻。多人不察，意像含靈，拜祭若主，則倨志遂矣。又，魔原天神也，方命獲罪爲魔。厥位皆虛，天主選人代實。魔妬人祉，百計阻窒，炫惑羣生，俾迷事己，與己同陷，則妬志遂矣。』

〔一〕京都始胎堂本作『錠』。

崇魔二故

二緣人心不察真僞。經嘆曰：『迷哉，世人！本含靈而似無靈之物，見覆載光炤，遂敬若主，曷不思受造紛紛，别有授造主乎？』以此量彼，其光美勿逮兆之一，人亦意覓真主，但天麗地美，三光燦爛，燗目令迷。厥迷畧足諒，更有多輩，琢餙塑雕土神僞像，置之高臺，建之崇宇，詢以吉凶，卜以將至。疾冀佑愈，死冀佑生，婚姻行止，决彼以定。厥迷逾重，厥罰孔深。

或有進曰：『予非供此土木，惟事攸棲神，如天教〔一〕之敬先聖者然。』正之曰：『既知真主惟一，宜事主、祈主、望主，曷又于他是望？曷又于他是祈、是事？先聖僉主愛臣，敬厥主，肆敬厥主攸愛，且不敢向先聖行祭，勿求贖罪，賜今世澤，錫身後真樂。惟祈多聖代祝上主。粤土神，非主臣，允主仇逆。事厥仇，又事仇以事主之禮，矯僞亂真，抗誣真主，愆孰重于此。』

〔一〕京都始胎堂本作『爾教』。

崇魔三故

三繇溺愛。昔巨家臣僅一子，當承業，不幸早夭。父傷甚，欲稍慰慕懷，乃塑厥像，命僕朝夕瞻拜，敬之如生。踰時，人昧其繇，以爲神，燃香焚燭以祭之，此供像之始。態一而含多醜，悖逆本性之光，一醜也。性光炯炯，灼示真主惟一，灼示惟主獲祭，我乃誤崇多僞，舛施大禮，豈不悖哉？甚辱造物主，二醜也。經云：『主化物時，誕施厥能，爲萬物主，其光大矣，其能至矣。』人拜土神，祭之若主，是謂易主之位，掩主之光，革主之能而大辱主矣！甚辱萬物，三醜也。經云：『萬物並聲大呼曰：「天主，予主，惟彼授造，惟彼存養、治牧。」』人拜土神，是屬萬物于彼。物既有主，奪而屬之于非其主，何辱如之？大亂萬物之序，四醜也。序者何，王立乎上，臣立乎下，禮也。敬物若主，置物主右，亂厥次矣。衆惡之門，五醜也。經云：『惜哉，迷人！見金銀、土木巧像，非主而名之主，輕而重之，棄而敬之，多邪錯起，淫慝也、妄殺也、竊盜也、僞詞也、虛誓也、犯亂也，皆始于勿事真主，而事敬祭土神也。』

背主崇魔之罰

背主而謬事土神者，主恒降顯罰以懲。昔古教人虜于他國，主鮮虜引出，行僅數程，鑄像以事曰：『是鮮吾虜者也，是吾主也。』梅瑟是日立殺二萬三千人，既入本國，猶未悔禍。時奉異教土神，主時降罰。或殺之國内，或引敵兵侵破城域，且虜且殺，舉國幾滅。又記，古王病劇，宣朝臣曰：『代朕往謁某神，問吾病狀，求彼善劑。』時城中有先知聖人，主呼曰：『速迓國君之使，如命出城，謂使者曰：「本國無真主乎，而欲任意得生死耶？」女亟反謂王曰：「土神木偶耳，問之竟不聆，求之亦不能救，爾曷不于主是祈？若爾勿問勿求真主，王病且增劇，不久必亡」。』後果如聖人言。

通魔之罪

通魔者，習妖術，行魘魅，使人夫婦不和，婦女勿孕，胎生怪異；使仇人忽狂，倏病猝死；使在此者插丁負針，在彼者覺痛受害。是輩先背真主，向邪魔，聽誓命，主甚醜之。故古教時，有一令曰：『但遇法師，即立殺之。』

或問：『茲風焉始？』聖奧斯定曰：『自開辟後，代有巫覡，習行法術。首爲之者曰加音，元祖之長子也。〔一〕既殺厥弟，失望罪赦，逃入異域，背主向魔，習妖術以教其裔。迨洪水時，惟存諾厄一家。其仲子名岡，本爲巫，傳術于人。〔二〕』人散四方，入中華者，亦傳其毒，迄今不息。〔三〕

復有約魔以知密情者，要歸二端，陽一、陰一。呼魔召對某情，陽約也；不呼而欲得某事，即效速應，如誦異言，瘳人病，合人傷。又欲知隱事，懸筆待動而書，皆陰約也。

〔一〕即該隱(Cain)，他是亞當和夏娃生下的第一個兒子，後來亞伯(Abel)出生。在給上帝獻祭時，兩兄弟發生爭執，以致該隱殺死亞伯，該隱因此被逐出，成爲一個『流離失所的人』。但聖經並沒有記載該隱習行法術的事情。具體情節參見創世紀第4章。

〔二〕諾厄(Noah，今多譯挪亞，或諾亞)，據聖經創世紀載，他有三個兒子，分別是閃(Shem)、含(Ham)、雅弗(Japheth)。文中所謂的仲子岡，即爲含。

〔三〕這是明季天主教漢文文獻中，較早出現中國人是含的後裔的説法，這也暗示了中國人與古埃及人同源。據聖經記載，含有四個兒子，分別是古實(Cush，是爲非洲黑人的祖先)、麥西(Mizraim，即古埃及人的祖先)、弗(Put)以及迦南(Canaan)。值得注意的是，迦南所生諸子中有西尼(Sini)，而此一稱呼成爲後世猶太人對中國人的稱謂。在和合本聖經中，亦把西尼人的土地徑直稱爲秦(以賽亞書49：12)。

或疑曰：『所書者，或責人非，或勸人善，詎魔也哉？』曰：『善者十一，惡者十九。以善誘人，使信其正，使頻赴問，使勿覺藏惡。正如漁人，藏餌鈎中，魚貪食餌，即食其死。』

犯首誡諸屬

犯首誡之事多端，提其梗概，如事釋道土神、誦經宣咒、齋醮獻香、塑繪僞像、崇緝寺觀，病求愈，患求觧，貧求富，無子求孕，皆其大者也。他如灼龜筮蓍、卜籤決笅、簡日占卦、視地脉風水立室營壙，亦其屬也。至若信休咎于夜夢，占吉凶于物變，見犬吠鳥鳴以爲不祥，途遇凶服者而心生惡忌，皆大背首誡也。蓋福善禍淫皆操于主，未至成敗皆藏于主。彼卜筮星相，豈足以前知乎？而禽獸鳴吠，豈足以定兆乎？天主甚惡斯輩，因戒古教人曰：『女儕將入福地，内有巫人，多行邪術、通邪神，是惟予攸疾。女師其行，必共其罰。予則中道絕女生，俾爾死于非命。爾惟敬我、畏我，女允我民，奚屬于魔，曷于彼是信，曷于彼通問？』古賢亦云：『憐哉是人，誣人誣己，雖居斯世，當泣之如死。』

一愚者早起，欲着履，覺鼠齮壞，大驚以爲怪忌，急造賢士問曰：『昨宵逢大異，請士明解予惑。鼠齮我履，厥應若何？』士哂之曰：『鼠齮女履曷異，女履齮鼠，吾即大異。』客慚而退。今之見烏鳴物怪，驚爲不祥，以時日陰陽爲諱忌者，殆驚鼠齮之畧似乎？

第二誡，毋呼天主聖名以發虛誓

天主聖訓

古經載天主曰：『警矣，警矣！勿輕呼爾主名，人發虛誓，主嚴厥懲。』此誡總含四端：誓者何一，誓之類二，誓之可否三，呼天主聖名而發虛誓之懲四。備述如左。

誓者何其一

聖多瑪曰：『人云某物真實，而呼天主以証，斯謂之誓。』聖奥斯定曰：『人云天主聆徹我言，灼知厥實，請引以証，式顯厥真，斯發誓之謂。』如人偹陳某情，恐聞者不信，乃引盛德不貳之士以証。聞者雖不信我，或當信彼焉。

假主聖名以証，畧有二端，曰明、曰隱。直呼主名，是之謂明；呼受造諸物而誓，是之謂隱。隱明一也，主謂仇曰：『女教蒙民以呼地呼天，驗乃虛誓。』女則曰：『勿傷，勿與于主。』迷哉，女訓。高天巍巍，主攸座，呼以誓猶呼主也；大地茫茫，主所投足，呼以誓猶呼主也。準主攸命，則雖受造物不可呼以虛誓，誓而是實猶美，或僞或逆，則大辱主焉。

誓之類其二

誓類不一，一曰許誓，二曰果誓，三曰求誓，四曰警誓。與主立約，矢爲克己齋素幾日，謂之許誓，謂之立愿。許而不踐，厥罪阜。葢志行某績，任意而行，任意而止，其行也功，其止不罪。矢約于主，行之功倍，止則罪倍。故凡立愿，必先熟思乃力，熟思乃後〔一〕。主有言云：『辟如作室，量費之盈乏，始不審克。』中道輟工，人乃侮嗤曰：『之子痴者，爾儕尚審乃力，克踐則誓，難勝則已。』女口攸矢，女志攸定，女躳不克允廸。狂人哉，失信于人，猶謂之詐，况于主乎？然而既當審力，又當審物，

〔一〕京都始胎堂本作『復』。

如立愿守貞、齋約、克己、施濟，美許也，主愛之；誓必逞怒、阻施、復仇、雪耻，諸種種屬醜許也，主乃嚴厥懲。

所陳情果是，立誓用證厥是；所陳情果非，立誓用證厥非，謂之果誓。欲暴己情，乃謂天主曰：『予攸言或僞，祝主禍殛我；若實，祝降多祉，以徵我誠。』是謂求誓。

欲俾子女、童僕，畏懼悔改，矢加刑責，謂之警誓。倘本無責心，乃誓則罔則罪。然或方誓，本有責心，過時而思，覺可無罰，因勿踐誓，于理無傷。

誓之可否其三

有三美則誓，無則止。何謂三美？一曰真，至誠而不欺也；二曰善，當于理也；三曰要，所關者大也。或灼知此事勿實，及介乎疑似而誓之曰實，則勿真矣。又惡其仇，以誓彰厥醜惡，負人債，矢勿償，則不善矣。又雖有孚，無甚利害，無攸大係，必呼主以証之，則勿要矣。具三美而誓者，是揚主之真實也，不然弗宜。如無辜之子，被仇者陷以罪，士師勿能決其誠僞，命我誓以証。我乃以誓白厥冤。士師得情，無辜得生，我得遵命。士師得情，真也；無辜得生，善也；我遵命誓，要也。聖奧斯定曰：『誓辭之衣裳，人衣朝衣，必不敢坐立于塗炭，懼浼褻也。衣猶愛惜周愼，況至貴至聖之天主，可頻呼以致浼褻乎？又如良藥，本能療人，勿疾而服反生其災。人之于誓，當則利，勿當則爲勿疾之藥。聖基所曰：『誓辟之劑何，言其要也，言其謹也。』上古人皆撙節滋味，澹泊粗糲，隨食而化，百體固健，民無早夭，肆不須藥。後人踰度，煎熬五味，燔炙海陸，以厭口腹，萬疾以隨，然後覓劑。正猶上古人性纯朴，心口惟一，不待誓言。淳風既謝，人相欺詐，必以誓爲劑，俾世我信，故曰言其要也，良醫治疾，等藥輕重，必當其分，誓宜法此。三善備具，良劑也，損一焉，必能毒人。

或疑：『經屢禁誓？』曰：『勿呼天以誓，葢天主之座也；勿呼地以誓，葢主之所投足也。將陳爾情，有則告有，無則告無。據經攸示，無時可誓。若云具三美者誓，不幾與經言刺謬乎？奧斯定、多瑪兩聖觧曰，人習發誓言，必有虛者乘之，經欲警人，故言嚴切如此，無禁善誓之旨。』

或又疑：『虛誓而或害于人，罪則重矣。事本無傷，戲爲僞誓，厥慝如何？』曰：『女不知所係雖有輕重，其爲妄呼天主，以証己誑，則一也；妄呼天主以証己誑，是以天主亦能助人爲誑人也。辱之甚，褻之甚。事雖無大係，而罪已同慢主。』

又侮聖人之言，謂主不義，謂不公愛，偏福某士，獨惡某人，不理世事；謂魔有全知能，謂土神亦克救世；呪詈聖人，譏訕聖物，皆逆此誡，主甚惡罰。古教時，主有令曰：『但遇兹輩，衆人大集，執石擊殺。』異教者曰：『若遇情亟呼土神名以誓，可乎？』曰：『大犯主禁也。主曰：「爾以要將誓，勿呼土神，惟呼我名。」夫誓而呼主以証，是信主至真；勿欺人，至智；勿受欺，至能。必罰僞呼，土神者，至僞而奉之真，至愚而奉之智，至劣而奉之能，大背也、大亂也。』則又有難之者曰：『異教友求作証，事急矣，情迫矣。周旋皆異教，雖欲不呼土神，安得而不呼土神？』正之者曰：『弗宜，宜云：「苟不女信，雖呼土神，亦將不信；苟汝信，籲真主以証，人豈疑之哉？」』

又問曰：『使有仇人遁賫謊呈，誣我，官將擒罰，特一異教知吾無辜。吾求作証，他呼土神以証，而獲大罪，宜求乎？』曰：『宜求發誓作証，好事也。他能呼真主以証，倘欲呼神而獲免罪，其罪歸己。』

虛誓之罰其四

主申命曰：『吾名灼然炤耀地，天神伏敬，勿敢直視。世人穢口慢呼，實其僞誓。我用重戮女衆，一在今世，一在後世。』試昔一王發誓，未幾勿踐。天主震怒，謂先知聖人曰：『憐哉，伊王！憐哉，厥國之民！發誓而負，玷慢吾號。君命盡兮，民生已兮，將有敵兵來侵，王受虜，民盡係累。幸有少人，逃遁自存，皆遷徙四裔。國土曠野，城市荒蕪。』後皆如主言。然此今世之罰，雖重猶輕。若後世之苦，筆舌不能詳焉。

史記，西洋一城，内有公學，多人集誦。有兩生甚契，任情恣肆，輕發誓，頻呼主名。一日博，爭勝，攘臂揚拳，方以誓証。一生忽大吽數聲，仆地而死，形顔俱變。其友驚顫流汗，急回叩主像前，懇求寬假悔改。又默自懲戒，以亡友爲前車，必拒非友，擇良朋，且立誓進聖人之會。誓甫畢，心忽跳悸，倏見死友，不勝震眩。良久，問曰：『兄今死矣，往何所耶？』死者嘆號曰：『哀哉，我也！痛哉，我也！止緣呼主發虛誓，死時即入幽獄，受無量苦矣。女罰幾逮，幸悔姑緩，俟女實修若何。』言畢，復嘆，遂不見。

第三誡，守瞻禮之日

天主聖訓

主謂古教士曰：『憶哉，憶哉！勿忘守禮我之日，行工六日，經營室務，馳騁貿易。禮日一至，僉宜停已。女暨女妻、女子女及女僕、女婢、女牛馬，旅人過土，悉其罷息。我六日成造宇宙工，至七亦止，因大福大聖是日。』聖賢觧曰：『人既崇天主以心，用守首誡；既欽天主以言，用守二誡；宜事主以行，守厥三，乃全乃充。』斯誡含有數端，一禮日之奇，二守之要，三立之意，四所禁之工，五所宜之事，六與祭之報，勿與之懲，畧述如左。

禮日之奇其一

禮日有二，一主日，一聖人瞻禮。古教時，凡七日中，以第七爲主日，今以第一日爲主日。厥始天主開闢，六日行工，至七而止，故古教人嚴守主命，罷工廢務于第七日。古教既亡，禮儀既廢，聖會更瞻禮于第一，今所謂主日是也。古瞻禮于工終，今瞻禮于工始，以主攸行大奇，多在始日。聖奥斯定曰：『主造天地暨天神、四行，當今之主日；解古教衆人〔一〕之虜，命徒福地，前阻大海，主分其流，衆遂徒步，其日亦當今主日；厥衆歸時，路遥野曠，無術救饑，主降飴味，其日亦當今主日；吾主降

〔一〕京都始胎堂本作『聖人』。

生也、復活也，聖神降臨也，皆今之主日也； 宇宙之始，既在主日，及其窮盡亦必在主日矣。 其日之奇如此，可不敬守與？』

至于聖人瞻禮，異教者大駭曰：『人以入世爲慶，以逝世爲不祥，故入世之期，親戚僚友稱觴上壽。 當逝世日，易吉服，衣斬衰，痛哭流涕，不勝悲憫。 今觀多聖瞻禮，在致命之日，則永逝之期，何以凶爲吉哉？』曰：『世俗〔一〕慶誕，固屬情禮。 然人當入世，多苦定矣，多福未定，縱有歡娛，細尠暫促，來世之報，未審若何。 茫茫下土，涕泣之谷耳。 聖人方其在世，屈于勢，窘于財，與人正等。 或陟或墮，尚莫之定，何慶之有？ 至于逝世，真福已定，莫能再移。 故其生也，如涉大川，飄風濤間； 其死也，越大險而登善岸。 宜慶其生乎，宜慶其死乎？ 故諸聖瞻禮，必于其身逝福日也。』

守瞻禮日之要其二

人皆受造于天主，敬奉之、恭禮之，答厥恩也。 世主定朝覲之日，命臣工拜稽，

〔一〕 京都始胎堂本作『澤』。

天主亦然。夫人定時以養外形，必某時以興，某時以息，某時以飫，曷不定時以養内神哉？論瞻禮定義，當罷止百工，盡廢俗務，入聖堂修神工。其功績尤甚，惟遇緊急事務，弗便全行瞻禮，可取一二晷詣殿，與祭誦經、默想悔罪，而心則息息對主，亦其可也。

或疑：『教中貧乏頗多，一日偷暇，無以贍口，則如之何？』曰：『天主之仁廣矣、大矣，時顧念貧者，命人節勞以養生，豈强之習逸而致死哉？困乏之人，禮日勤業，固無傷耳。』

天主立瞻禮日之意其三

聖多瑪及奥斯定解立禮日之意，曰主之意多矣：一欲教人固信，熟聖教之禮日，憶主恩。夫人造聖堂，聆教之聖、之真，則所疑大破，信日固矣。恒日〔一〕擊所行之禮，雖易忘之人，亦洽于心矣。且禮日，堂内多揚主恩，某日頌主之始胎，某日頌其誕降，某日頌其苦難。我來則聞，聞則激于心，思求報酧，勉所宜行矣。

〔一〕京都始胎堂本作『目』。

二欲教友互相知心。信藏于中，莫之能知。其口攸言，不足定也，定之以行。試觀人入寺，鞠躬俯首，焚香燃燭，則不問而知爲奉佛者矣。屢造聖堂，誦經拊心，則不問而知爲事主者矣。

三欲教友大固厥愛。凡人之情，數會數親，其心則熱，殷勤之意，歡若一家。踪跡既疎，心亦離解。頻瞻禮，則頻相晤聚，乃發其親愛焉。

四憫衆人之勞而息之也。天主，仁父也，見人焦心悴力，手足拮据，心甚惻之。故七日中，俾取一日，停役屏務，用慰厥辛。嗚呼！爲上人者，非時興徭，督責嚴亟，使勿休息，亦大異仁主之心矣。

或者曰：『仁主憐人而息之，固矣。乃馬亦輟乘，牛亦輟耕，何哉？』曰：『意有三者：一憐禽獸，所以憐人也。牛馬數勞，力罷而死，則人無犂載之具，奈何自負；二示斯誡之嚴，俾人知雖牛馬之賤，尚爾廢工，而况于人；三馬不自任載，人乘服之。牛不自任耕，人驅策之。是日也，人既不獲耕服，則牛馬自當放矣。』

瞻禮日所禁之工其四

人藝有三：一謂明司之工，如誦經、默想、讀書、討論諸屬。因外之修，以修其内，勿拘時日皆獲行之；二謂嬉戲之工，如六儀、畋獵、撫樂、歌舞。始終在外，貴人行之，勿淪于賤。賤人行之，則擬于貴，勿拘時日亦獲行之。今所禁之工，則庶民役事之類也。但行之者，非貪財也，非度生也，以養疾、以釋憂，聊借爲遣日之具〔一〕。雖于禮日行之，亦不爲罪。

瞻禮日宜行之工其五

閑暇者，諸惡淵藪也。聖有訓言：『閑人，魔之正鵠。』無城之府、不甲之旅、棄舵之舟，射之、進之、傷之、沉之，忽然耳。蓋人心若器，不得空虛，先充美液，惡汁莫入。虛間而待，魔投惡汁，乃敗厥心。熱落聖人有言：『勤業行善，魔近圖誘，必驚而退。』魔也若蠅，水寒則近，水沸則離。然則主命禮日罷工，豈欲人或立或坐，靡攸事乎？亦命廢俗務而專神工耳，神工奈何？達味聖王曰：『禮日之工，棄惡就善。善人若天，天有南北二極，故恒幹運，不爽厥度。瞻禮亦善人之南北極也。六日庶務俾心、言、行失次爽則。主立禮日，命謝身工，熟思靈動，旁望善惡之極，棄此就

〔一〕 京都始胎堂本改作『若時候不甚長久』。

彼，使無曲運，速得歸直。』主云：『禮日，吾聖日也。爾心勿肆邪欲，爾足勿踐岐路，爾舌勿出污言。否，乃大辱此日之聖。』解曰：『主日暨聖逝之日，禮日也，曷失厥禮；聖日也，曷污厥聖；貴日也，曷屈厥貴。勤業行善，則禮、則聖、則貴之也；行不善，則失、則污、則屈之也，惜哉，流人！誕辰元日，愈肆于樂、沉湎于酒、酣歌側舞，遐棄真主。所謂凶日，孰過于斯，吾友罔師世迷。』熱羅及奧斯定兩聖曰：『聖人在世，嚴齋克己，苦束本身，用獲罪釋。奈何今多人以飽、以樂，欲瞻其日，惜哉！謬哉！故是日也，節飲食、伏忿懥、解憎惡，愛及仇讐；是日也，善友大集，肅恭與祭、禱祈誦經，聆道痛告，爲己祈主，爲君祈、爲仕者祈、爲舉國之享太平祈、爲普天之下認真主祈、爲煉罪祈，此之謂全守。』達未聖王曰：『入聖殿時，心驚神顫。』基所聖人解曰：『聖堂，天主之國也。其臣，天神也，皆俯伏戰慄，勿敢仰視。吾敢慢肆、敢誕笑、敢阻友神工。吾友互語，盍之爾室，盍之市。聖殿，神藥之肆也，入者瘳神疾。爾進論世務，神疾增劇。爾曷不師古異教人，入寺祠神。副祭向衆曰：「斂爾容，肅爾儀。」遂恭恪伏地，目容手足，不爽不忒。今以外言庶事，交搆聖堂，身入心遊，主視乃心，豈女鑒？』

瞻禮尤亟之工

宗徒雅各伯曰：『禮日，勉務進德，尤亟者二：曰修靈、曰哀矜。』聖良云：『人遇是日，必易舊服，被吉衣。聖殿、臺帷、祭器莫不愈潔鮮貴。厥外孔飾，靈臺、神衣勿修勿琢。内多醜污，雖大章儀于表，主勿歆勿享。』聖額我略曰：『主命禮日謝工，悉停庶事。厥意安屬，緣他日治生營俗，純心放散，神工簡軼。肆俾茲誕，輟身務，專乃心，一乃志。式惟敬禮，用贖曩愆，用獲曩罪赦宥。』聖基所曰：『爾儕主日，迨堂祈主，勿宜徒手，攸施于貧人，覲主之珍贄。女見孤寡者、病患者，勿起哀于乃心，弗施救，是茂贄獻丕，乃大言籲主曰：「主允我求，主則掩若不聽。」』西方之俗，遍立仁會。當禮日，攝理者遊歷城中，見丐者、病夫、囚役、孤子、哀女、鰥老、寡婦，則往慰，厚贈日用之需。餘無依人，是日悉集聖堂之門，凡入求主者，先施之而後進。經曰『散財之德，爲見主先容介紹』。

立聖人瞻禮之故

或曰：『主日多奇，教士瞻禮而行神工，理固然矣。必更立聖人之禮日，何也？」曰：『此意有三：一欲當日，吾懇求聖人之救。吾輩正若貧者，急望富人慶辰，大祈施濟。瞻禮亦聖人之慶辰也；二欲人知聖人之光榮。是日也，餙美聖殿，華麗臺帷，焚寶香、燃大燎、奏嘉樂、咏聖曲。俾我深思，下土尊榮如是，其在天之取重于主，光樂又何如；三欲此日玩讀前聖之行，朂師乃德，繩其勤之至。聖納西暗曰：「女欲瞻聖人禮日，尚式厥德，冀同厥福，勿克效厥苦，主則罔錫于女。」女毋曰：「予有劣身，具邪情。高高聖德，雖企將勿及。」先聖在世，詎不負劣身哉？詎邪情不攻哉？以忍當攻，以勇獲勝，遂躋巍巍德。勉效乃忍乃勇，豈不同厥勝？爾不啻可學聖，雖吾主峻極亦可刑式。主曰：「法我善，法我謙。聖師主，女師聖，師聖猶師主。」緣弗讀厥書，肆勿克識厥德。爾既以多目營世務，禮之日尚朂讀聖人書。讀則識，識則式，式則同躋絕德。』

與祭之報其六

西洋二匠，其一每晨迨主堂，聽祭、誦經、求主祐，然後作務。其家人衆多，日用饒足，復强固安樂，勿知憂患；其一罕至聖堂，惟營生贍家。僅夫婦兩人，甕飱猶不給，每自嘆曰：『某友藝不高于我，人衆過我，而彼嘗有餘，我嘗不足，何哉？』一日，瞰富工出戶，若爲邂逅狀迎之，徐乃問故且請誨。富者曰：『富與貴，人盡欲之。予昔覓致富地，幸得其所，翌日將指女〔一〕。』貧工忻甚。越日方旦，富匠引至聖堂與祭者，既而語之曰：『女今反營工事，翌日再至，我乃引女。』如是者三，貧者怒甚曰：『良友曷予戲，聖堂之路豈不知，而煩吾友之引。予所冀，惟于我致富地。』富匠曰：『吾儕教士，當審事理次第。修德爲本，急而先之。外者枝葉，雖緩之可也。予銀府鑛土，允在兹殿内，更無岐途。人生禍福、貧富，悉係于主。經云，人覓天國，務增心德。厥攸需衣服、飲食，主豈女吝？友則忘主，曷異我主之勿女憶。』貧工審聽靜思，覺悔夙怠，太息曰：『吾向者，殆如禽畜，僅圖餵飼，今始知人之爲人。口體非亟，有極重甚急于安養之上者，視禽獸之棲食是求，不啻天淵懸隔。嗚呼！我瞽人也哉，非良友指我、拯我，予幾不克自獲真路。』再拜而回，謹守富工攸命，率循以行。主大憐祐，厥家漸昌裕。

〔一〕京都始胎堂本作『指與汝』。

不與祭之懲

自古迄今，主恒嚴罰不守瞻禮者。古教時，一人禮日行工，聖每瑟未審何處，姑命囚以待，乃決于主。主曰『宜集衆執石擊殺犯者』，遂如命，立殺之。噫，是人攸爲，係厥本業，主猶勿許行之禮日。矧貪愛嬉戲，忘事瞻禮，所罰之重，必應厥罪之甚矣。

史記，一婦人情性飄蕩，喜歌樂戲。盟結同志數輩，訂一玩遊之所。凡遇禮日，人往聽祭。彼則至厥所，歌舞笑樂。旁有少年擊毬爲戲，忽毬騰起空中，適擲中此婦之首，死矣。衆婦驚駭，各悔悟誓改，亟殮屍送殯。忽現一牛，形狀猛惡，徑破其棺，以角觸碎其屍，臭甚。送者皆掩鼻散，惟戚族包忍，埋之而歸。城中婦女聞之，競以爲警，勿敢輕視禮日焉。

天主聖教十誡上卷終

天主聖教十誡卷下

第四誡，孝敬父母

總引

主謂古教衆曰：『女等將入福地，其惟孝敬乃父乃母，予賜女永年久享兹土。』〔一〕蓋天主大父母也，首先崇敬；生我者次父母也，自天主外所當敬養者，莫重

〔一〕 聖經所載此條内容爲：『應孝敬你的父親和你的母親，好使你在上主你的天主賜給你的地方，延年益壽。』參見出谷紀 20：12。

于此。故立孝敬父母之誡，于欽崇之後。是誡總包四端：孝敬之意一，父母之類二，孝敬之報三，不孝之懲四，畧述如左。

孝敬之意其一愛

養親之身，尊親之至，此孝敬之義也。雖有愚者，不待學而知。故親有福可喜、有憂可共、有患可慰。而世俗乃有願親早亡以承產業者，曾仇讐之不若也，雖獸勿爲也。聖熱羅云：『子豈必仇親爲罪乎？睨視所生，則瞽者子也。勿愛其親，曷有于他人。勿忠于親，詎論疎耶。太陽無光，靡日耳。泉源不流，乾土耳。肢體不接，腐肉耳。吾有親而不愛，得無爲靡日乎，爲乾土乎，爲腐肉乎？爾曰吾親之子也，予則曰非子也，疎焉者耳。吾親，吾有之始也，而睨視之，醜哉女情！』經曰：『子睥睨厥親，宜責剜厥目，俾卒世不獲睨親。』父母生我，吾稚抱鞠，昕夕劬勞。我既及長，教我義方，雖夙夜罄思，卒世竟力，莫酧恩之萬一。父母雖故賤，子忽榮貴，勿敢以驕其親。我所得捷敏聲聞、高爵厚糈，皆父母根之耳。無父則無我，無母亦無我。凡被于我者，以有我之身，予容忘身所自哉？古賢臨逝，呼子曰：『吾子，敬聽爾父之遺言，終身孝養爾母。女昔在胎，女母多艱以保。女出母腹，多勤以養。愛有恒，女宜無輟，女愛于女母。故子或有羞厥父母，忍人也。耻父母之賤者狂，侮父母之愚者悖。』若瑟性教聖人也，伊父暨厥昆弟十人，以牧羊爲業。若瑟徙異地，國王仰重德智，陟之高位，訓于國中曰：『自寡人而下，無處若瑟右者。凡邦之人，敬聽厥命，如聽寡人之命。』後父兄往視，若瑟勿以既貴卑其親，孝敬若初，獻之國君曰：『是臣之老父也、兄及弟也，故牧人。祈王賜之牧地。』〔一〕今之獲高位者，尚師之哉。

孝敬之意其二敬

經曰：『爲人子者，以善行、以柔言，用致女親。以忍當女親之老，勿憂之、勿加乃苦。女父母耄耋，近于期，因恒出狂詞，爾勿嗤其狂，勿以言欺。或欺或嗤，醜名極禍之子。』古賢謂人子曰：『子迨父母之前，内宜謙遜，外宜肅斂，柔聲以對，勿以

〔一〕　此事改編自聖經若瑟(Joseph)的故事。據創世紀載(37—46)，若瑟是雅各年老時生下的兒子，故頗得愛護並給若瑟作了一件彩衣。對此，若瑟的哥哥們心懷不滿，並借機把若瑟賣給了以實瑪利人。若瑟後被帶到埃及，賣給法老的近臣當奴隸。因爲若瑟能爲法老解夢，故得重用。若瑟的父兄因饑荒來到埃及，受到若瑟的禮遇。

口舌傷父母之心。親或咒女，女勿酧以咒。爾親之口以咒，厥心以愛，女惟視厥心，以忍聆咒，以愛答愛。』色搦加〔一〕曰：『吾家寶庫也，父母之老者，其珍也；吾家麗堂也，父母之老者，其主也。尚敬旃哉，出入惟敬，遠遊惟思。敬思嗣續，無時斷絶，斯敬子之效哉。』經曰：『畏敬天主之子，必敬厥親，視親若主，視己若役，專一以事，此之謂也。』

孝敬之意其三順命

聖徒葆禄曰：『子宜遵厥父母命，厥命主命，主甚愛遵厥父母命者。吾主年三十，恒遵聖母及聖若瑟之命，悉厥孝道。』聖盎博削曰：『吾主授造者也，聖母、若瑟被造人耳。惟緣彼乃其母，此亦有父稱。主猶遵伏厥命，而况于人乎？』若夫不義之令，順之者罪，逆之者功。伯多禄宗徒曰：『察親攸命，命善則命出于天主，遵之，猶遵主命也。』聖伯爾納釋曰：『人子欲受父母命，宜先審厥命胡命，以準行止。理命，不獲少違，葢即上主命；悖命，不必允順，葢拂上主命。主命子忍恕，厥父曰爾

〔一〕即古羅馬拉丁作家塞内加。

復仇；主命子棄土神率真教，厥父曰爾從俗。二命既反勿克並舉，遵彼違此。大理也，大孝也，緣天主爲茲世公父，厥攸定理義，爲世公令。我親亦在攸令，厥逆主令，叛人也，罪人也。子順厥父逆命，是謂從叛，式成親慝。』經之善人有言曰：『主序列予愛，俾次不忒。』聖奧斯定解曰：『愛若梯，有級有等，人子勿錯厥趾。愛主，遵受厥命，級首等；愛親，遵受厥命，級次等。毋亂善倫，毋拂正子守父命，至背主命，勿爲天主攸列愛序。』行命之始，曷思曷警于吾主之言。主恒規衆曰：『子愛伊親踰我，允勿獲享我。』可不鑒哉？

孝敬之意其四養親

聖徒葆禄曰：『爲人子者，宜養親老，宜以授恩酧攸受之恩。』子稚時，勿克救己，父母乳飼之。成童，晝夜繼工以養之。及壯，手足胼胝，創基業，擇好逑，俾獲逸生。吾親或疾病，或貧乏，或衰老，其勿克救己，如我稚時。飲之食之，衣之顧之，孝子之職也。經謂人子曰：『子勿致父母憂，以心忻，以顏喜，式扶親耄。主記女仁，授報今世後世。』聖基所解曰：『吾主，我師也。吾儕是則是傚[一]。主亡時，閔聖母孤苦，無父母顧，勿克安生養老。命聖徒曰：「顧之、事之如爾本母。」噫！吾主卒世事母，死將及，其愛事猶勿止，子者法之哉。且此理也，雖無靈之獸，亦知之。羽物既老，莫能飛走，厥子昕夕覓食以飼。老鳥病，鳥子覓藥以瘳。上主畀獸此情，用羞不孝之子。然子之孝敬，則勿止此。父母在，宜夙夜祈主錫之多歲，安老慰憂，免苦薄患，備需開悟，獲率正路，獲享真福。既逝，宜視力修棺槨，治喪禮，宜披衰衣，因顯心痛，擇乾土瘞厥膚。父母雖死，厥恩猶在，孝子宜思，宜恒念之如在。』

父母之類其二

此誡雖止舉父母之名，推之則五者皆是。一父母宗族，二在位者，三靈性之師，四學問之師，五年高者。宗族，吾父母本支所暨，體愛親之心以愛之，是亦事親之道。

在位者，莫先于帝王。王者，國之公父，通國皆蒙澤焉。聖葆禄曰：『凡我教

[一] 京都始胎堂本作『效』。

士，各敬爾君，遵守厥命。厥命，主命，厥命公哉，厥權義哉。爾善而賞，爾惡而罰，爾尚忠哉。』又曰：『毋慢爾主，毋謗厥政。爾君代主敷政下國，曷慢爲哉？君政主政，曷謗爲哉？人逆君命，即逆主命。』又曰：『國人如負債者，國君債主也。愛其仁，畏其威，仰其尊，聽其命，輸賦力役，吾債也。信能行此五者，則釋債任，謂之忠臣。其次任事卿大夫，國君代主理民，卿大夫代君理衆，夙夜匪懈，用利羣生，釋民之爭，治民之亂，邦之榮安，兹基兹礎。爲之屬，容勿敬乎？』

若神靈之師，吾靈之父母也。世之父母，生我于世。吾靈之師，生我于天。經曰：『專一敬畏天主，專一敬尊神父，專一親愛父母，專一聽遵神靈之師，侮之猶侮主，微之猶微主。』靈師，上主口舌也，宜聆厥言若主之辭，上主使命也。敷教萬戶，傳主訓命，宜貴之如主使臣焉。非徒貴之，又且愛之。緊我神父，指我善步，迷途使返，策其怠泄，祈主酧善，祈主恕失。其勤如何，譬之牧者，朝夕不懈。伯鐸羅宗徒曰：『勤哉神父，守女之靈，若己之靈。緣女善爲若勤，主酧之；女不善爲若怠，主罰之。因恒寤勿寐，善牧者乎。』聖基所曰：『神子孝敬神父，明理也，公情也。若以誨，俾我以魔奴爲主子；若以洗，俾我以枯枝爲聖會體；若以舌赦，俾我啓天門使入，則孝敬之，非明理乎？』異教之徒，尚敬厥師若命。彼其爲名，僞也，攸訓迷也，猶父事之，師尊之。況我神父，名允訓寔，爾孝爾敬，非公情乎？古賢有云『欲求敢逆神父之人，舉世卒罕』，此之謂也。

若夫學問之師，去吾蒙鄙魯鈍之質，而成吾攸受于親之性。譬之匠者，父母雕琢胚器，予師以禮義磋其有餘，銻其不足。〔一〕古賢曰：『幾均同者，其親恩乎，其師恩乎，其所殊者先後乎，其孝敬之乎？』

至年高者，謂之父執。經語幼童，爾遇盛齒，雖非爾父，跱立斂容，毋敢暴慢。辣責，西方名國也。其俗凡遇老者，弗問勢位，皆尊侍之。以齒爲勢，以年爲位，風流異域，咸景嘆曰：『幸哉，辣責之耄人。四方老者，曷勿移茲土，以安享厥衰年。』經記，昔有先知之聖，已及耄，偶越他境。值諸童集道士嬉戲，見聖人扶笻而過，齊出嘔曰：『頭禿騰兮，顱頂上兮。』譏侮未畢，猛熊出林，嚙死四十餘童。上主嚴罰輕侮高年之罪如此。

〔一〕京都始胎堂本改作『以禮義化其有餘，補其不足。』

孝敬之報其三

經云：『子孝厥親，若聚寶珍。』解之者曰：『貪人以集寶珍爲富，孝子敬父母則富也。蓋上主錫之祉澤，富其形神。攸錫雖多，聊舉二者。一曰永年，主曰：「汝孝敬乃父乃母，而養厥命，吾則延乃命。」父母，子之命之始。子孝養，〔一〕是培命源也。是德是報，若合符節；〔二〕二曰爲父時必生孝敬之子，經曰：「警乎！警乎！〔三〕爾孝爾親，爾子孝爾；爾敬爾親，爾子敬爾。」盎博戒爲子者曰：「女今人子也，勿踰時將爲人父。女今孝敬，他時女子孝敬爾。女今悖逆，他時女子悖逆爾。」斯上主不易之賞罰，故聖經有言：「人以某尺量度人，亦以某尺量受度。」』

不孝之懲其四

古教諸令之中，有一曰父母生剛愎悍性之子，親者責之，俾遏以改，子逆如初。

〔一〕原本不清，據京都始胎堂本補齊。
〔二〕原本不清，據京都始胎堂本補齊。
〔三〕原本不清，據京都始胎堂本補齊。

一郡之人，携之出城，執石擊殺。予終不許吾民林林，有一不孝之子。蓋子勿謝受命之恩，主絕厥命，俾勿獲厥死，罪罰適應。史記，昔有二人，其一父沒母寡，其一父母俱存，各薄其親。寡婦之子頻造飲肆，蕩罄資財。一日，酣歸于室，母責之曰：『上主罰人，多彝飲者。人飲無節，心德即喪。』子執迷，怒形于色，仇視若母，恨呪〔一〕而出。母痛其逆曰：『女不吾聽，乃吾嗔。不孝若爾，予且望人之執殺女。』父母俱存之子，亦曰悖逆。父正言不已，子怒舉右手撾之。父嘆曰：『予今耄力衰，勿能執女，正法于官，惟冀撾吾之手被斫折。』子叩齒呪恨而去。不孝兩人，本屬密友，是日復會，相邀入肆。酒半酣，觸詈不已，拔劍交加，寡婦之子遂被殺，撾父者急奔謀遁。吏追及之，四面圍繞，猶衝突冀出。一兵揮刀斫之，急舉手捍格，手應刀而落，即撾父者也，遂就縛正刑。可知逆倫之輩，非特死後地獄永殃，即當世亦有顯異之報，可不戒哉。

〔一〕京都始胎堂本作『咒』。

第五誡，毋殺人

天主之立是誡也，不徒曰毋殺，而必曰毋殺人者，謂殺人則罪，殺牲非罪也。主造物時，嘗謂人曰：『種種飛走，以迄水族，悉用資女，任女攸需，以殺以食。』主訓炯灼，惜哉多人，妄疑殺生爲忍，放生爲仁，不敢殺生爲輪廻故。不知輪廻之説，可以罔細民耳，君子不取也。夫克己閑邪，纖惡都盡，君子所以修德也。小人不知修德，惟懼刑罰，佛氏乃從私創論曰：『惡人處世，或貪如虎，或穢如彘，或嗔如龍，身後回生，必變所似之獸。』佛以爲爲正人計，爲安國計，苟可使悚然知畏，雖無其事，而爲其説，何不可之有？不知聖有恒言，弗宜秉惡，用求人善，愛我正道也。以非語廸人，是枉己而直人也。勸善懲惡，自有賞罰大經，何必藉誕妄不經之論，以悚惕人心乎？

輪廻不足沮惡

爲輪廻之説者，謂以遏惡也。不知必若此説，非徒不能遏惡，且長人不善之心矣。夫刑僇之，拂逆之，拘苦之，此之謂罰人効某獸之行。來世變某獸，則非拂逆、拘苦，乃順適之耳。若曰物賤人貴，貴化爲賤，是罰之矣。則當思人所以貴于禽獸，惟恃理義。不肖之徒，反道敗德，喪其秉彛良貴，甘自處污賤而不辭，豈以下同物類爲耻乎？況其人既効某獸，每以現生，猶帶吾人面目，不得盡恣其獸情爲恨。聞來世將脱人軀，入某獸類，則益得縱其欲，逞其志，而忻然欲往矣。禽獸者，人視之爲賤爲苦，彼自視之，不耕耨而食足，不力役而用裕。催科不及，拘追不加，嬉然天地，嘗有餘閑，謂足俾惡人畏避乎？

輪迴不格物理

魂無輪廻，此物理之自然，無煩强解。彼爲是説者，特未窮物理耳。使人靈既離本體，再入他軀，必存明悟、記含、愛欲三司，而能明、能記、能愛先時之事，否則，勿謂之靈也。乃古今以來，林林生人，絶無記先世事者，無孝先親者，無愛先朋者，無惡先仇者。人雖善忘，曷至忘其父母，并忘其姓名乎？據佛氏言，後世有異水，靈魂飲此，頓忘先世之事，故雖轉生，不復能記。爲此説者，是又不知有形無形之辨者也。形物能侵變有形之物，於神靈無與。水既屬形，則豈克透入靈中，攻厥神司，削除印像，使盡遺忘先世所記含乎？假令人魂可入獸腹，萬一有博洽之儒，以負貪罪，罰墮虎胎，則必有一虎焉具聰明才辨，如當世文章之士矣。又或使一人兼貪淫兩罪，懲淫則當化爲彘，懲貪則當化爲虎。一魂既不能分入兩獸，若止入一獸，入虎則淫不應受罪，入彘則貪不應受罪。是操賞罰之柄者，其術又將窮矣。

輪廻不能自充其説

爲輪廻之説者有二，或曰靈魂出身集于定所，待人物之將生，而投合焉；或曰靈魂一離本軀，即入他體，初無須待。繇有待之說，則大拂上主公義。葢上主報人，善者纔死即酧，惡者纔死即罰。今曰不辨善惡，雜而間居，何理哉？

若云弗待，人靈一出此人之軀，即入彼人之身，則一人死于此，必一人生于彼。因受其靈，乃人數不增不減，盍思上古生齒甚希，後漸甚煩，後來之靈，從何來乎？又萬一當干戈焚戮之世，疫癘飢饉之時，一日而死者百萬，豈有百萬人倏生，以受其靈。若云皆投禽獸之身，則均難信多禽忽生，因受多靈。可知，輪廻之説豈通論哉？

輪廻滅倫

輪廻之説，果有足據？則目今之尊貴者，先世未必不爲卑賤；自今之卑賤者，先世未必不爲尊貴。則父將疑曰：『嗟予子，安知始不爲我祖若考乎？』子亦自疑曰：『安知我不先爲彼父？』是坐立之禮可倒用矣！君將疑曰：『惟兹臣庶，安知始不爲大人、先生乎？』臣亦自疑曰：『安知我不先爲彼君？』是授受之命，可逆施矣！娶妻者疑曰：『今夕之粲者，前世或吾姑姊妣乎？』于歸者疑曰：『所謂良人者，前世或吾伯叔舅乎？』婚姻之禮可廢絶矣！以至昆弟相疑，朋友相疑，師生相疑，主僕相疑，甚至人與物相疑。服牛者，疑先世之曾爲牛；乘馬者，疑先世之曾爲馬。而牛馬亦疑先世曾爲人，且將服我、乘我矣。如曰靈魂不殊，形骸既換，便可融通，則不思人之所以爲人，全恃靈魂，形骸特藏納之器具耳。譬有人于此，耳目口鼻未嘗稍異，易其冠服，移其居所，遂以爲非復此人。向之尊者，可以賤之；向之厚者，可以薄之，有是理乎？

輪迴不知質模之義

聖賢喻魂于匠事，各依本技，定所用器。攻金之工與攻木之工既異，則所執之器亦異。靈覺二魂，譬之匠者，肉軀其器也。依内性類，模外體質，馬蟻之魂，豈可以模龍象。人之靈魂，亦不可以模種種禽獸。若云人魂可入禽獸，是猶執攻金之具，以治木器也，豈能成哉？

佛氏自犯殺生之戒

佛言，殺生爲大罪。則中國自古賢帝明王，無不獲大罪者，而佛氏亦將不免于罪。葢佛氏雖不食禽獸之肉，然建法鼓，不用牛革乎？製袈裟，不用蠶絲乎？雕梵像，不用膠筋乎？是三者豈非生，而佛顧殺用之乎？若曰爲佛而殺便無罪，則又犯兩舌戒矣。佛氏處于不能不殺之勢，而諄諄禁人殺生，何其矛盾，皆自己出也。

殺人諸目

既知殺牲之無罪，則知天主所禁殺者，唯人而已矣。此誡包舉頗廣，約有九端：一曰自殺，二曰殺人，三曰仇怨人，四曰嫉妬人，五曰嗔怒，六曰息怒之法，七曰罵詈呪咀，八曰怒仇之報，九曰復仇之懲。一一解之如左。

自殺之罪

經立是誡，不曰毋殺他人，曰毋殺人，明我亦人耳，不可自殺也。自殺之罪，爲五誡諸罪首，包有三惡：盜主之柄，第一惡也。世人皆上主攸生，獨上主有生之、死之之權。彼今自殺，豈非竊主事，以自予乎？爲國之賊，第二惡也。吾于本國，如一肢然，殺我是損其一肢也，豈非邦之賊乎？戕命之寇，第三惡也。天主命人愛己，定保大命，顧乃殺己，豈非自寇己乎？然愚者以爲殺己，則世苦可謝，忿辱可洩，讐仇可復，壯哉勇士。智者曰：『弱劣哉，此匹夫。遇變能忍，臨難不屈，此謂大勇。遭世難而力不克勝，欲殺身以免，此柔怯情態，剛毅然乎哉？』

或疑：『聖人勤業克己，自責減飡，少睡集勞，萬種刻苦，終身不釋。主亦有言，人欲從我，思爲我弟，必惡視厥身若仇。愛厥命于茲世，則失厥命于後世。在時而惡厥命，則永存厥命。』曰：『聖攸行，主攸訓，幾與害己之類相似。不知克己勞苦，特伏制血氣，不使與神靈抗，非斷肢刎頸、剜耳剔目而後滅厥軀也。蓋內靈爲主，外身爲奴，役僕任勞，爲息逸主。令僕過強，弗聆主命，爲之主者，增其飲食，縱使遐[一]逸，弗益抗乎？血氣既盛，外人大肆，內人浸危。密省嚴克，泊食淡飲，少寐多寤，仇視此身，庶幾慾克。吾欲吾敵，世敵之害。及身而止，嗜慾之害，通乎內靈，敗厥良

[一] 京都始胎堂本作『暇』。

性，世上猛仇莫毒于此。視身如敵，欲則聽命，視身如友，欲則逆命。故自鞭減飡，躬習勞勤以勝之，豈犯毋自殺誡乎？』

殺人之罪

殺人者，亦具自殺三惡之罪。他人有生，惟主握之，我顧殺之，是謂主賊。人于本邦，亦屬一肢，我殺彼人，損邦口數，是謂國賊。天主有命，愛人如己，我則肆殺，是謂民賊。雖罄天下之財，竭天下之力，不足補殺人之萬一也。葢人生命，爲禄位本，爲福樂本，爲德義本，爲衆善本。殺則斷其根，餘何依乎？又誰贖哉？聖者嘆曰：『殺人之醜，大反人性。』人仁則人，不仁非人。殺人不仁，云胡曰人？既出人類，必入獸彙，何啻近獸，醜更踰獸。相彼走族，勿噬同類，人殺其類，非獸非人，是屬何物。主惡厥醜，嚴懲厥罪，當洪水後，主謂人曰：『警哉，警哉！勿擅殺人，勿污地以人血。吾將嚴判殺者之罪，彼絕人命，我絕厥命，卒勿脱予手也。』

殺人之醜，依邇依遐爲等。被殺之人愈近愈同族，殺之罪愈醜愈至。可知，殺子之罪，其醜尤至。聖賢嘆曰：『可異、可痛多配焉，可異其迷，可痛其忍。』其子或尚在胎内，弗待其生，以藥打胎，或待其生而殺。噫矣〔一〕！人殺其仇，獸殺敵獸。人殺無仇、無敵之子，弗人也，弗獸也，何物耶？婚以生子，天主意也。生之以殺，大負天主之意，其殃甚哉。

或曰：『禁殺孔嚴，則國主出征叛逆，士師誅戮兇惡，亦不得爲乎？』曰：『所罪殺人，謂無權無故。其殺人也有權，士師循律而行之；其殺人也有故，下民率理而爲之，皆無罪也。達未聖王自列功若義于天主曰：「斯城，吾主之城也。主者命臣代御，臣一遇犯令〔二〕者，勿惜厥命，準律以懲。蓋不忍惡輩安居主城，使國無刑，良可憫哉。相爭胥敵，互淫互偷，盈野盈城，無時息止。」故曰刑罰爲輔治之具，居位之士審罪定刑，其義章矣，其行善矣。西方有恒言曰：「善人因愛德之美，則進于善；惡人因惧〔三〕罰之威，則止于惡。」葆禄聖徒曰：「主立君以代束惡，君立臣以代束惡。人行善弗畏厥威，汝欲同斯無畏，則曷勿同斯爲善？」解曰：「國家如身，君若臣，其

〔一〕京都始胎堂本作『嘻』。
〔二〕京都始胎堂本作『命』。
〔三〕京都始胎堂本作『懼』。

醫者。良醫見肢敗體，弗惜斬割，以保全身。盜賊淫殺，國之敗肢也，存之毒日益，國身漸敗將傾。拯傾義殺也。」

至于雖無殺人之權，或仇窘我甚，已將加刃，無脱計。吾克先殺彼，則得殺；或仇將殺吾親，或吾妻子，吾克先施殺，用救厥命，則得殺；〔一〕或士卒奉君命出討逆寇，此謂義兵義殺，則得殺。

若我于人無干，我竟勿克加害，勿計輕重，當請勸以改。惟父母於子女，家督于僕役，縱勿得加重害，損厥體，亦以責、以羞、以笞，得直其曲，柔其暴，俾改邪歸正，否則勿滿公主之職，勿愛攸屬之人，勿遵天主之命。經謂人父曰：『父愛厥子，宜責宜笞。』蓋苦其身，必救其靈，憐其子者，惡其子者也。又曰：『宜挽子曲于幼時，待氣質剛勁，晚矣。』有幼子萌傲慢越厥分，父則束俾止，怠俾子肆，則大負生子之旨。經謂家督曰：『幸有善僕，視之如子，愛之如友；不幸有逆僕，好逸方命，貪盜迷飲，笞責拘罰，惟勿寬而不及，勿嚴而過。』宜師仁醫，攻人之疾，而仁疾人，一劑克治，弗再施劑。且治之時，含忍厥氣，弗出詈咀，循病奉藥。家督于役，口責已足，勿復加

〔一〕京都始胎堂本改作『或士師刑役，奉朝廷律法正刑，非私意故殘厥命，則得殺』。

刑。一刑已足，勿復再刑。否則爲僕仇，勿爲僕主。葆禄聖徒戒主人曰：『勿虐爾僕，責加于彼，勿以厲聲，勿爲怒語，勿出詈言，勿蹈咀詞。宜思爾與彼俱天主僕，審判之日，天主不别主于若僕，以理責，勿違誡。』

仇怨人

天主欲成人行，命勿殺人；欲成人心，命勿畜怨惡于乃心。主恒命人互愛如兄弟，曰：『汝輩皆一父之子，長者昆也，幼者仲也，其怨之乎，其愛之乎？』聖人恒曰：『愛者，天主之德；怨惡，邪神之惡也。魔恒怨人善，人怨人，惡魔之種也。』主責仇曰：『爾等俱魔之子，魔怨世人，爾輩怨我，則共厥惡。譬如惡子，肖厥惡父。』若望宗徒曰：『人心怨人，殺人之侣也，亦謂殺人者。』聖伯爾納解曰：『殺人、怨人，相去一間耳。彼殺以刃，此殺以心。被殺之害雖異，欲殺之意則同，尚戒旃哉。』聖王達未曰：『吾善怨，惡惡人。』奥斯定答曰：『聖王之惡，善惡也。汝法厥善，任法厥惡惡人之惡，而愛惡人，斯必善惡。主與諸聖，俱惡人惡而愛惡人，惡、人一物，視之宜兩，人一惡一。人係主工，惡緣人慝。愛主之工善愛，惡人之慝善惡。』吾主規門徒曰：『愛爾仇，酧以恩，遭人辱，勿應以咀，祈主幸福。爾曷弗視天主聖父，命日炤人，罔别善惡，雲雨潤地，勿靳于惡人之田。吾弟毋怨汝仇，内存仁愛，外加恩澤，則爲吾父肖子。徒愛愛己，惡者能之，則曷功曷報。爾勿止于惡，進于善之精義。』奥斯定聖人釋曰：『汝愛親友，勿誇己德。龍愛龍，狼愛狼，汝愛親友，獸亦優爲。愛仇女者，則天主子也。其學禽乎，其學主乎？』聖良嘆曰：『人云勿惡我仇，僅能也，愛之難矣！兹言予不爾信。爾曰身弱不克素齋，予爾信；爾曰家貧不克賑乏，予爾信；爾曰勿克愛仇忍辱釋怨，予不爾信。衆聖攸能，女獨不能乎？吾詰女有美地生麥，磽山生金，兹且孰愛，爾必曰：「愛彼者甚，愛此者益甚。」吾語女：「親爾者若腴壤，因利女身，愛之則理；仇爾者如磽山，用利女靈，愛之更理。爾愛愛爾，爾仇仇爾，則堅執小利，迷釋大益，非智哉。」』

嫉妬人

嫉妬者，諸惡之根，衆罪之肆，人心之毒，靈性之迷，爭鬭之泉，矜倨之孽，人福之憂，人禍之喜，太平之敵，若猛獸種，若怪蠱產，爲普世公仇。仇上者，因己不及；

仇等者，因彼得及；仇下者，恐彼將及。嫉妬之惡爲魔本惡，經曰〔一〕人守主命，居世幾期，後陟天域。魔嫉厥福，誘之方命，人即屬死，人失永生，喪昇天慶。魔爲妬首，妬人其肢。吾主責仇曰：『女輩悉魔子，魔謀殺人，女謀殺我。魔欲、爾欲若一，魔業、爾業若一，明顯爾爲毒父之種。』聖基所問且釋曰：『妬人，謂之魔肢、魔子何哉？』答曰：『魔弗止妬人，並妬真主無窮福，謀均厥慶；妬者弗止嫉人善，並嫉主賜善。其心魔心，厥惡魔惡，謂之魔肢子。噫，解妬難矣。一入人心，大變人性，以人爲魔，以人爲禽。一入魔心，死即布世。入元祖長子之心，俾殺厥弟。〔二〕入主仇之心，俾殺吾主。人責魔曰：「女穢奸也，盜賊也，吝嗇也，貪饕也。彼必不服，謂之嫉妬之神。」魔則無言。異哉，妬醜，大踰魔惡。魔妬世人，勿妬同類。妬者無疎戚，無友仇，無貴賤，莫不忌之，魔然乎哉！』聖祭彼盎曰：『妬罪入心，他罪同入，惟時有次序先後耳。偏愛己倨傲人，若先行引道者。惡人勝己，己欲勝人，裁抑人能，微末人善，揚人隱慝。人患而喜，人樂而憂，俱其從卒也。妬帝居中，莫之能避，烏蠅

〔一〕京都始胎堂本作『云』。
〔二〕指的是該隱殺亞伯的故事，事見聖經創世紀 4 章。

離人，就尸而啄，棄全吮敗。妬者視人善則默默然，視人惡則詘詘然。譬諸羽蟲，卑哉此情。』色搦加謂妬人曰：『爾不憐善人，妬嫉厥善，爾盍憐己？爾之嫉妬，爾之地獄也。今嗜厥味，後嗜厥苦；今妬焚心，後魔焚靈。女之嫉妬，女之䥈蝨也。䥈漸敗鉄，蝨漸敗木，妬敗爾心。爾身之癯，爾色之黄，爾容之蹙，僉爾妬効，爾自爲爾敵。爾妬人善，適揚人善而辱爾。爾聆人有善，如利箭入爾心。百人之美，百箭之刺，曷時寧忻。爾不憐己，易乃心，用釋厥苦，曷不廣遊多國，見多人福，聆多人美善，因益爾苦，爾苦胥應乃罪，復謂被妬者曰：「妬人嫉爾善，爾冀報復，愈增爾善，則愈加其苦。」斯復仇最善法。』經曰：『罪人悉愚迷，妬之，愚迷彌甚。』他罪之冒，畧有厥故。淫人迷于逸樂，傲人炫于榮光，盜人逼于飢寒，嗇人寶于節儉，僉緣謀利，犯此大慝。妬則何利哉？妬嫉人善，勿抑厥善；妬嫉人財，勿損厥財；妬嫉人位，勿削厥位。苦爾心，敗爾靈，爲爾妬之利，愚哉，妬人！大迷踰于普世。

嗔怒

嗔怒亦心惡也，萌而勿克，遂成厥慝。嗟哉世人，勿疾厥醜，勿晰厥害。我爲聊列，用警含靈。經曰：『愚者畜怒於心，厥心恒窘，弗勝怒任，任石重矣。任沙彌重，未若任怒之重。怒入人心，旋脱人性，被此獸質。古往今來，孰能當怒人之厲哉？生民之爭，普土之戰，萬世之殺，無故之仇咸以怒爲胎本。息嗔怒于心，則絕戰爭於世。』聖額我畧解曰：『人宜深惟〔一〕怒惡，則獲預避防厥害。人既發怒，非復人相，乃魔屬耳。嗔怒入心，毁主美像，繪魔醜容，攸行攸爲，悉無公義。經曰「怒惡迷心，幾滅靈光，行多逆理，自謂真實」，此之謂也。怒人失交友利，經曰「勿交怒人，易失宿信。」寧入大海而當巨浪，寧入戰場而當猛寇，毋近怒人，舟師克勝浪險，武士克勝寇力，免怒人之害者鮮矣。怒惡若疫，近之受害，經曰「勿與怒人偕筵，勿與怒人同行，勿與怒人並友」，此之謂也。怒人多仇，時謀厥命，經曰「爭爲怒業，鬭爲怒務，命若懸縷」，此之謂也。怒遠聖神，俾去厥靈，經曰「聖神遇人良善，睦和于衆，降臨厥心。烟驅蜂，怒驅聖神」，此之謂也。怒人，狂人，經曰「藏怒于心，狂人也」。古賢有言，怒爲暫狂，狂爲永狂。厥時或異，厥病惟均。』索彼聖言，當灼嗔害。聖巴西畧曰：『怒如惡母，產多惡女，配彼惡壻。疑親、誑友、詐僞、惡計、心迷，皆其女也。失信乎人，謀害乎衆，弗典乎情。弗别戚遠，敢勇以復，皆其壻也。』妬忿之人，厥善安在？

〔一〕京都始胎堂本作『維』。

古賢曰：『怒人爲狂，如狂束之。尚避厥害，戾容驚羣，倏行倏止，倏南倏北。譬獅釋係，不可向邇。人發怒時，失厥靈光，口沫唇顫，舌囁齒切，色變貌厲，心悖容亂，巨聲肆出，勿聆其音。古有賢人，當怒對鏡，甚惡己醜，投鏡息怒。理爲心鏡，畜理於心，明怒孔醜，奚藉他鏡。』

息嗔怒法

怒嗔神疾，治以良劑。藥怒之劑，厥術不一。其一，弗久畜怒于心，隨發隨滅。葆禄宗徒曰：『吾友偶怒，弗宿汝怒。』聖奧斯定曰：『善哉聖徒！怒在心，若敗液在器，久貯必壞厥器。一入一罄，器勿受敝，怒萌速息，必復如初。嗚呼吾友，寧易啓怒，息之亦易，弗寧難怒，息之並難。易怒性疾，息易獲德，贖彼怒非，難怒繇荏，息繇固，難息之愆，滅難怒善。嗚呼吾友，發怒之時，譬如稚芥，拔之實易。俟成巨樹，動枝允艱。剢拔其根，偶怒可恕，宿怒可誅。偶怒惟忿，宿怒成怨。偶怒翳神目，宿怒瞽靈。吾友，戒哉！』

其二，深思審判之日，主嚴察人怒。經曰：『警哉，戒哉！勿怒己兄，吾將審女。』釋曰：『怒人被審、被罰可知。經稱良善者乃真福，爲其將得天上國也；則忿怒者乃真禍，爲其將得地獄苦也。主勿曰「勿怒于仇」，曰「勿怒于己兄」。汝仇，汝兄弟也。弗仇視之，惟親視之。』怒之實難，曷不師亞罷郎。昔聖亞罷郎與禄德同居，兩家之僕，時相爭也，主幾失睦。亞罷郎謂禄德曰：『吾與女皆同父昆季，曷互爭胥怒？』[一]

其三，宜思勿和于人，則勿能和主。聖葆禄曰：『吾友，其胥愛哉，胥合哉。以言觸人，是觸吾主；以行傷心，是傷吾主。』聖奥斯定解且箴曰：『爾勿欺己，無曰怒人勿逮於主。己乎，彼乎，同類等乎。主及衆人偕成一體。主爲厥首，我爲厥肢，傷其一肢，云首弗疾，豈其然哉？』

其四，怒未發時，預以忍備，心禁其機。聖額我畧曰：『利矢飛空，幾及身。人幸預視，則或脱免。或輕受傷，伏怒亦然。早思厥醜，與害與罰，釋之則易，禁於既發，雖勞晚矣。譬如棧馬，服御固易，俾出馳縱，止之實難。古賢規弟曰：「嗟予弟，

[一] 即亞巴郎（Abram，今多譯稱亞伯拉罕）與羅特（Lot，今多譯稱羅得）的故事。兩者之間的爭執，源自於對生存空間與資源的搶奪，後來羅特遷居他處，才平息了爭端。事見載於創世紀13章。上文中的『同父昆季』一般指的是兄弟關係，昆爲長，幼爲季。其實羅特是亞伯拉罕的侄子，羅特的父親哈朗（Haran）是亞伯拉罕的弟弟。

怒毒氣也，怒偕他情，咸爲靈疾。厥害雖一，療之固殊。他情若熱疾，既發施劑，厥病漸療。怒如疫瘴毒心，既染則難復治矣；嗟予弟，怒者火也。人居焚舍，烟燎害目，弗覿出路，火爆聒耳，弗聆人謀救厲聲。哀哉！人舍咸燼。先火未發，宜制厥灾。火怒既發，迷惔昏心，勿視乎理，勿從乎勸，尚前備哉；嗟予弟，怒如猛敵，先敵未至，備攻守計，是謂智者。寇至城下，乃謀却之，遲哉。」』

其五，宜思天主待我若何，以爲我待人準則。我惡深積，恒激聖怒。主弭厥怒，優恕俟改。人偶犯我，我嗔謀復，大不肖乎。

其六，當怒時，宜停刑釋責。聖額我畧曰：『怒若沸鼎，發責加刑，勿中于中，俟心之靜，別罪輕重。』昔家僕逆賢主之命，主執鞭將笞，忽覺心悖怒起，舍鞭曰：『吾怒，女幸也，勿怒必罰。』史記，西方名城興亂，殺數守臣。國主怒甚，命兵入城，不分善惡皆殺之。是日死者七千人，無辜皆及。時聖盎博削主教甚痛民艱，傷國主之不義。翌日，王迨聖殿瞻禮，將入門，聖人急止之曰：『迷矣吾王，妄恃袞冕，忘己之爲人。主命王傭牧厥羊，用保厥命，今王乃若狼，吞噬厥命，而求見于主，有是理乎？王室耳弗聆無辜哀號，乃敢大言祈主，諸爾，有是理乎？爾口發虐命，來誦主經，乃曰「主赦我債，如我亦赦負我債者」，有是理乎？爾曷敢舉現衊義血之手，而求主赦？

爾曷不思殺無辜之義血，大聲求主爾罰？王速反，涕泣以洗，勿入聖殿，勿益主怒，勿呼嚴懲。』王聞言，驚悚伏地，請罪。如命還朝，居深宮八月，痛責宿罪，後懇于聖人，容之登殿瞻禮。聖人曰：『怒在心，若獸在柵。馴其猛氣，既馴出之，則勿爲害。曩者王不然，怒時啓戶賊民，今宜定爲法律，傳諸國中，曰任事之臣，以迄朝廷，既審囚訟，勿即行刑。徐念可否，至于期，待怒平息，踰期乃殺。』王如命後，入聖殿焉。〔一〕

罵詈呪詛

詈詛，忿怒之效也。忿怒在心，若火在窖，若鬲沸溢。詈詛之言，其烟其沫也。宗徒雅各伯曰：『舌爲易動之毒肢，人能繫烈馬，能馴猛獸，能御大舟於狂風巨浪之

〔一〕文中的聖盎博削主教，即米蘭主教安布羅斯（Ambrose, the Bishop of Milan），國主即羅馬帝國皇帝狄奧多西一世（Theodosius I，三九五年去世）。三九〇年，帖撒羅尼迦城發生叛亂，殺死了城裏的羅馬官員。狄奧多西聽聞後，大怒，命令軍隊進攻叛亂者。羅馬軍隊圍困帖撒羅尼迦並展開了大屠殺，7000餘人罹難。聖安布羅斯要求皇帝懺悔，起初，狄奧多西並沒有讓步，安布羅斯則以拒絕皇帝領聖體爲回應。最終，這位對基督信仰頗爲虔誠的皇帝還是放下身段，被迫尋求與教會的和解。他發佈法令，死刑判決要拖延三十天後方可實施。此外，狄奧多西還當衆脫下皇袍，乞求安布羅斯的諒解。

間。繫馴厥舌者幾，故詈呪之風密布普世。』經曰：『醜哉世風，罵詈呪詛〔一〕，不絕人口，譬如洪水，洪水既至，漂沒隨之。』或曰：『人呪我，厥罪必罰，我酧以呪，罰之也。吾默，則彼罪無罰矣。』經紀天主之答詞曰：『吾定呪者之罰，汝先欲罰，是僭竊也。人呪女，人罪。女呪人，女亦罪。主罰人罪，亦罰女罪。女身冒罪，以懲人罪，何異于人欲先自疾，以療人病？異哉，爾欲罰仇之呪，宜對以默。呪女者意，痛女、憂女、敗女，女忍，厥計皆負，弗獲厥意，痛、憂、敗通反于己。』古賢喻曰：『弩者射物，遇瑕則入，遇堅則矢反激傷人。被射之物，初無損傷，人被呪詈，勿能堅忍，一往一反，互受厥害。堅默不應，授者被損，受者無傷。』故聖經曰：『孩提射人，意欲傷人而卒傷己。』人詛詈我，我應詈詛，胥詈胥詛何止。譬如救火，急宜取水，抱薪而吹，火勢更燃。仇詛如火，應之以詛，是應以薪。女之忍默，乃爲沃水。聖巴西畧曰：『欲呪爾仇，宜審仇首，仇首惟魔。魔托人口，人持魔器。爾知呪人，不知呪魔，如人執石擊犬，犬乃舍人噬石。』異哉，今世之父母者，不爲子女

〔一〕京都始胎堂本作『咀』。
〔二〕京都始胎堂本作『咀』。

祈福，而呪詈是出于口。經曰：『人父祈福子女，主諾；人母祈禍子女，主諾。』上古聖人諾厄祈福長子，終身逸福，祈禍逆子，終身羈禍。聖義撒亦然。爲人親，若主者，尚戒于是，禁詛滅詈，禱福幸于天主，則家蒙澤焉。

恕仇之報

我恕仇己者，天主亦恕我矣，斯其報也。主諭門人曰：『人恕受恕。』聖額我畧釋曰：『主示人得赦之善法。人孰無罪，孰不望赦。吾恕主恕，吾仇呪辱，允我獲赦于主之質。水滅火，恕滅主怒，宜恕仇耶，宜謝仇耶。』聖良曰：『主約于我，吾恕人侮，主釋我罪。吾固弗恕，用負主約，主則不踐。主負主踐，悉係于我。嗚呼！受侮不復，大德也；受侮而忘，大勇也；受侮而愛，大榮也；受侮而赦，因得天主之赦，大幸也哉！』昔有俠士仇本郡一人，心口交怨，謀殺之。其子若翰，膽藝過人，出入率家衆，備兵器以殺父之仇爲心。一日行及山野，遠望仇來。若翰心喜，謂從者曰：『機已至矣！』遂鼓勇而前。時仇孑身，手無械，四顧無人，見若翰疾來，自知必死。懇求吾主，俾變其心，輒膝行俯伏，哀懇曰：『猛獅雖饑，勿殺伏獸。顧爾視被釘聖架之主，赦我若何？』若翰一聞主之聖名，心即感動。扶仇者使起，撫慰之曰：

『怨仇必止於此矣！爲敬被釘聖架主之名，兹後不念舊怨也。』仇者百頓而去，若翰繕接其路。路左有聖殿，臺上有釘十字架聖像。若翰俯拜之頃，主點首答之，如生活然。又俾更厥心，俾深痛罪，頓棄世事。未久德行極盛，顯化聖迹甚衆，名播萬方。自剏一道會，信從者如歸市焉。

復仇之懲

宗徒雅各伯曰：『勿固勿迷，勿藏怨以酹。審判之日，可惜哉復仇者！』人弗憐仇，弗恕仇辱，上主弗閔是人，弗赦厥罪。女量度仇，天主亦量度女。葢審判時，咸聽主判。如人對鏡，鏡無定像，隨物而現。物之妍媸，不係於鏡，係對鏡人。世人亦然，能恕受恕，以報受報。經云天主固記人仇、復仇之聲，雖厲求恕，主終莫之聆云。昔二人相怨，各畜報心，神父、朋戚解之，終勿聽。忽一染疾將死，主矜其迷，賜之神光，頓悟生平重過。目前窘逼，身後嚴刑，自語曰：『吾至此，尚仇人哉，我不彼赦，天主豈我赦耶？』即令人邀仇之室。仇至，病者下地屈伏，抱持其足，哀告前非，懇求恕宥。仇感動，頓釋宿憾，扶病者起，歡和倍嘗〔一〕。將出門，忽被魔誘，巨聲謂衆曰：『我怯人哉，不克報仇，乃屈报〔二〕請和。』病者聞言，恨怒交發，追仇使反。仇出惡言，呪詈曰：『向怨女十，今怨女萬矣，永不恕爾，亦不望爾恕我。』遂罵不絕口而死。既葬，仇者於朋家飲樂，死仇忽現，形容怪異，一魔後隨，持鞭痛策。衆戰慄，死者切齒瞋目，厲聲指仇曰：『人在世時，並爲不善，死後亦並受刑，此天主不移之法。』言畢，抱其仇，互相搏齧。倏地裂，一齊墮沒。衆且驚且異，或疑其實，開墓視之，不見其屍，乃知二仇之靈與身俱入地獄，受結仇之報也。

第六誡，毋行邪淫

總引

聖徒葆禄謂教友曰：『醜哉，邪淫！吾友並其名宜勿出於口。』聖徒勿許舉其

〔一〕京都始胎堂本作『常』。
〔二〕京都始胎堂本作『伏』。

名，吾何容執筆以詳其事，不得已而先列數端，以著其類，後列數法以避其慝。

邪淫之類

其一，謂之單淫，即男無婦，婦無良人，彼此無絕色之誓，無親戚之結，而私相媾合者。此罪人皆易之，謂：『兩人各主其身，雖自合，何害乎？』葆祿答曰：『迷哉，此語。他罪雖污人靈，失天主聖寵。淫惡兼污人身。貴哉，吾身，天主聖神之殿也。一染淫倪，爾身即穢。羞辱聖神，謂無傷乎？』聖奧斯定曰：『淫人可戒于聖徒之言，思爾身何客之殿。爾客，聖神也，貴莫踰焉。盍拂拭致淨，顧以污，女曷褻盜王袞服被之娼優，必激王怒，弗宜褻王外物，顧穢女身聖神之殿乎？』

且天主立交媾之禮，廣延世人，欲父母二人勤養善教厥子。苟合之徒，槩勿生子，偶生則莫有定父，莫養莫教厥子，用知此罪大負主旨。若曰各主其身，可以無傷，則亦得斷肢，亦得自殺，有是理哉？天主者，人身本主也，與人以身，俾爲善用之器，勿俾褻用。斫損一肢，尚獲罪于主，矧穢全體耶。

其二，通室，即奸人之罪也，視單淫更重。經指此罪包公私兩醜，方主嚴命，失厥聖寵，污己靈性，公醜也；失信于配，穢人牀幪，盜人本物，私醜也。夫行禮之期，夫定恒忠，婦定恒烈。一染邪情，以身市人，即有盜號。經曰：『盜賊之罪重矣，擬通室之罪輕矣。』竊人之物，爲窘迫故，償攸竊亦償攸害。通室者，失靈也，污身也，醜名也，辱裔也。雖鬻身，售孥罄產以償，竟莫及之。經令之中，有一曰：『士師凡遇通室之人，命衆執石擊殺。厥靈後世當永苦，厥身今世勿宜俾安逸。』

其三，私於同族之人，斯罪視通室又重。夫禮不娶同姓，冀免多醜，況于私之乎。

其四，人既發守節守貞之誓，而復行淫，厥愆甚阜。人既獻貞于主，既矢淨業，復污厥躬，則失信于主，失信于友，猶謂之欺，况于主乎？

其五，拂性之淫，厥類頗多，恐污人耳，不敢詳述。惟男色大罪，人行無忌，弗以爲羞故，畧揭之。此罪原無本名，西方之人指斯罪者，唯稱曰無名之罪。其醜既甚，其招上主嚴罰可知。上古有名城五，城人甚惡，悉恣男欲。主惡厥臭，降硫火燼之，人與城皆無留迹。〔一〕聖額我畧解曰：『主曷以硫火罰茲方哉？硫具臭，火具熱，斯

〔一〕所謂的五城，即索多瑪、蛾摩拉、押瑪、洗扁、比拉。這些地方正是羅德的遷徙之地。由於索多瑪和蛾摩拉罪惡甚重，被從天上降下的硫磺和火所毁滅。事見創世紀14章，18章16—13节，19章。

罪臭矣，其欲熾矣。厥罰適應厥罪，人畏厥罰，盍避厥罪。」聖基所曰：『弗羞天主，弗羞世人，弗羞爾己。爾醜大踰禽獸，禽獸無靈，惟知牝牡之合，爾含靈而拂厥性，曾飛走之不若？爲世公羞，作性巨敵，予曷敢正名名爾罪。』

其他如玩穢念，歌邪曲，聆淫詞，讀污書，視淫像，皆爲淫引。弗絕厥萌，必近厥熾。經曰『不避滑途，必致蹶踬』，此之謂也。

避邪淫法

多聖之言曰，艱哉，避淫機乎，免厥害乎。他情攻我，敵自外至，淫情攻我，仇伏室内。經曰：『天主弗予我貞，我勞終虛，恒祈上主，此謂勝術。但勿求甘寐，求主賜懋，弱我血氣，勤避淫機，主倘允諾則易。』昔有修士，卒世潔淨，避女若仇，弗敢仰視。友異曰：『主賜吾友貞德，曷避女勤若此？』答曰：『因予嚴避，肆主賜祐，妄恃夙潔，漸弛防遏，主則離顧，我則敗蹶。人冀我貞，宜視我法。』

防淫之法，其一，謹閉戶牖，弗俾淫入。五司者，我戶我牖也。經曰：『五司，吾靈之門。』人勿謹闔，神死即入，誅殺厥靈。問曷係我舌，曷封我口？淫説勿出，曷圍我聰，淫聞勿入，出污人耳，入污我耳。人我咸潔，閑之維艱。古賢寓語曰：『海中有嶼，名西臘，其勢甚危，水急流猛，過者多覆。嶼中有女，美音絕唱，舟人爲避害計，引舟離此，勿敢近嶼。無奈漂抵，各急塞耳，務速越，恐舟近嶼，聆女美聲，如醉忘危，相邀胥沒。』〔一〕解曰：『搾耳不聞，避女聲之善法也。傾耳以聽，冀免厥溺，難哉！』曷不師若瑟，昔聖若瑟童時，容貌雅秀，其兄鬻之，離徙異鄉，役事顯臣。顯臣妻見而美之，以目送心，謀苟合，若瑟正色拒之。一日，偶遇若瑟于僻處，傍無侍女，婦心甚喜，乘機挽執其衣。若瑟急弛帶，棄衣而走，不敢復入宮，以避淫引。〔二〕經戒世曰：『勿入淫機，淫若阱、若死、若地獄，入則陷矣，難復出矣。不幸偶值，亟遁之則智哉。』聖熱羅規友曰：『有德之士，妄入淫引，多罹厥害；無德之士，弗免陷落，厥數無疆。吾友之聖，弗踰達味，吾友之智，遜撒落滿。以彼二王，失慎

〔一〕源自希臘神話海妖塞壬（Sirens）的故事。《荷馬史詩》曾描述奧德修斯航海期間的一次歷險，即塞壬以美妙的歌曲迷惑航海之人。應對的辦法是用蠟把耳朵塞起來，以免聽到歌聲。

〔二〕若瑟事見創世紀（39 章）。若瑟被他的哥哥賣給商人後，被帶到埃及，成爲法老内臣波提乏（Potiphar）的僕人。波提乏的妻子看到若瑟俊美，便試圖與之偷情，但遭到若瑟的拒絕。波提乏的妻子惱羞成怒，誣陷若瑟圖謀不軌。波提乏就把若瑟囚禁起來。與若瑟同時在監的還有法老的兩位近侍，若瑟曾給他們解夢。後來，兩位近侍向法老引薦了若瑟。

皆陷。吾友妄望不陷，謬矣！』人近淫引，譬如近龍被齕，近火取灼。淫爲幽獄穢火，厥材飲食，厥焰傲倨，厥星穢語，厥烟醜名，厥燼污垢，厥終地獄永苦。盍師古聖若伯，厥德大踰當時之衆，猶勤業禁視曰：『吾目與吾靈約矣，目斷勿觀童女，靈斷勿容污念。』〔一〕解曰：『目者，惡想之泉，欲絕惡想之流，尚慎守五司哉。』

其二，克己，嚴齋笞責，勞苦厥身，勿俾遊閑妄肆。吾身若馬，飽則軼，飢則馴；若奴閒則多謀，勞則受命。聖徒葆祿厥德極卲，猶嘆謂門弟曰：『醜哉予身，惡想刺心，魔攻幾勝。我惟持素鞭身，予豈宜廸女行善，而我爲不善者哉？』

其三，深思淫罪之害，形軀之害，淫者自知，無煩枚述。靈性之害，殆更甚焉。聖額我畧曰：『淫罪，明悟之迷，心之妄動，行之無恒，賤形之愛，貴靈之惡，現樂之重，後喜之置，幻世之記，真苦之忘。醜母醜產，毒根毒枝，濁泉濁流，孰計害數，柔靈損身，敗力減氣，穢外污内，心熾先往，爛臭同行，惡名隨後。嗚呼，戒哉！』聖伯

〔一〕古賢聖若伯(Job，今多譯稱約伯)是聖經中描述的一個人物，雖仁心善行，但卻遭受苦難。他的個人經歷戲劇性地呈現出人的普遍處境，即好人爲何多磨難。引文中的話語，取自於約伯記 31 章『我同我的眼立了約，決不注視處女……我若受迷惑，向婦人起淫念，在鄰捨的門外蹲伏，就願我的妻子給別人推磨，別人也與她同室。因爲這是淫行，是應受嚴刑的罪惡，是一種焚燒至毀滅的火，燒盡我全部產業的火。』

爾納曰：『淫人，魔之醜產也。魔甚愛淫，父愛其肖子也，勿忍徒行，造駟乘之果腹，心熾柔衣。暇逸，四輪也。世福豐裕，服馬也。好我憎世，驂馬也。心迷，紖轡也。乘此淫車，往何適乎？適冥苦矣，入苦而悔晚矣。』

邪淫之罰

深思今世、後世淫者之重罰，亦防淫一善法也。聖經屢紀淫人今世之罰，不能悉述，畧舉數端。經曰淫罪招主義怒，俾降洪水，淹殺世類；又施大火，焚燼百萬；又爲一淫人，滅絕一城；又古教數人，曾肆淫罪，天主立誅二萬四千犯者。然此罰雖重，較諸後世之永殃，謂之無刑可矣。宗徒若望聞空中大聲曰：『天國極淨之所也，淫人豈能至哉？居世行穢，逝世入穢。苦獄，其穢處也。居世愛臭，逝世溺臭，苦獄，其臭阱也。居世貪欲，逝世置身硫瀝之沸鼎。』聖意西篤驚淫人曰：『盍思臭液將罰女臭罪乎，盍思地獄無滅之火將刑女慾暫時之熾乎？』

西土有一盛德士，夢見天神攜厥靈于地獄，俾視淫刑，及門，見內多鍋，熾盛沸油，皆作硫氣，受罰之哀號，喧鬧不絕。修士驚惧，止勿敢入。神慰之曰：『毋畏，爾來勿以嘗此。惟俾傳所視所聞于世。』忽聞門外喊聲大震，衆魔擁一少年，强之入戶。魔羣鼓掌狂吽，作大快樂之狀，共執少年，置之首魔之前。首魔啞啞狂笑曰：『是人在世，恒貪戀忻樂，視聽都穢。惡業已止，今當始受無止之苦。』乃指火椅，曰：『吾設斯座，待子久矣。』椅火甚烈，雖沃海投之不能滅，繼而曰：『是人在世，喜服鮮麗。』急出一火長衣，命之自衣。又曰：『是人在世，恒求嘉旨飲食，今宜俾嘗吾輩之酒。』言畢，一魔急捧大盤，乃溶沸臭銅，命之盡飲。渾體皆沸銅所透徹，與銅無異。又曰：『是人在世，甚愛淫樂，今宜奏樂，用樂其心。』即有二魔，各執號器，向其耳，盡力吹之，聲氣一入，五竅火焰噴發，若烟筒然。又曰：『是人在世，好舍麗室美第。』令引入火窖，窖中多惡蟲毒獸，少年一入，悉來觸囓，痛慘備極，羣魔狂笑而散。士靈方醒，詳述此情。天主顯此，欲淫人以彼爲前車焉。

第七誡，毋偷盜

偷盜者，悖義而取他人之物，無故而以人財爲己資也。有義有故，則勿爲罪。如人負我債，其力得償，故吝不予。我乘隱機，賠取其物，非罪也；如人毁人之物，吏命取其家資以償，非罪也；如夫迷於酒色博戲，將至敗家，爲之妻者，藏匿金寶，沮抑厥侈，非罪也。蓋天主立第五誡以存人身，立第六誡以全人名，立第七誡以保人財。偷盜，其總名也，分之有七：一曰强盜，二曰竊盜，三曰負人財而勿償，四曰擅用遺失之物，五曰設計以取人財，六解盜賊之心疑，七論偷盜之懲罰。

强盗

强盜於諸偷盜中，罪爲至重，故萬國之律皆斷以死。彼入林隱川，斷刦行旅，聚衆突入人舍，掠其積聚。以人之損，爲己之利，洵不仁哉。聖奥斯定曰：『富者勿施餘財，用救人乏，天主罰以地獄。若乃强盜者然，彼不授本財，此强奪人財，彼此俱有罪矣。』然罪既異，則受罰亦異。經曰：『勿憐貧人，必受勿憐之審，彼此皆奪人財，焉望受憐之判。』

竊盗

竊盜者，次罪也。其數無計，一手盜也，一心盜也，一竊己獻天主之物也，一教盜賊以偷也，一合力以助盜賊也，一命盜竊人財也，一納盜賊之賍賄也，一藏匿盜賊也，一知某物爲竊取之物而市之也，一私取公物也，一仕宦者侵漁朝廷之稅糧也，一商旅渡關而勿輸稅也，一傭人準受工值而勿效力也，一富貴者虧傭人之價也，是皆盜賊之類也。但虧傭價爲富貴嘗〔一〕病，主頻責曰勿滯傭値，今日行工，毋待酧于翌日，毋失信于傭者。傭約以工，女約以報，傭成厥工，傭踐約矣，將踐女約，尚速報之。傭以工値存養厥命，爾吝其値，是斷其生，坐觀厥死，不仁人哉。彼窘呼我，窮迫號涕，我聆其聲，我視其泣，我罰爾罪貧傭之籲，騰擊主耳。主既憫斯，刑彼富者。

聖人有言：『竊人之財，積財不施皆謂之盜。』嗚呼，富人！勤於集財，吝于捨之，盍思主生財以贍世人，寄諸富者之手，俾施俾給。匿而不予，則謂窮人之盜。聖奧斯定謂富人曰：『天主命女，以其餘補貧者不及。主寄財于爾，將彼我用之。爾獨擅用，盜賊人哉。』聖巴西畧謂富人曰：『爾攸藏餘米，爲饑者廩；攸藏餘舄，爲跣者履；攸藏餘衣，爲裸者服。饑暨裸跣，困在彼躬，弗施之罪，爾靈則受。曷不博濟，免盜之名。殺之以刃，殺之以饑，厥罪惟均。』

至於心盜，世律勿戒，主則用懲。世正人外，主治人内，心善則賞，心惡則罰。

〔一〕京都始胎堂本作『常』。

人畜盜心，主視如盜。奥斯定曰：『女毋曰我手未取，我身非盜。主嘗有云，人以淫目視他人妻，淫人也。則人以貪心冀他人物，盜人也。如狼入柵，謀食爾羊，女擊逐之。狼則空返，雖不食羊，不變狼質。汝有盜想，女手未獲，女心則污。謂爾盜，爾曷辭？』

負人之財物勿償

人或負人之財，迫於困乏，力不能償，不償亦可恕諒也。然必宜恒有償之之心，若力足償，而靳吝弗予，豈不在盜賊之列乎？

擅用遺物

偶遇之物，統有三品：其一，從來無有定主之物，如林野間遊禽嬉獸，陵谷珍寶，海中珠石，是皆首遇之人爲厥主；其二，金銀之窖，始雖有主，目今則無掌者，亦首遇之人爲厥主；其三，現有本主之物，或財貨偶遺，牛羊失道。我遇于途，不可自取，惟覓本主以反。主謂古教人曰：『偶見牛迷於途，爾勿睨越，引歸其室。弗識厥主，人之爾室，守之如爾畜，俟主者至，遇其驢亦然，遇其衣裳亦然，蓋悉爾兄爾季之物。』聖奥斯定曰：『勤哉，天主愛人之勤也。牛馬、衣服種種細物，猶顧育之。惜哉，貪人，以昆弟失物爲奇遇，値則取之，盜賊也哉。』

昔一人甚貧，立志勿貪，偶遇遺囊于道，内金有二百餘，念主禁，不敢取。入城訪其本主不得，懸空囊於市，書其下曰：『失此囊者，迨某家取之。有能明言失金幾何，金色若何，言符于實，我則予彼。』失者見之甚喜，造室受囊，感荷恩信，餽請受鎰勿許，受錙勿許，受鍰亦勿許。失者怒曰：『弗允我請，是囊於我無與。』善哉，二人之爭乎；美哉，其讓乎。城市如臺，主及天神出視，若觀極樂者戲。

或曰：『覓主不獲，後乃自取可乎？』曰：『天主其主也，分諸貧人，貧者受之，猶天主受之也。蓋主嘗曰：「人賙窮乏，是即賙我。」西方之俗，凡遇遺物，必覓主反之。或終不得主，散于貧者，雖微物弗敢自私。懸于聖殿明處，非其真主，亦勿敢冒認也。遇牛馬等物，係之定所，失者見之，解之而歸。』

計取人財

或問：『誆人之財，若何？』曰：『以陳爲新，以贋爲真，餙物之外，以匿内醜。

長短其度，輕重其衡，利我損人之計是也。主甚恨此輩，經曰：「權、度、量、尺，勿二式以欺人。吾深惡是行者，將絕厥命，勿俾再誑于下土。」異哉，是人，克迷人視，曷眩我目。我燭其奸，何免我罰。古賢曰茲輩一國之鼠賊也，鼠漸齕物，弗覺厥害，而物終壞。茲輩亦然，漸誑國人，吮脂吸骨，初害如小，終則漸大。』

解盜賊之心疑

其一，偷盜之罪，普世之人皆知之，但有輕重耳。別之繇二，物一害一。物與害皆輕，則罪亦輕；物與害皆重，則罪亦重。有物重而害輕者，如竊富人數金是也。此罪亦重，爲物重故；有物輕而害重者，若竊貧工之器械，俾輟工是也。此罪亦重，爲害重故。然必準于國土之豐儉，金物之貴賤，器用之多寡，乃可定之。但或偷盜二錢，或二錢以上，皆爲重罪。其二，人既竊取人物，弗啻宜準償其物，並宜準補其害。如竊百工之器，致令停作，則既反其器，又當補其工值。其三，既竊人物而冀反之，或疑彼終身疑我，無面目立於世。是有善法，或密投物於本主堂内，使物入手，弗被人知；或托物於腹心可信之友，隱吾名而代反之；或托諸神父以反之。主人得物，而勿知何來也。其四，若失者已死，則宜反諸其子若孫，設使乏嗣，宜分散於貧者。

偷盜之懲

史記，西方有名城，内有聖泛際之會。因無嘗廩，會友出外，化物以供之。一日，會士方午膳，一人造門求入。閽者勿識，止之。其人曰：『至尊主命我至此，有要事，欲言於衆士前。』閽者告會長，既入，曰：『吾外似人，其實魔耳。天主命我假爲脩道之士，日代士化食也。』主命之意且不可知，越時自曉。會士相顧駭甚，弗敢違命，遂俾同處會中。循守規法，纖毫不背，朝出暮歸。是時城内有富商，少長不德，貪利耽財，以誆致富，恃勢倨傲，凌虐小民。凡遭其剝害者，莫敢發聲。魔鬼往乞，一文不予。又日勸之曰：『汝之不義，止於此矣。爾宜自艾自責，克己周困。逆取之財，悉反於人，深悔罪慝，懇求主赦。思念爾命不永，速更舊圖，預備死後，則爲智者。既迨于禍，嗟胡及矣。』或值商人他出，則呼其從者曰：『爾主歸，爾傳某士適來，提醒家主如初。』如是者二年，商者或佯爲不聞，或他顧不肯聞，或聞而笑之曰：『何必日聒吾耳以無憑之言，孰能察見未來者乎？吾年尚壯，氣尚强，心甚愉快，皆長年之徵，焉知我命不遠乎？』卒怙惡不悛，至期，魔乃對衆士曰：『天主命我勸誘某商，止其貪圖，兩載於此，盡志竭力。奈彼不聽何。如此惡人，主猶不忍遽絕，姑容至今，而彼毫無悔改之意。今主厭棄，令我率衆惡神取其形神，並投地獄。是罰本非天主之意，惟富商自取之耳。吾今往矣。』急全主令，言畢不見。會士竦惕，既畏主之嚴威，且感主之慈恕。但既知此商永苦已定，遂同詣其家。適出戶，天清日麗，忽黑霧遍地，狂風驟雨，雷電閃爍，商家震動，舉城往觀。比至其門，但聞室内厲聲喊發，呼閧不絕。無人敢入，惟相顧驚惶，嘆自古無此怪異。良久，忽有怪風從地盤旋而起，内多亂聲，閧震可駭，漸離漸匆見聞，遂清明如初。衆乃如戶，大聲呼商，不應。徧覓于室，不見其形，乃知其形神齊入地獄，受其稔惡不悛之罪〔一〕矣。

第八誡，毋妄証

是誡禁各種口舌之罪，惟舌易動，口戶易啓，慎闔釋害，縱闢招尤。經曰：『人羈其口，易保諸德，允爲義子』，此之謂也。曷捫其舌，曷固其口，上主憐視，福之善生，死膺真祜。嗚呼，口舌，諸罪之肆也。火星雖微，能燃大宫。舌肢雖眇，能引多

〔一〕京都始胎堂本作『罰』。

愬。吾異其柔，並異其堅，柔則易動，多言傷人；堅則難反，莫改其失。猛獸毒龍，皆能馴習，誰則能馴厥舌，而免厥害者哉？主立此誡，槩歸于三。一發虛誓，以口慢主，此第二誡之罪；二羞辱嘲誚，刺譏他人，此第五誡之罪；三各種妄証，乃本誡之罪。畧有五端：曰公庭妄証，曰無故洩人隱非，曰讒言毀人，曰各類誑詞，曰違犯是誡之罰。

公庭妄証

官師計人曲直，証者當以正對，或憾宿怨，無罪而飾以罪，或溺私愛，有罪而掩其罪；致聽訟者，或入無辜，或出奸宄，則大罪也。夫官吏聽斷時，勿爲己私，代主代君案治民事。証者對之，如對真主，如對大君，而可誑乎？且証必呼天主聖名以誓，苟出于妄，是冀上主同與爲誣〔一〕誑也。仕者鞫人虛實，惟取信于証。証之不真，信如何矣。總之，妄証者或害人命，或污人名，或損人財。害命則必償之，污名則必洗之，損財則必復之，爲患既大，補之實難，尚慎旃哉。

〔一〕京都始胎堂本作『証』。

無故洩人隱非

宣洩有故、有益，無罪，如聞人謀畔逆、謀刦殺，吾知而發之，遏絕亂畧，無俾惡成，則宣洩之益也。或知某之醜行，吾勿克制禁，則以告於神父，或代父，或彼腹心，令之勸改，致遠私害，則宣洩之益也。次則人犯某慝，衆本共知，我爲宣揚，差不傷理。三者之外，皆屬無故，約有四端。

其一，實善而誣之以罪。此種過惡，千言不足以罄之。上主命人愛人猶己，無傷人名，以我度人，誣善若非可謂愛乎？宗徒雅各伯規其友曰：『余兄毋互謗誹，無敗厥名。』夫宗徒曷謂他人兄，謂人實予昆季，弗敢泄其實爲之非。矧以不肖之心，以其善爲非乎？

其二，人實有隱過，他人尚未之知，而我洩之。則彼之聲名，爲我一言而敗，詎非罪耶？

其三，輕擬人行。人行有三，一曰明善，如默禱、誦經、濟貧諸務，衆所共美，我則擬曰：『其獵人譽乎，結人心乎？』斯一罪也；二曰善惡之間，如求高位，謀財富，意之攸適尚未可知，我則擬曰：『以恣傲乎，以驕侈乎？』斯一罪也；三曰明惡，如虛誓、貪物等，我則當日或勿知而爲與，或他有故與，乃愛人真心也。惟見殺人、行淫、盜等，我則當憫惜彼迷，求主扶炤，俾悛俾改，惟詈惟惡，斯一罪也。夫詈惡曷罪乎？惡則輕，輕則慢，慢則誹，誹則相仇，相仇則相傷殺。聖奥斯定曰：『輕擬者，愛德之毒，忠信之敵，靈性之疫也。』聖葆禄曰：『曷擬人哉，人惟天主之僕，主則擬之，主則審之。爾審爾擬，僭者哉。』經曰：『痴矣，擬人者乎！人意深藏，誰則灼之。譬如兆龜，譬如瞽揣，十一而中，十九而迷，爾擬曷克應人實？』聖篤瑪曰：『擬人以惡，大顯我惡，我則行惡。以我度人，謂人亦惡。』經曰：『因我清狂，擬人以狂；因我樂盜，擬人以盜；因我愛淫，擬人以淫。』解曰：『善人、惡人，一如健胃，一如敗胃。惟彼健胃，雖啖粗糲，化歸精血；惟此敗胃，雖餙珍味，變爲痰毒。』

其四，垢己善名。經曰：『勿輕善名，厥價隆矣。』寶珍之擬，勿迨萬一，人負大譽，衆攸聽尊。舉口誨惡，化則易入。聖奥斯定曰：『人備二善，一德一名。德善爲己，名善爲人。全彼内善，忽此外善，是知其一，不知其二，迷人也哉。智者以己宜量他人，天主命我保存人名，自隕我問〔一〕宜乎？』

〔一〕京都始胎堂本作『聞』。

讒言毀人

讒言者，或口誹人，或造流言，或揭書帖，或誣善人，或以諛長人非，或助誹人之焰，或聽讒言。疑者曰：『聽讒之害，與讒等乎？』曰：『毀謗之口，得售乃逞。爾不彼聽，彼不爾陳，是女傾耳，鈎彼使説，爾罪伊何？主信于彼，欲禁口舌，宜思茲害，思毀之易，思補之艱。』經曰：『訾讒之舌，大亂世人。俾離本鄉，流徙異域，平夷堅城，傾頹貴室，削弱勇力，斷夫婦愛，失父子歡，疑友猜君，離情敗好。鞭痕易瘳，誹鞭糜骨，療之實難。長舌殺人，衆手鋒鏑，人免誹害，真福允隆。寧當地獄，無近誹人。』嗟哉，吾子！藜圍爾耳，勿聆毀舌，緘固爾口，勿出謗詞。貴重爾語，視之如金，先稱後發。人發輕言，必入仇手，陷仇之罟，終莫能釋。

聖人曰：『艱矣哉，償污人之名。若多人前，敗人令聞，我旋曰誑，曰我誣之，人信我始，不孚我繼。污名之罪，甚於盜賊，盜人之財，償之以財，敗人之名，復誰償哉？彼枉莫挽，爾罪莫逭。』

各種誑詞

誑詞者，口不符于心也。其彙有三：其一憑空，無損無益；其二有損，或緣酧仇，或緣逞妬，誣餙人罪，俾失名財；其三有益，顛倒是非，冀脱人罪。是三種者，上主咸禁。主規衆曰：『與人毋誑。是，謂之是；非，謂之非。』聖賢解曰：『人相交遊，爲世大益，以得市售，以釋内疑，以減心慲。人心在内，厥意至隱，主賜人舌，俾言白意。心然口然，言則允實，人則交孚。自非然者，失忠〔一〕信德，世事大壞，美利俱損。』經頻警曰：『惡哉，誑口！天主真實，至愛真實，緣愛真實。洪惡險魔，以言欺人，如逐飛鳥，追羽苦身。無洵之詞，大殘元性，擬之盜賊，猶過其污。魔爲誑首，人習誑業，是成魔種。憑虚之誑，亦戾于吾，矧損誑乎？』

利人而誑，似出于愛，可賞。今謂爲罪，可罰何？曰：『謊弗拘損利，騙人之言也。其惡銘刻于體，人善意莫能改其體，安卸本惡，永弗宜之爲。是故也，人有恒言，弗宜惡己，以致人善；勿宜污己，以湔人垢；勿宜酖己，以瘳人毒，以捄人害。

〔一〕京都始胎堂本作『矢志』。

有良法，我負誣罪何，隱匿真實以捄人命，故宜也。以謊捄，弗宜也。』

妄証之罰

近古西土二人相友善，然志行不等，一言不輕發，一好爲謗誹。善友頻箴戒之，終勿改。無何，染癘疾瀕危，善友勤諭曰：『病入五内，達于四肢，勢將不起。女罪衆盛，今弗痛悛，須之何期？止此一息，尚可悔宥，過此則當上主無窮義怒矣。人非有罪之患，有罪而不知悔改之患耳。』病者欲爲不聞也者，而被掩之，良友流涕長吁曰：『嗟哉，吾友！猶人諱疾而廢藥矣，若憚於變革若是，吾願女逝之後，何往何爲。得請於主，其現我知之。』友許諾而死，良友悲慟，且爲捄〔一〕，日誦經克己。一日祈畢，忽見死友容貌駭異，渾體皆火，哀告曰：『女識我乎？吾乃女不幸之朋某也。痛慘哉！我迫窘棘，何言克擬哉。死時徑至主嚴臺前，天神環列，諸聖皆至，跽伏求主罰我，曰此凶人哉，虛間廢日，侮慢我等。在世無人得免其口者，厥罪甚大，不可宥也。天主艴然震怒，命天神付我於魔，任之加刑。吾憶吾罪，勿敢辭辨，惟有恐怖戰

〔一〕京都始胎堂本作『求』。

慄而已。』言畢不見。

又史記，昔一誹人回世，見友苦態萬狀，舌長至地，時爲粉靡，時復新全，因受他刑，友心慄問故。死者長吁曰：『何待問乎？吾之痛苦，雖百喙並鳴，難詳萬一。吾在世，毁人聲聞，暴露厥醜。今我舌當此苦，此苦正應我罪。凡在世所行之惡，與身後之辛苦，無不符者。在世飲食無節，後世必當饑渴之罰，傲倨無狀，則受催挫窘辱之刑。吾舌傷人，今受多傷，曷異哉？』言畢不見。

第九誡，毋願他人妻

先八誡禁人無準之行，無物之言，此則治其勿淨之心也。經曰：『凡視女人而心謀焉，即謂之淫人。』人既謂淫，其罰可知。此誡雖止言人妻，種種邪淫之念，皆當絶也。聖賢指守誡之術，曰宜先絶淫願二原，一者不潔之念，念於事本相至邇，必斬遏惡根，無俾芽萌蕋發，致結惡實。主規世曰：『女望潔行，盍先洗心。心爲根爲泉，仇殺貪淫，悉厥枝流。』或嘆曰：『吾心若不係之馬，弗覺突起，追之不及。』聖賢答曰：『孰知念之初動，機不係我，及其既覺，勿忻勿從。彊毅以禦，我貞彌純，我功彌固，覺而悅順，罪則成矣。』

二者，耳、目、口三司也。人不愼守外司，棼聽雜言，淆亂以視，心之尤污，必從此起。三司，吾靈門也，收視于目，如障蔀焉；却聽於耳，如塞纊焉；訥言於口，如括囊焉。吾靈之仇，交盟攻我，無竇得入。譬之主人，祈保其身，祈固其財，塞彼扃戶，守彼門牖，賊乃無徑。守身既然，守靈亦爾。藏欲於心，不見於行，上主降罰，奚必貳疑，或則疑曰：『國王之律，弗罪心愆。畜殺於心，弗定殺罪；畜盜於心，不服盜刑，曷爲天主乃禁願欲？』釋之者曰：『以是可揚聖教之精，可美聖教之全，可徵聖教於世律大異。世律形鏡，止治人外，聖教神鏡，自外達内。立法之君，雖極智慧，不灼人志。人心攸藏，何緣施罰。刑既莫加，曷設禁法。天主不然，聰明睿智，無不炤臨，人慝雖秘，弗遁其鑒。國君立法，專務治安，民不戕害，民不竊奪，民不欺誑，民不越倫。雖有非心，號之至治。天主不然，形神俱飭，乃稱全守。知主賞守，知主罰背，毋曰心慝而姑自肆哉。』

淫願之罰

史記，昔有嫠婦，甚淑潔，人咸稱仰之。家富於資，僕夫甚衆，有一俊麗者，嫠婦偶見其容而悅之，後衷切怏悒，如墮淵阱，不能自拔。私念曰：『衆仰吾潔，司祭、主教僉重吾行，何顔發此醜哉？』雖無解可也，每至解罪之期，告解别失，不吐此罪。後病亡，人皆仰之爲聖，殮葬之儀，備極盛麗。既葬之夜，主教者心不懌，臥不安枕，子時起造聖堂。未入，覺火焰，驚不敢進。須臾疑定，入見寡婦墓上有一尸，尸下大火，多鬼環遶而煽之。問尸爲誰，尸哀嘆曰：『吾不幸之某婦是也。在時僞德，徒餙聖女之名，冒貞純之號。噫，得罔世人，曷罔天主耶。吾死即下地獄，哀哉，痛哉，傷哉，我也！』主教問故，曰：『羞解一不潔之願，止此一願，墜多年之功，又致無窮之苦。今不能滅之火，燒骨透髓，不知倦之魔，刑身罰靈。吾謬之甚，生而不悔，今悔晚矣。哀哉，痛哉，傷哉，我也！』言畢，搥胸大哭，遂入墓不見。

第十誡，毋貪他人財物

貪財之情，統歸二端。其一，見他人之財物，口津津曰：『奈何，吾不如哉。主賜我有，俾畜我身，俾事我父母，俾養我妻子，則我願也。』此願未越本分，尚不爲罪；其二，見人之財，即生貪心而謀竊之，即生嫉妬心而謀喪之，則大犯是誡也。或曰：『吾貪人財，未至偷取，曷損于彼？』而主禁之曰：『勿害于人，害於己靈。』聖葆禄曰：『貪情，心綱也，羅心俾勿昇；心，逆風也，鼓靈俾勿進。』解者曰：『吾靈若客，吾心若舟，吾貪若風。貪風鼓心，心則速敗，靈則速沉。惜哉多人，勿御貪心，心若騖馬，能治乎，能止乎？迷矣，貪人！弗念厥害，其害伊何，多非之母，衆禍之師，諸亂之肆，百仇之引。入心蒙心，俾勿悟厥患，而自陷于罪阱。醜矣，貪人！弗敬獻主聖物，覬而謀取，弗羞不孚，弗慮妄證，惟利是冀，溺于罪淵，墮于苦海。欲禁貪害，宜思貪態。人行他罪，畧受僞利，貪之爲害，苦心污靈而已。』古有脩士，夏月徒行，當午少憩林間，適渴，視樹果可食，即起貪心曰：『盜取人物，主誡攸禁，惟一果之微，或不我罪。』舉手及枝，將採遽悟，自悔曰：『徒生者哉，飢知食，渴知飲，獸情亦爾，吾何茫然冥然，不思主之明徹我乎，其恒燭吾貪乎？身爲盜，世法必殺，心爲盜，主不我譴乎？我惟自罰自責，主尚予赦乎？』遂出林外，免冠正立，自定厥罰，暴之五日，露宿五夕。覺身衰弱，乃責曰：『弗克當盜刑，盍免盜之行哉！』嗚呼！嚴懲一果之犯，義人也哉。刼空旅人之任，踰墻强盜人財，種種非理之取，忍人也哉。

天主聖教十誡下卷終

真道自證

沙守信撰　代國慶整理

本書係國家社科基金一般項目
『馬尼拉搖籃本漢文宗教典籍的整理與研究』
（編號：17BZJ028）階段性成果

提要

在中西文化交流史上，作爲『國王數學家』的法國耶穌會士地位獨特，角色彰顯，於宮廷侍讀講學、外交談判、器物製造、天文觀測、地理勘察、譯介刊書等方面頗爲活躍，且產生了深遠影響。作爲其中的一員，沙守信(Emerie de Chavagnac，一六七〇——一七一七）則顯得與衆不同。

一七〇一年，沙守信抵達廣州，開啓了十六年的在華傳教歷程。不同於其他入京的法國耶穌會士，他抵達中國後前往江西傳教，並於一七一七年在江西饒州離世，故費賴之稱其『足跡似未出江西省外』。一個可能的解釋是，沙守信並不諳習宮廷青睞的技藝之術，無法北上御用。這反而給沙守信耕耘地方，專注傳教提供了充足的時間，《真道自證》一書便是他畢生在華傳教佈道的見證和遺產。關於是書的撰述，沙守信在《自序》中説道，『主教之道，雖大而不尚旁搜，雖真而無庸博採，自證矣，奚用他爲……試此一帙，唯以道之本然者明之，撮其大要，詳而不漏』。這表明了是書的撰述進路與編寫風格，即以天主教的聖經、聖傳爲根底，闡述天主教『最大而最急之道，同時又堅持『極簡而極該』的原則，力圖以較小的篇幅呈現出具有系統架構的天主教教理教義。既然以『自證』爲其撰述的内在理路，這必然要求以信仰爲前提，故此書設定的讀者是天主教徒。整本書以本體自證的論證方式闡釋神學教義，自然理性及耶儒糅合的書寫色彩並不顯見。這就要求沙守信首先明確『道之本然者』的自然依據。故沙守信在《真道要引》强調了聖經及其天啓屬性，認爲它具有『造物主之印』，其至上的權威是毋庸置疑的，『聖經也者，爲諸經之範圍，爲古傳之筦籥。上旨之奥府，聖賢世世授受之統宗，而生人原始、要終之要典者也』。在此基礎上，沙守信展開了對天主教神學體系的闡釋。

除了諸篇序、引、記文外，《真道自證》的主體内容分爲四部分：『一卷窮性，以推其理；二卷考事，以追其道；三卷辯難，以釋其疑；四卷提綱，以示其路焉。』具體而言，第一卷論述的是造物者、受造者諸情，涵蓋天主、天地、神人、禽獸、草木等，較爲全面闡釋了天主教的創世論。此卷對於天主、人類論述較爲詳盡，涉及天主『其性、其理、其德、其行，内道、外道及體一含三之奥義，俱有真解……至於人，乃本論也,故更詳盡』。

第二部分主要講解天主教的救恩理論。此一理論建立在自由意志論、原罪説的基礎上,沙守信首先強調了天神和人類『皆有主張,各得自專……至於其行,或順而善,或逆而惡,要皆任心所焉』,此等『自擅、自專,非天主默啓之聖言』,必然導致罪衍泛濫以及普遍墮落,這便引出耶穌的降生及救世言行、宗徒佈道,並對基督論作了初步闡釋(二其性而不二其位)。

第三部分駁疑引據,即針對基督論等教義的種種質疑,展開的辯駁,從而深化了對基督論的神學理解。沙守信頻繁引徵聖經經文,『葢耶穌與聖經,互爲其徵者也』。與此相關的西方歷史間有涉及,諸如七十二賢士譯經、羅馬攻陷耶路撒冷、背教者朱利安等史事。值得注意的是,沙守信以景教碑及福建出土的古十字石碑爲據,反駁耶穌『降生胡不在我中國』的質疑,從而得出中邦亦早聞聖道的結論。

第四部分爲教,即講述與上述教理教義相匹配的德行和禮儀,並歸結爲『善與令』兩方面,『惟善則在於規誡之極美,惟令則在於誘人之實行』。具體内容包括四樞德(智、義、勇、節)、七聖禮以及十誡、罪宗七端、克罪七德、哀矜七端、萬民四終等經文教義,最後較爲詳盡闡釋了真福八端。

《真道自證》是沙守信晚年的作品，並在他逝世後才得以刊刻出版。關於出版之情，赫蒼璧《訂真道自證記》有所透露：康熙己亥三月既望（即一七一九年五月五日），一位中國友教者前來拜訪，『適值本會中，令訂沙子遺書在几』，因爲審查尚未完畢，不敢示人，僅出示書名《真道自證》。訪客顯然對教會中的中文著述多有覧閲，故問道：『西士題書，多以「天主聖教」四字爲額。沙先生不然，何也？」赫蒼璧雖『未深識沙子本意』，但仍『愚見擬之』，以聖字爲讃文、字義廣作了回應，並認爲泰西利先生所云天學與沙子所云真道可等量齊觀。其後兩人便以『聖教』爲題推演了一場頗具深度的耶儒對話。此文文末落款爲『康熙五十八年歲次己亥三月中浣遡，天主降生一千七百一十八年，泰西耶穌會士赫蒼璧子拱氏撰』。

據赫蒼璧的記文，可以得出以下信息：在一七一九年五月初，沙守信的遺作已處於法國耶穌會教團審查過程中，負責此事的是當時的教長赫蒼璧。赫蒼璧與沙守信一同搭船入華（一七〇一年），主要在湖廣傳教，並長期擔任在華法國耶穌會會長一職。《真道自證》的書名顯然是沙守信自己擬定的，赫蒼璧對此也予以尊重。這或許可以透露出，《真道自證》一書在修訂過程中並未做顯著的更改。赫蒼璧記文的書寫時間爲康熙五十八年三月中旬，據文内所言，即在會客的次日寫就，『次日獨居，悉追敘論，爰筆志之』，這可以確定是在一七一九年五月六日。這與其後自述的西曆時間『天主降生一千七百一十八年』顯然無法吻合。其實在明清時期，耶穌會士所作的中西曆日對照普遍存在一年的偏差，因此這裏的一七一八年顯然是對康熙五十八年錯誤的時間換算。正是受到此一時間的誤導，湯亞立山重訂此書時輕言『天主降生一千七百一十八年極西沙守信述』，費賴之亦誤視爲《真道自證》首刻於一七一八年。即便是書通過了法國耶穌會教團的審核，其出版還需耶穌會遠東傳教視察員的批准，即『值會利安國准』。利安國是來自利瑪竇故鄉馬切拉塔的耶穌會士，一六九七年入華，先後在陝西、廣東、福建、北京傳教，一七一八年至一七二一年擔任視察員。整個審查程序完畢後，《真道自證》一書才得以正式出版，於『康熙辛丑年較梓』，即康熙六十年（一七二一年）。

通過上述考訂，我們不難發現，《真道自證》撰述、修訂、刊刻時值『禮儀之爭』激化的康熙末年。其實參加校閱此書的諸多傳教士深度參與了『禮儀之爭』，他們的神學立場亦對此書亦產生了一定影響。馬若瑟、赫蒼璧均對中國典籍有專研，並支持『中國禮儀』，故被招還歐洲，受到訓斥；利安國曾赴廣州迎接教廷使節嘉樂，宣誓遵守教廷關於中國禮儀的禁令，故遭清廷下獄。赫蒼璧的《訂真道自證記》呈現出鮮明的耶儒融合特徵，頻繁使用『上帝』，引徵儒家經典，刻意劃分『古儒』『後儒』『今儒』。並以『西儒』自稱，對儒家做了鄙儒、昏儒、蠹儒三等之别，以『上古之教，至後世實爲不足』『承舊起新』的新説，力圖達致補儒之旨。顯然，赫蒼璧的上述言辭繼承了利瑪竇傳教路線，而與教廷禁令相抵觸，這使得後世諸多重刻本對《訂真道自證記》一文做了系統挖改。相比之下，《真道自證》的正文部分後世竄改較少，這表明沙守信撰述的是較爲正統的神學教義，這便能解釋利安國爲何能批准此書出版，且後世一再重刊。

《真道自證》初刻本是康熙辛丑較梓的皇城堂藏板本（一七二一年）。法國國家圖書館典藏的《真道自證》（編號：Chinois 7049）便是此版的副本，分兩册（卷首、一二卷爲上册，三四卷爲下册），上册第一葉標明了出版時間、地點以及作者、修訂人員等出版信息，其後《訂真道自證記》《自序》《真道要引》《真道自證全旨》依次展開，共同構成是書的卷首部分。其中有一處錯誤，即在《訂真道自證記》諸葉的版心誤標爲『郝記』，當爲『赫』字之誤。之後便是四卷的正文，每卷頁碼另起。奥地利國家圖書館藏本（編號：sin 124）與上述法圖本一致，不過僅存一册（卷首及卷一二）。

梵蒂岡圖書館藏有三部，分别是：編號：Borg cinese 324(19)，此爲清康熙辛丑刻本，皇城堂藏板，分爲兩册。此一版本已經影印於《梵蒂岡圖書館藏明清中西交流史文獻叢刊》第一輯第五册。此版沒有赫蒼璧寫的序文，僅留有其序文的落款信息。僅留的這一葉版心標記『赫記』，改正了法圖及奥地利國家圖書館本中的錯誤。其後分别是沙守信的《自序》《真道要引》《真道自證全旨》以及四卷正文。另香港天主教區藏《真道自證》兩册四卷，版本與内容均與梵蒂岡圖書Borg cinese 324（19）號相同。梵蒂岡圖書館另一藏本，編號：BAV：Rac Gen Or III 176，此爲一八六七年安南重刻本；此一版本已經影印於《梵蒂岡圖書館藏明清中西交流史文獻叢刊》第一輯第四册；此版刻印了赫蒼璧的《訂真道自證記》一文，且在此文之後附有一頁，寫有『天主降生一千八百六十七載』，這其實是此版刊刻的時間。在赫蒼璧的序文之前，分别是沙守信的自序、《真道要引》、《真道自證全旨》。梵蒂岡圖書館第三個藏本，編號：BAV：Rac Gen Or III 287（3），亦爲《真道自證》的舊刻本，但僅存卷三、四。在上述三個藏本中，安南重刻本尤其值得注意，此刻本作爲供奉給教皇利奥十三世的禮物之一，其封皮裝潢頗爲講究，但從内容的刊刻來看則顯得較爲侷促，且多有錯漏。另有一些内容則有意與中國刻本相區别，如對於『玄』字，不作缺筆；中國諸刻本中作『三洲，一曰歐羅巴；二曰利未亞；三曰亞細亞』，安南刻本改爲『四洲』，增添『四曰亞麥利加』。

徐家匯藏書樓藏本，標爲皇城堂藏板。其卷首分别爲《真道要引》、《真道自證全旨》、赫蒼璧的《訂真道自證記》，最後才是沙守信的《自序》。此版影印於《徐家匯天主教文獻續編》第二六册。早稻田大學典藏有《真道自證》兩册四卷，爲一七九六年刻本。省略了『皇城堂藏板』以及諸多訂閱人員，僅作『天主降生一千七百一十八年極西沙守信述』，另增加了重刻信息『天主降生一千七百九十六年主教亞立山湯准』。湯亞立山重刻本更訂了版心『赫記』，且全文予以收録此一記文，但把它置於沙守信的《自序》、《真道要引》以及《全旨》之後，即首卷内容依次爲沙守信的《自序》、《真道要引》、《真道自證全旨》、赫蒼璧的《訂真道自證記》。

本次整理，以法国国家图书馆皇城堂藏板本爲底本（編號：Chinois 7049），以梵蒂岡圖書館 Borg. cinese. 324(19)皇城堂本、BAV: Rac. Gen. Or. III. 176 安南重刻本以及早稻田大學湯亞立山重刻本爲校本，諸本的不同之處以校注的形式標出。

真道自證

康熙辛丑年較梓〔一〕，皇城堂藏板〔二〕

極西耶穌會士沙守信述

同會馬若瑟、赫蒼璧、顧鐸澤〔三〕仝訂

〔一〕康熙辛丑年，即康熙六十年（一七二一年）。據赫蒼璧《訂真道自證記》，康熙己亥年（康熙五十八年，一七一九年），此書便在審定過程中，直至康熙六十年方准許刊刻出版。

〔二〕湯亞立山重刻本略『皇城堂藏本』諸字。

〔三〕馬若瑟（Joseph Henry Marie de Prémare，一六六六—一七三六年），法國耶穌會士，索隱派的主要代表人物之一，一六九八年入華，主要在江西傳教。一七二四年謫居廣州，一七三三年赴澳門。赫蒼璧（Julien Placide Hervieu，一六七一—一七四六年），法國耶穌會士，一七〇一年入華抵廣州，兩次出任在華法國耶穌會士的長上（一七一九—一七三一年，一七三六—一七四五年），後謫居廣州，一七三二年被逐至澳門，並於此地辭世。顧鐸澤（P Etienne-Guill Le Couteulx，一六六七—一七三一年），法國耶穌會士，一七〇一年入華，先後在貴州、湖廣地區傳教，後於一七二四年謫居於廣州。

值會利國安〔一〕准〔二〕

訂真道自證記〔三〕

己亥春既望〔四〕，適有客來訪。客乃中邦通經好古之士，兼樂嘉遯者〔五〕，與我同

〔一〕利國安（Giovanni Laureat，一六六六—一七二七年），意大利耶穌會士，一六九六年入華，先後在陝西、廣東、福建傳教，一七一八年入京，翌年出任中國日本視察員。曾參加教皇使團的接待工作，其後在江西傳教（一七二三—一七二五年間）。在雍正反教期間，謫居廣州，後歿於澳門。

〔二〕湯亞立山重刻本省略了全訂人員，僅言『天主降生一千七百一十八年極西沙守信述』『天主降生一千七百九十六年主教亞立山湯准』。這表明，此書書寫時間是一七一八年（這與赫蒼壁的《訂真道自證記》中的説法一致），刊刻出版時間爲一七二一年。後來，湯亞立山主教於一七九六年又重刻了此書。湯亞立山（Alexandre de Gouvea，一七五一—一八〇八年），又作湯士選，葡萄牙人，一七八五年入華，任職於欽天監，並曾出任監正。早在一七八二年底，他便被任命爲北京主教（一七八二—一八〇八年），居住在北京南堂。

〔三〕在法圖藏本中，此文版心誤標爲『郝記』；同樣的錯誤亦出現在奧地利國家圖書館藏本中（同樣是康熙辛丑刊刻，皇城堂藏板）；此文不見載於梵蒂岡圖書館本（編號：Borg. cinese. 324(19)），僅留有此一序文的落款信息，不過版心，改爲『赫記』；湯亞立山重刻本同樣更訂了版心『赫記』，且全文予以收録，但把它置於沙守信的《自序》、《真道要引》以及《全旨》之後；梵蒂岡圖書館另一藏本（BAV：Rac. Gen. Or. III. 176）爲安南重刻本按照同樣的順序來編排。

〔四〕據落款時間可知，客人來訪的具體時間爲一七一九年五月五日，星期天。『望』安南重刻本誤作『聖』。

〔五〕嘉遯者，即指合乎正道的隱遁者，故有『同志』之稱。

志，每來必索書看。斯日，適值本會中，令訂沙子遺書在几。客請觀，余曰：『予會之例，書未同訂，不敢示人。』客曰：『惟請書名。』余曰：『《真道自證》。』客曰：『是大作否？』余曰：『否。同會沙子著也。』客曰：『西士題書，多以「天主聖教」四字爲額。沙先生不然，何也？』余曰：『未深識沙子本意，焉敢定斷。但愚見擬之，其故有二：夫聖字係讚文，沙子從遜退，不求奪人目，惟務服人心，不矜其外，而但使人虛玩其内，一也；又聖字義廣，人用之不同，故沙子兢兢，恐人誤看，不以取題，惟俟義理自爲昭揭耳，二也。』客曰：『美哉斯意也！』余曰：『不以聖題者，子既稱之爲美，恐以聖題者，子又隱以爲非也。吾與子今日少暇，請同剖「聖教」二字何如？』客曰：『願賜誨。』余曰：『吾儕所謂聖教者，内含三義：道理真實，有據無妄，一也；規誡禮儀，一本中正，二也；道理、規誡、禮儀三者相貫，全具中古以後，中古新民之事，詳沙子本集。天下萬民所當知之事，所當立之功，能使生者成善，死者得福，三也。三者少一，非西士之所云聖教。請觀今世所謂教者，有合此否？』客曰：『三者爲準，義理精微，願明以教我。』余復曰：『子細想應自得也。』客喟然嘆曰：『吁！佛老二家，理無根底，事鮮實據，謊談邪術，略飾僞善以惑衆。三者並無，不堪稱教，况加之以聖哉？吾熟思之，三者，吾儒事也，謂之聖門，非虚讚矣。愚見如此，不知尊意以爲然否？』余曰：『吾教三義，比儒合否，須知儒理爲何。請明示我。』客曰：『論儒者之於上，則欽惟一無對之尊。以造化言，謂萬物本；以生養言，謂民父母；以操權言，神臨下土，福善禍淫，不可欺瞞，認之爲天地主宰，而稱上帝〔一〕。事之以禮，享之以德，生賴之恩祐，修身善終，齊家治國，存義成功，死望升天，在之左右，同福無疆。儒者之於下，則視萬物如同根之枝，同源之泒，視萬民如同祖之弟，同君之臣，安務相勸，危赴相保。由此大公之德，發出爲人公律。且因人負欲，恒性易敗，庶衆易亂，作之君師，謹制國法以扶教化，保民安治。子問吾儒，不外是也。』余曰：『噫！子摹擬者，古儒跡也。余雖甚愚，古儒要旨，得之久已。竊問後儒、今儒何如？蓋秦火之後，傳史解經，諸書雜説，及歷代以來，士民之風百變千態，設使孔子復生，亦無能總攝而歸成一教。子將何以言之？』客曰：『儒學無二，古今先後一也。』余曰：『自漢以來，所謂解經言道之士，取小舍大者有之，強文背意者有之，紛差異術者有之。以之爲儒，誠恐辱羲皇、堯舜、孔孟之名教也。矧以庸士愚民，群趨

〔一〕在後世的諸重刻本中（包括湯亞立山重刻本、梵蒂岡圖書館藏Borg cinese 324(19)版本、安南重刻本以及徐家匯藏本），『而稱上帝』均被挖改爲『而專祇之』。

於佛老，流毒儒門，豈能古今同轍哉？子何以不明言後儒與今儒也。』客蹙然曰：『儒學本無二，經書要理是也。自秦火後，經文既缺，率皆失序。其所存者，經之餘耳。道理國事，又復相參，事繁理簡，必待智者方明。加之人分清濁，心異虛蔽，故有註解之誤，異說之昏，取遺之失，群趨之蒙也。子謂此爲國家之鉅患，先聖之大羞，儒人之重病，愚亦同悲之而不敢辯。若云古儒已亡，愚則不敢言也。譬貴教爲極西之教，今見西士之德，可知西域之教化，迄今未變也。特恐不幸而風氣忽靡，世道倏變，欲情勝而明德敗，殘虐行而窮且亂。君臣相欺，弟兄相訟，奸盜大興，異端紛起，守誡者鮮。設中士到彼而見曰：「西國教化大衰，風俗大壞。」想語雖逆耳，誰敢云非耶？倘中士必曰：「汝國十誡今無，絕矣！滅矣！」非徒修士善民，即庸愚亦怒而同爭辯焉。於此，因中國世風之壞，而曰中國古儒之學淪亡，其可乎？』余曰：『以古今、先後分儒爲二學，不宜也。以古今、先後別儒人，可否？』客曰：『以此別之，亦何益乎？古世之盛，士未必皆賢，民未必盡良。後世至衰，士民之中，明善亦不少。故究儒人之別，莫如以正俗爲分，猶可也。』余曰：『可聞其略乎？』客曰：

『儒之正者，約有三等：其一，勞國勤家，趨善避惡，盡慮現世，不務身後，而懈事上帝〔一〕，意不謀遠，心亦缺敬，謂之庸儒。但因不信邪而品合善，姑列之於正，此正儒之下也；其二，心知敬畏，亦思身後，能棄夫邪，能勉於德。然獨善自安，目擊衆污，旁觀冷嘆，斯傷忠恕，謂之拘儒。但學得於己，信行相顧，事不越矩，亦可謂之正，此正儒之中也；其三，德進於己，力施於人，化之所及，祐乃歸乎天。化之不及，咎乃責乎己。一息尚存，此志不懈。儒人至此，雖未造極，謂之通儒，正儒之上也。』余曰：『庸儒最多，不察而見；拘儒有無，多少難知；至若通儒，所謂龍鳳之類，常言常聞，終不見跡耳。』客曰：『大寶必希，然歷代史傳，亦有其人也。』余曰：『他日同考可耳，今請子言俗儒何如？』客冷笑曰：『動洿則起臭，况正俗相對，知此鑑彼，何須言之污耳乎？』余曰：『嘗聞君子明是非，辨善惡，是無非不顯，善以惡彌彰。孔子删《詩》，不廢鄭衛，亦以戒淫而存。請子言俗，以顯彰乎正，可也？』客曰：『以予言之，俗儒亦有三等：一曰不信而行。明知異端之非，從俗之虛，或畏鄉愚言笑，或

〔一〕 後世諸刻本，『懈事上帝』挖改爲『懈於昭事』。

欲親友相悅，務在熱鬧繁文，樂於偕〔一〕俗阿世。趍彼昏蒙，僭竊善譽，此俗中之鄙儒，不信而行者是也；二曰疑信而行。蓋富貴子壽，人之所貪。彼聞世傳，或禱於神佛而可得，或問之卜算而可定，即妄動喜而將信。然明德難泯，又覺於理不合，乍將猛省而思棄之。但心有欲蔽，志即昏亂，因不審真假，疑信相半而終行邪。以討探其效否，謂之俗中之昏儒，疑信而行者是也；三曰迷信而行。質昏學淺，沉湎酒色，汩沒天良。或承先佞佛，而不失建寺之虛功；或已冒學名，而謬行無知之僞道。醉生夢死，不省不察，謂之俗中之蠹儒，迷信而行者是也。』余曰：『噫！據子前論，正儒三等，足徵儒教。今存彼俗儒三等，亦何足算也？然鄙儒、昏儒，犹有儒意，從寬而論，存之可也。若蠹儒，夫豈可以儒稱哉？』客曰：『不然，譬如採石而定貴賤，自分去取。若記石類於書集，則無論精粗、美惡之品而同登，將瓊玉之玩好，與碔砆之中材及頑石之雜質，可齊列焉。觀此，可知俗儒亦屬儒類。子若厭其亂儒學，將重言以責之，無不宜焉。若必謂之無儒而滅儒，則不可也。夫〔二〕俗儒三者之中，孰

〔一〕安南重刻本誤作『諧』。
〔二〕安南重刻本誤作『去』。

不知蠹儒爲甚。今問之《詩》《禮》古經信之否，必答曰信。問之儒釋道三教何如，彼中或有云二氏之非道，或答云三教都好，必將以儒教爲先。又設問之曰「天子下詔云：儒經、佛經不許兩立，存一滅一，任官選定。爾意何從？」必答云「存我儒經，何須問疑耶？」又設問曰「經言仁義、孝弟、忠恕、禮讓諸德，比之迎佛燒紙、建醮作齋，爾等以爲何如？」必云「仁義諸德爲先，乃修齊治平之道，不可離也。佛事在後，隨人私行。」又設問之曰「經言上帝，神臨下土，〔一〕不可欺瞞。賞善罰惡，可敬可畏，可望其祐，爾等以爲何如？」必云「誰敢不敬上帝，不畏上帝乎〔二〕？順者存，逆者亡。上帝所絕〔三〕，佛不能救，何須問也。」此不拘士子，即稍通理者，既問以彼，必答以此。請子遍試，萬一有不然者，不徒謂非儒士，恐非人類也。由此而觀，謂儒學古有今無，已滅已亡，不亦誤乎？嗟夫！吾中國此時之失多也，寧發惻隱，助之遷改，甚勿攻其所未有之病可耳。』余曰：『吾儕航海而來，本欲濟人，但良醫先究病症，審其輕

〔一〕後世諸刻本，「經言上帝，神臨下土」均作「經言赫聲，濯靈監觀」。
〔二〕後世諸刻本，「不敬上帝，不畏上帝乎」均作「不凜對越，常存敬畏乎」。
〔三〕後世諸刻本，「上帝所絕」均作「苟獲罪殃」。

重，然後可擇藥定方。今余所問，皆由此意，若疑問太過，惟請恕之。』客曰：『切問思辯，何厭深刻，但吾明知我古儒亦未亡也，其要明著乎經書，欲解經書所未及，但以名理爲師，以真實爲主，聖門例也。今子以爲何如？』余曰：『據子高論，可知上古東海、西海，統一正道也。但上古不過當時之教，至後世實爲不足。』客曰：『子云「上古之教，至後世實爲不足」，何也？』余曰：『先有古，而後有新。夫有新，愈可以明古，則新既明古，更顯古道之至後世爲不足，自有新之當從也。』客曰：『從新，而吾正儒猶能存乎？』余曰：『譬之孔子有云「周監於二代，郁郁乎文哉，吾從周」，言二代禮雖美，當周之世，孔子即謂不足從矣。矧生於近世，但固溺遠古，而欲實求大道之全可乎？則必繼以新之所當起發而集大成焉，自郁郁而美備矣。斯泰西利先生所云天學〔一〕，沙子所云真道，及聖教他書内紀所定當知之事、當行之禮是也。』客曰：『所言當知、當行之事與禮謂何？』余曰：『其事奇而不怪，緣乎正情，契乎正理，甚合乎時勢之急需也。禮簡而不敝，本於誠敬，無涉虚妄，正人内外，有益國是

〔一〕即指利瑪竇，他入華後積極會通儒學，構建起一耶儒混合形態的新論説。在此，赫蒼壁把沙守信的真道與利氏的天學並論。

人心也。子容遲，可細見之於厥書。吾今獨約指書中之旨，所云承舊起新，將使古今、先後聖學相繼續，成爲一統二元。此中意奥事奇，非人意想之所及，則非由人私謀得出，全係造物主宰前定，應期已頒改元之旨，故謂之新命。凡人違之，任其勤行嚴修，究竟德不能精，功不能成，福不能真也。蓋子與父，臣與君，以順爲貴。若子逆父意，即傷其心，雖美饌鮮衣，禮儀盛備，仍當受責，無孝可旌矣。又如臣不遵旨，則違君命，雖能赴湯火，輕死生，終必遭懲創，爵焉得加乎？嗚呼！世上父母、國君尚有定律，不可不事以順。造物主爲萬民之大父，天地之大君，豈反無其律耶？雖認之而不事以順，非大誤也哉？今或以俗儒，好佛老而背逆；或以正儒，溺遠古而不從。雖有不同，皆歸不順，而責有不重者乎？即或人有託以不知爲詞者，亦不能也。譬之朝廷，下頒詔旨，有司奉傳。士不讀其文，民不究其意，倘干犯而入法，欲辭以不知，孰肯聽耶？况既得覽沙子詳告切諭乎？書内載造物主改元之新命，昭然明顯，固然確徵。若人終不遵依，而至欺藐造物之大君，其罪屬明知故犯，斯懲罰更嚴，將何以能釋也哉？』於是客大省悟。因晚，别曰：『望書訂完，敢請賜教。』余諾送出，次日獨居，悉追敘論，爰筆志之。

康熙五十八年歲次己亥三月中浣遡〔一〕
天主降生一千七百一十八年〔二〕
泰西耶穌會士赫蒼璧子拱氏撰〔三〕

自序

載籍繁賾尚矣，主教之書亦如林如淵，但〔四〕繁必博覽，賾必探索。而觀者何人？然則書雖不爲觀者誤，而觀者勿因繁賾而誤書乎。余期同儕，希登道岸，日作聖功，無如苦志莫伸。靜驗之下，忽觸古語有云：『德形自感頑石，道見能服錮心。』

〔一〕據前文，在會客次日，赫蒼璧完成此文，故此文寫於一七一九年五月六日。
〔二〕安南重刻本省略了此一對照年份，而是另起一頁，標有『天主降生一千八百六十七載』等字樣。
〔三〕徐家匯藏本的落款信息與法圖本一致，其後附有兩方印，均用篆體刻印『赫蒼璧印』『拱子』。湯亞立山重刻本無此落款信息。
〔四〕安南重刻本誤作『伹』。

三復斯言，不禁喟然嘆曰：『此非主教之謂與〔一〕！』主教之道，雖大而不尚旁搜，雖真而無庸博採，自證矣！奚用他爲。於是又恍然曰：『書何不可從簡乎？』乃不避譾陋，試此一帙，唯以道之本然者明之，撮其大要，詳而不漏。獨是既不旁搜博採，又何事藻繢乎哉？惟冀觀者，融徹燭理，躍然而醒，如撥雲霧而覩青天，無繁賾之誤，即予之意，即余之幸也夫。

沙守信題〔二〕

真道要引

人之所以爲人而異乎物者，道也。道之真者，至明而無昧，至誠而無僞，至全而無缺。惟無昧，則自證亦可以啓天下之實信；惟無僞，則自證亦可以引天下之實行；惟無缺，則萬善統備、盛德包涵，自證亦可以化天下之總，歸一至教而莫能外。

〔一〕安南重刻本誤作『興』。

〔二〕其後附有兩方印，一方刻有『沙守信印』，另一方則由S和三顆鐵釘圖案構成，是爲耶穌會士的標誌。

夫今之世，多有偏信妄行，渺茫難得真向，非世教各無一真處，總由其教之有真而多缺也。故天下惟真道必有原委，有先後，有聯貫，無不溯源探本，愈見其極明極誠，而無一毫之缺焉。以此譬如木之有根有幹，有枝葉，更能結嘉實也。若彼世教，則若有幹而無根，有枝而無幹，有根幹而無枝葉，欲結實，豈可得乎？

夫道之全者，乃人性之本。切於行，盡於善，而成其爲人者也。夫其旨雖廣，可約而止於三端：一曰人之本原，生自何來；二曰人之現在，在世何如；三曰人之究竟，死往何所。知此三者，則知人當盡之道，而有作善之基矣；不知此三者，不知人道當務之急，雖知盡天下之雜學，究得末〔一〕而失本焉，虛也！

或曰：『天命〔二〕良心，萬善之原也。循其天理〔三〕，盡其現世，何必他求而遠務哉？』曰：『俗以此爲至言，而不知矛盾實甚。豈有不考本原，不察萬善之根，出於

〔一〕安南重刻本誤作『未』。
〔二〕安南重刻本、梵蒂岡圖書館Borg cinese 324(19)本均作『正理』。
〔三〕安南重刻本、梵蒂岡圖書館Borg cinese 324(19)本均作『性理』。

造物主而〔一〕賦命於人之天理〔二〕乎？豈有不知己之於造物主何如，而能盡其現世乎？且也不知死之向往何所，誰肯孜孜焉循其天理〔三〕，盡其現在，而勉於行乎？不觀夫行路者，不知路之向往，誰肯僕僕風塵，跋涉維艱乎？故不知其究竟，所以談道有人，而行道則未也。』

或又曰：『使三者能明，自非閑務，但於不能明者而必欲強明之，不亦徒勞而罔益歟？夫本原與現在兩者，將欲測之以聰明，而一己之臆見有限。試觀列國，歷代名士所著，其論往往不一。有一可全信者乎？將欲稽之古籍，而三四千年内之事，猶可略徵。自兹以上，洪荒之世，書契未興。其所傳者，不過上古與後世懸殊。然此恐亦如鍊石補天，斷鰲鎮地等語，同爲荒唐焉矣。至於死往何所，豈人所能明哉？如因不明乎此，而即謂教之不全，則世教萬不能有全矣。』

曰：『非也！人之所當明而不能自明者，造物主必不漠然置之。以智周萬物，

〔一〕安南重刻本誤作『知』。
〔二〕安南重刻本、梵蒂岡圖書館 Borg cinese 324(19)本均作『性理』。
〔三〕安南重刻本、梵蒂岡圖書館 Borg cinese 324(19)本均作『性理』。

道濟天下者，豈無一術以處此乎？而人亦第承之焉可矣。夫前三端，爲天下之大道，人心之大本，作善之要基，曷可少哉！今觀造物主於宇内之微者，猶且精詳成全，於鉅者而反忽之耶。一草一木，一禽一獸，其所需者，莫不備以給之。於人之所專向，而且爲主所命之而然者，獨恝然置之，豈理也哉？爲人小體，不惜生萬物以養之；爲其大體，獨靳純備之道以導之乎。且行世路，於明目而猶照之以日；豈行善路，於靈心而獨不備一真教以引之？必不然也。』

夫三者之爲教，非人之聰明所能見其全，亦非世之書籍所能補其足。則所亟欲明而欲補者，安在哉？嗚呼！吾觀造物主之於道，可謂重之至焉。彼其於餘學，則委之於人，一若其全不全，可無論也。至切之道，必尚其全。是故於生人之際，雖已賦有良知，引其當知之事，名曰性教。然性教有不及，則又垂超性之教以輔之，即在聖經。未有聖經，其道在聖。傳後即繼而備於聖經〔一〕，可詳觀於左。故西儒云：『天主導人而全其道者，大部書有三焉：一曰萬物，一曰人心，一曰聖經。』三者各分其道，而攷之亦有異焉。欲知有造物主與否，及其德之何如，觀萬物即知。蓋萬物也者，乃

〔一〕安南重刻本誤作『繼』。

徵其上有主，而顯其德者之書也；欲知善惡之分，觀人心即知。蓋人心也者，乃維皇所降之衷，所銘善惡之則者也；欲知造物主所特垂之旨，及人類原始、要終等事，至是而萬物不能盡傳，人心亦不能全明，觀聖經而即知之。是聖經也者，乃造物主所以補其性教之不及，而傳其要旨於人者也。是則人所當明而不能自明者，非今世無其教以引之明，已顯有一至真至全、至一無二，而爲造物主所備之教也。

爲此，造物主於開闢之初，特默啓其旨於人類之原祖，原祖，詳閱於後。使之傳於子孫。爲此，原祖往矣，又代生賢人，使人欽保厥旨，而敷於萬邦。爲此，恐傳易訛，故又於中古之世，載以聖經，存而備之，庶確乎其不易也。但〔一〕聖經爲切道之指南，古今之明鑑，造物主之玄旨，豈易述哉？是又點選古聖之子孫，相繼而生，練其功，成其德，付其紀載之大任，而爲正道之矩矱焉。盛哉！造物主之恩施，不特爲萬有之本原，而且爲萬道之根宗。是物非彼生不能有，非彼養不能存；而道非彼開不能明，非彼擴不能全耳。甚哉！造物主之敷施，莫可量也。

或曰：『有一教即有一教之經，烏知此即爲造物主之聖經？』曰：『即如文告，

〔一〕安南重刻本誤作『但』。

以印爲憑，無則不可信，有則不得疑。今聖經也者，雖屬聖人代紀，然而有造物主之印在焉。其印爲何？蓋其所紀者，有非造物主不能言焉是也，今略剖之。』

造物主所定其旨，於未來也，於數千年前，事尚未有端倪而能一一豫知之。此非造物主，斷斷不能也。知既非造物主不能，則其紀，非造物主所默啓之人，亦斷斷不能，此固明甚！是故遇一書紀其道，則可知紀之者爲造物主所默啓之人，而其紀之之驗，即所謂造物主之印也。今觀聖經，其於未來者，如國家之興亡，人世之更變，造物主所定格外之旨，在在寓焉矣。其事從古至今，一一無不脗合。故書雖屬人爲，然有造物主之印在，故不曰聖人之經，而直曰造物主之經。譬如官司之示告，雖屬掌文者書之，然有官司之印在，豈以爲掌文者之示告，而不曰官司之示告也耶？

抑可譬之於國君焉。夫君之治國也，有其定律，亦有其新旨。或律有不及，或恩欲另施，則以旨繼之。然欲施其旨，必先命之近侍之臣，而後始布於民間。造物主亦然。宇内，其國也；人類，其民也；聖人，其臣也；性教，其律也；聖經，其旨也。夫欲知國政，知律而不知旨，則國政何由而明？欲究宇内之道，徒知性教而不知聖經，則宇内之道亦不能達也。蓋性教有不及，聖經以補之；重加恩施，聖經以傳之。是故聖經也者，爲諸經之範圍，爲古傳之筦籥。上旨之奥府，聖賢世世授受之統宗，而生人原始、要終之要典者也。嗟乎！前代之人，有失正道而墮於惝恍之見者，其故雖多，然實莫大於兩端：一則人多自恃鳴高，不屈於己之所不明；一則古傳既亡，世道遂因而不晰，而又未得聖經以解之。是以真道中，雖有一二端可晰，然闕而不全，疑者難解。而自恃之心，強而不服，故雖是而以爲非，寧失真而諱闕。彼明知有一主宰，質之人物及古經、古傳，無不昭然共〔一〕證。及觀世事之紛雜，人心之岐向，而昭然者反闇然。如主宰，至一至尊矣，何以世多淫祀？至善矣，何以所造之人反藏私慾？至公矣，何以賞罰似乎難憑？且人既昏於所當知，惰於所當行，何復任邪神蠱惑人心，而僭竊造物主之名位？種種難明莫釋，盡天下智愚、賢不肖，皆在長夜之中，懵懵然莫知所適。惟其然，而紛紜舛錯，或疑其無主，或疑其主無心者無心，謂無知、無意、無願欲之意也，後倣此。有之。然謂其無主，心難泯也；謂主無心，理難悖也。是即從釋、從道者亦有之，至從釋道而愈難服，於是竟成一無教之徒。卒之，遇儒言儒，遇釋言釋，遇道言道，摇摇莫定，究亦非儒，非釋，非道，不過因循苟

〔一〕安南重刻本、梵蒂岡圖書館Borg cinese 324(19)本誤作『其』。

且，醉夢一世而已。即偶有真教之來，亦皆視爲閒務。其故何哉？亦由未得聖經之旨故也。得之，則道之真者可存，疑者可解，缺者可全，古傳可定，而異學亦可黜矣！故在明季，徐相國文定公奉主教，或人譏其背儒理。公曰：『非也，真道不傷真儒，抑且以有成之。何則？儒道有真，主教証之；儒道有疑，主教解之；儒道失傳而有不及，主教能輯而補之。故奉主教者，正成其爲真儒也，何背之有？』徐公斯言，可謂得之矣。〔一〕

或曰：『外國之道，何足論哉？』曰：『金不擇地，惟精是寶；道不拘方，惟真是尚。真則東西南北之道也，豈孔孟生於鄒魯，而道即不行於齊晋歟？抑本国阻饑，而濟以外国菽粟，寧死而不食歟？且釋氏之謬，非來自外國乎？何鴆毒可啖，而良藥反吐之耶？雖然此特爲庸昧之人饒舌耳，至君子之見，則又反是。昔韓子雨公有云：「道特傳自遠方，愈當深察。蓋航海九萬里來者，冒死之人也。冒死而傳虛道，

〔一〕『故在明季，徐相國文定公奉主教……可謂得之矣』，不見載於安南重刻本和梵蒂岡圖書館 Borg cinese 324(19)本。此一引語反映的是明清之際奉教者的『合儒補儒』之説。徐光啓在《泰西水法序》中嘗言『余嘗謂，其教必可以補儒易佛』，是爲此説最早亦是最有力的倡導者之一。

有是人乎？即有一二人，能得千萬人乎？即有千萬人，能一一皆爲窮理之士乎？今西士離故國，别父母、昆弟，而遠適異域，險阻備嘗，九死一生，即以此爲道之証也可，而反以此爲不足問，可乎？尤可異者，天文、幾何等學，在西士皆視爲餘技，而人且愛慕而誠服。獨有冒死而來傳者，反置而不論，豈彼乃精其緩而昧其急耶？」〔一〕覩斯韓子之言，已有灼証，今更執卷在目，其真僞愈曉然矣。況此書亦極簡而極該，道亦最大而最急。如人之原始、現在究竟，人於造物主何如，造物主於人何如，豈尚不足稽也耶？嗟乎！爲暫世榮名，不惜數十年之攻苦，爲此有關身心之要道，即有費片刻，豈爲過歟？余輩遥傳此道，猶不惜軀命而戾兹，此遠人之爲人也。焉有以己爲己，而獨惜片時哉？或又恐道爲不真，以爲妄費韶華。然所棄擲者，不過光陰一息。設斯道爲真，而誤而不察，其所棄擲者何如？吾願觀此書者，勿徒恃口耳之功，必當虚心理會，忘乎人我，泯乎方所，以理探理，以道揆道，祇思我乃爲人。人之所以爲人者，真道也。閲書如是，則庶乎可望其有得矣。』

〔一〕韓雨公，即明清之際著名的奉教士人韓霖（一六〇〇—一六四四年），山西絳州人，字雨公。他與張賡合作，撰寫了入華耶穌會士的小傳《聖教信證》。本文所引韓霖之言，亦見諸他爲《聖教信證》寫的序言。

真道自證全旨

宇內有理、有道，理由性而出，道因事而起。如人有斯性，便有斯理可盡；有斯事，便有斯道可緣。不知其性，則其理不明；不知其事，則其道不悉。性究事詳，而道理於是乎全矣。道全易明，則諸疑之解，由是而著；諸善正徑，由是而指。故書有四卷：一卷窮性，以推其理；二卷考事，以追其道；三卷辯難，以釋其疑；四卷提綱，以示其路焉。

真道自證卷一·性理

『性理』兩字，中國解者甚多。兹曰性，乃各有者之本然；曰理，乃自本然而出之理，非對氣而言之也。

總説

宇内之理，可罄於二端：造物者一，受造者一。二者乃性理之本原，得厥本原，餘緒皆可得其真。故此卷中，特揭兩端而論之。首明造物者，其性、其理、其德、其行，内道、外道及體一含三之奥義，俱有真解；次明受造者，先分論之以窮其性，後總論之以究其宜。舉天地、神人及禽獸、草木，無一不陳詳於是。至於人，乃本論也，故更詳盡。其體，神形何如？其理，人本於造物主何如，造物主本於人何如？物於人，人於物何如？其善惡從何而來？善惡之報，萬民之究竟，無不監茲在茲。且斯論也，不涉於幻，不濫於奇，不混於雜，誠以真明爲本，而無不自證。即有聰明所不逮者，又有聖經以補之，後質之於理，而於理無不切合，宜乎其真而全矣。

造物者第一

造物主本難以名，又不可不稱名。曰天曰帝，〔一〕所解不一，故姑以天主二字稱之。蓋天統乎萬物，稱天主者，即天地萬物之主宰也。

昔有客問予：『天主維何？』予應之曰：『難言也！』西國古有一賢者，其王欲明天主性理，請賢者而問焉。賢者對曰：『乞寬數日，然後敢復。』越數日，又問。賢者對曰：『再寬數月，然後敢復。』越數月，又問。賢者對曰：『再寬數年，然後敢復。』王怒，賢者於是正襟危坐而告曰：『臣非不言也！第見其理無窮，其境難盡，而無言可言也。思一理，又有一理焉；進一境，又有一境焉。愈思愈深，愈進愈遠，愈

〔一〕『曰天曰地』，不見載於安南重刻本、梵蒂岡圖書館Borg cinese 324(19)本。

欲言而愈知實不可言矣，奈何？』王聽之，乃亦爽然自失。由此觀之，賢者既不能形容，愚者安可摹擬。故非天主無限之知，曷能明天主無限之性；非天主默牖之聖，雖賢又安能考〔一〕論哉？雖然其理固難窮，但以當然推其所以然，由天地萬物而達造物主之美好，亦可略言其大概矣。

天主者，生天地、神人、萬物之大主宰也。無形象，無聲臭，至極純神，非受造之天神可比，亦非如俗解鬼神之神。至尊無對，而惟一自有者，靈明之體也。自有二字，含有兩意：一自有而不受有，一自有而不得不有。惟天主爲不受有而不得不有，故曰自有者也。夫曰自有者，則無始無終、無限無量，全能全善、自誠自足、德福全備，皆自然而然，而不得不然者也。此書內，凡所云自然者，皆不得不然之意，非對勉然之謂也。曰靈明者，則有智有意、有欲有情、有仁有義、有感應之神能，有好惡之公理，有自主之權衡，所以通其善而施於外，非自然而然，乃屬其意願而行者也。故生天地萬物，非自然而生；自然，總解不得不然。存天地萬物，非自然而存；滅天地萬物，非自然而滅。欲則然，不欲則不然。欲生，乃好施之心；不欲，乃自足之意。存而後滅，則又自主之

〔一〕安南重刻本誤作『放』。

行。究而論之，總屬天主之意願，而無不可者也。蓋有天地萬物而無所增，無天地萬物而無所損，生之不煩其力，存之不擾其靜，滅之不泯其靈，即生而後滅，亦不變其恒心。蓋生、存、滅，雖以時而見，然或生、或存、或滅之旨，自無始而常有。所謂變化庶類，而自無變遷，始終萬物而自無始終；寓萬物而不與物同體，閱萬世而不與世推移。其行無動，其靜無息，其同不涉，天主臨格，以偕於人，而不同體。其時不流，天主本無始終，故無時序可推遷。其理不可測。然雖至玄而非虛，至穆而非無，乃至誠而至善之極也。所以萬美内蘊而萬德外流，生生不息，施澤無窮，至仁之驗也。好善惡惡，公賞公罰，至義之昭也。天地萬物，一命而有，不藉其質，不有其勞，全能之顯也。安排萬物，各得其所，分形別性，分性別宜，全智之露也。以安以養，以保以存，頃刻無間，至靈之施也。人有官，物有曲，各呈其材，各效其德，至美之流也。而且靈蠢高卑，相生而歸一向，往來行生，亘千古而不易，此又宰制之惟一也。然異哉！至一而不孤，至尊而不厲，至大而能容，至義而能恕，至威而可愛，至善而可敬。雖高雖玄，精神可與之相通；極平極實，性情能與之感應。不見而視之，不聞而聽之，不附而與之偕，不覺而時受其恩也，獨是迷哉人也！唯知世有倫理，得君以臨之，而不知天主之宰馭更勝於君矣；得親以養之，而不知天主之顧復更隆於親矣；

得師以誨之，而不知天主之提命更篤於師矣。施我以恩者，而天主之恩非世恩可比；賜我以福者，而天主之福非世福可羨。故尊之不止於君焉，愛之不止於親焉，服之不止於師焉，感之不止於恩人，望之不止於福主。所以聖經云：『欽崇天主者，當信焉，望焉，愛焉，而尊於萬有之上也。』雖然，此特以可見者言之，固已如是，而謂天主之理可窮乎？夫以蹄涔而注海水，以螢火而照天下，能耶？否耶？噫！以人之管見而測天主，何以異是。

造物者一含三解第二

九重之君，氓隸豈可見乎？只因睹其政，知有君焉；睹其善政，知有聖君焉。若夫深宮之事，非君自下綸音，必不知矣，天主亦然。由外而觀，莫不知其有主，覽其布置之妙，即知其德之無限。至論其體，乃屬天主本性不發之理，何從而論？故非天主之默啓，與聖經所載，人難得而探索也。

夫聖經載有天主體一位三，有父、子、聖神之謂。斯理也，微矣、至矣，非人所能思起矣。雖然，夫既載在聖經，則自無不真也。蓋聖經乃有天主之據，其據，可詳前後篇。豈有誤焉者哉？是故，即人之小智不能釋，亦不得不屈服於天主至誠之聖諭，而確信無疑矣。況人若殫思竭慮，則又隱然有會，而於理總不相違背。兹略陳其概於後。

論天主之性體，雖無窮莫測，然易明〔一〕者亦有三焉：一曰天主爲至美者，二曰天主爲至明者，三曰天主爲至善最好美者。三者本屬自然而不得不然，同自無始一體而有者也。夫然，則至美者，恒顯露於至明者之前。而至明者，即不得不坐照而靡遺焉。至善者，亦不得不好其美而無極焉。此理明甚，不待致而知也。

試觀凡生有靈性者，内鏡一物，必内生一物之像；愛一物，必内發一愛之之情，天主亦然。至明者，自無始照識本體無窮之美好，即自無始，不得不内生一無窮美好之像；至善者，自無始愛無窮之美好，即不得不自無始，内發一愛無窮美好之情。此理又明甚，不待致而知也。但受造之神靈有限，其内像與内情亦不得爲無限，虛也、暫也、有依附者也。惟自有者之主不然。其本體原屬無限，故其一體相生發之内像、内情，亦不得不無限，至實活潑，無依附，自然而立者也。此理抑又明甚，不待

〔一〕安南重刻本誤作『則』。

攷而知也。

由此而進，則天主三位一體之理，以五端約之，略可得而明矣。其一，天主本體所生發之情與像，既有相生相發，與受生發之别，故不謂之爲一，而序之爲三；其二，三者既是至實活潑，又爲無限自然而同立者，故稱而爲位；其三，三者雖共〔一〕序而爲三，同立而爲位，其實總屬一天主本體之内藴。要知非先有一而後分爲三，一即是三也。非先有三而後合爲一，三即是一也。三位共是一體一性，位雖别而體不分焉；其四，三位既一體一性，而其相生之序，又皆自無始而出於本體之自然，故必無大小、先後之殊也；其五，三位雖無先後之殊，然實有相生之序。有相生之序，則必有施生、受生之别。施生者，謂之父。受生者，謂之子。父子互發之神愛，謂之聖神。此聖經所云一體三位，父、子、聖神之奥指，大略如此。其理固微妙難測，然誠爲當然之理，而不得不有者也。

嗚呼盛哉！至一而不孤者，天主之謂也。聖三中，皆自福、自足、自樂之至焉，充然、坱然，無待於外。本體之妙用，皆取給於己而無不足者也。厥後造天地，生萬

〔一〕安南重刻本誤作『其』。

物，要不過通其善，顯其德於外焉，以示自然之好生。嗚呼盛矣哉！天主也。天主之好生，可分有二：一行於內，一行於外。行於內者，屬自然而不得不盡於三一之道；行於外者，屬於天主之意願，可行可不行也。詳看後篇。

受造者第三

前云天主三一之理，內道也；生天地、神人、萬物之道，外道也。內道屬自然，自無始而不得不有者；外道屬天主之意願，可有〔一〕可無者。此內外道之所由分也。夫然，則惟聖三一，乃自無始而不得不有者。至天地、神人、萬有，皆自無而受有者。授有者，天主也，故聖經有云：『萬物之始，始於天主也。』〔二〕然萬有既非自有而受有者，則必非自主而有主之者也。夫有主之者，必非爲己也，非向己也，乃爲主而生，爲主而存，爲主而終。則主之者，實天主也。故萬有雖多，然皆或昭其能，或

〔一〕安南重刻本改作『存』。
〔二〕創世紀第一章描述了天主創造世界萬物的情形，在此章首節便言稱：『在起初，天主創造了天地。』

顯其美，或通其善，或答其德，而無不歸於天主者。故聖經又云：『萬物之終，終於天主也。』可譬之於海焉，千支萬派皆自海而出，亦莫不歸於海也。而萬有之於天主，亦若是焉已矣。水自海而出，屬格物事，觀三卷第二篇可知。

今論萬有，其類固多不同，然大概可分爲三等焉：一爲純神，一爲純形，一爲兼有神形者。其純神者，如天神與魔鬼是。諸品天神及魔鬼之類，其詳解於後。但此所謂之神，非二氣之良能及造化之迹，陰陽之屈伸。人死，正氣之謂曰鬼。非人死，魂魄及死，必歸於土〔一〕。不正之氣，無所歸而爲厲鬼之謂。乃無形像之實體，自立之神也，自立，非曰自有，乃無依賴之意。不屬於形，不雜於氣，獨在獨成，永存不滅，有才、有情、有明、有自專之主張者也。凡聖教所稱之神，無論邪正，即此而已。其純形者，天地等塊然之物是也。有氣質、有幾何、有輕重、有方員、有剛柔、有動靜，其性屬於二氣四行之調變，其行在動靜，能聚能散、能變能存、能生能沒。其所以動靜聚散、變存生沒，又皆屬於所受之性也。至論草木、禽獸，雖有生魂、覺魂之説，然究其魂，實屬於質焉。故隨質而生，隨質而動，隨質而滅者也。其兼有神形者，即人是也。

〔一〕安南重刻本誤作『士』。

其本品介神形之間，立乎中而合乎上下。同於神者，有靈明之體，神魂也；同於物者，有形像之軀，肉身也。肉身爲神魂之僕卒，由四元行而成，資外物之養而存，受外物之變，能勞、能朽而壞矣。神魂爲肉身之天君〔一〕，其體無形像，有明司、有主張，能順而善，能逆而惡。其諸情各殊，能與天主萬德相爲感應。雖向肉軀，合之而成人，然爲自立常存、不死之神體也。此人之本然，古今聖凡，無二致也。

茲觀人而較之於物，萬物不齊之理，無不畢聚於人之一身。如天生地成，人亦有生成；物有幾何，人亦有幾何；草木有生長，人亦有生長；禽獸有知覺、運動，而人亦有知覺、運動。此相同於在下之物者然也。至於在上之神，亦無不然。神屬靈明之體，不死不滅，能推明是非，能主持善惡，而人亦如之。故自天而下，自地而上，凡物所分具之理，而人莫不兼具之。所謂人爲小天地，誠然哉！

萬物備於人也，似有餘而反不足，似極富而實極窮，何以知其然？蓋人之於外物，接之即生，離之即死。外物者，不可須臾無也。無則一身之五官百骸，皆屬無用。如有目而外無日焉，見乎？有耳而外無氣焉，聞乎？至於有腹心、手足，而外無

〔一〕安南重刻本、梵蒂岡圖書館Borg cinese 324(19)本均改作『司主』。

以養、以衛者，能生活乎？且無論離之即死，即一寢一食，亦不能廢。或以助其耗，或以補其力，或以成其用。不然，形雖具而力雖殫，亦如無有矣。不特肉軀如是，而心之窮更甚焉。不觀夫人在萬物之中，如行乞然，終日汲汲皇皇，以求有饜於一心。然而無窮之願欲，愈求愈奢，終不能滿。西國古有一王者〔一〕，名第伯略。其國極富，其治極隆，終日猶窮奢極欲，思世樂以滿其心。迨欲已極已遂，而心猶不足。福中覓福，樂中厭樂，朝夕焦勞，戚戚而泣。臣訝而問曰：『今王頗稱應願，位禄如是，名壽如是，安富尊榮又如是，極人世可欣可羨者，王已得之，蔑已加矣，何猶憂甚？』王勃然應之曰：『願蔑加而心猶不足，憂正甚焉！』夫人雖不盡如此極，然諺有云：『至大，天也；至廣，地也；至繁，物也。以之而集於方寸之中，抑猶不滿？』有以夫。

雖然，萬物論福人，固不能，論養人，抑又奇矣。蓋物之生存，雖原不操於人，詳看三卷，篇之二。而人之所需者，萬物中莫不備以給之。如饑則有食，寒則有衣，病即

〔一〕　安南重刻本誤作『士』。

有藥，春以稼，秋以穡〔二〕。要之，人有一需於此，物即有一以應之。獨是頑然之物，無故而能與人相應如是，何也？夫下事上，物役於人，猶可耳。在上之百神，自降以奉人，則可乎？今觀天地有運動，日月有循行，家有護，國有庇，導吉禦凶，此皆神之功而爲人也，然猶不止於是。且天主之德，亦若有歸於人者，全能化成、全智安排、全善保養，實爲人也。所謂天不爲天而生，地不爲地而成，二氣四行不爲二氣四行而造，飛潛動植不爲飛潛動植而設，將爲神歟，而亦非也。蓋天覆，覆乎人也；地載，載乎人也。二氣消長，元行變化，皆爲人也。品物資生，禽獸利用，又莫不爲人矣！

嗟乎！藐兹吾人，而虚糜萬物之奉，有是理乎？且前云『萬物之終，終於天主』，今則皆歸於人，何也？而不知恩隆則任重，寵厚則責深。萬物代天主而養人，人當代萬物而報主。昔西有一儒者，或問之曰：『物受造而無心，何以報恩？』儒答曰：『物恩遞人，人申物報，人資物用，物借人心。人於造物主，乃萬物之心。』至哉斯言也！人在天壤間，日受萬物之奉，乃於萬物爲受貢之君，而於天主亦爲報恩之臣。一若天主以天地爲人之宫寢，而人易之爲事天主之郊廟；天主以萬物爲人之糗糧，

〔二〕安南重刻本誤作『牆』，此字爲墻的異體字。

而人以之爲奉主之粢盛。萬物中無一不遵主命而事於人，亦萬物中無一不由人心而答於主。若然，則萬物不過遞於人，而實終於天主也。

且人不特以萬物歸於天主，即一身之内外，無不歸之焉。蓋人有敬，則以之尊天主矣；有愛，則以之親天主矣；有畏、有望，則又以之凛天主、賴天主矣。夫敬、愛、畏、望，固有時爲人而施，然於天主，必盡其誠敬，以達於萬有之上也。雖内外向主，而致其極，毋曰此聖人之美行，乃人之所以爲人也。

或曰：『人之責任，亦重矣哉。』曰：『其責雖重，一思夫人所現受之恩，固不謂重。知夫後來之報，其任猶云輕矣。夫善惡之報，乃爲天下之大道，萬民之究竟，可不知歟？兹略陳於後。』

據前言，至仁之主，以無算之恩先施於人。如一身之内外，皆天主所賜也。天地萬物事人，皆天主命之而然。天主於人，亦既如此矣。而善人之於天主，何如？惟以一身之内外，無不歸於主。受養於天地萬物，亦無不爲主而用，此善人報恩之不同於不善人也。而至仁至公之主，獨無加意於善人乎？勿謂善者不計其效，其德愈盡，其報愈可必。不然，至公之謂何？豈有人道既盡，而造物之道獨虧歟？故善惡之必有報也，明矣。

但其報維何，以世福乎？一，與德相敵。〔二〕世福雖能快人，然蠹人之德者，莫踰於世福。蓋人心本弱，得世味而能存道味，幾人哉？夫然，以世福而報德，非猶抱薪而救火歟？二，與德相左。況飲食佚樂，不過肉身之嗜好，禽獸之貪願。嘗聞謀道者不謀食，蓋與德相左也，而烏可以之爲報耶？三，功益久報益暫。且世樂，暫樂也。善人功修數十年，朝乾夕惕，至於桑榆在望，墓木相催，回首向時事業，恍若雲散。今所賞者，僅存片時飽煖，則善人之功，不更多於所報耶？四，於人心不能滿。即使世福可久，質之前言，於人心必不能滿，愈得愈望，愈多愈貪，愈增愈不足。五，於天主好施之量不稱。於人心且如是，而於天主無窮好施之量，奚其稱？六，險而不安。藉曰：能滿人心，亦險而不安。謀之則爭，守之則慮。究知死而必失，則又

〔二〕下列標號諸條均寫於兩行之間，或爲後來增添。其中，法圖本共附八條，分別是：一，與德相敵；二，與德相左；三，功益久報益暫；四，於人心不能滿；五，於天主好施之量不稱；六，險而不安；七，限而不均；八，善之極愈不能得。湯亞立山重刻本與徐家匯藏本均缺第二條，其他諸條內容、序號與法圖本相同。梵蒂岡圖書館Borg cinese 324(19)本亦缺失法圖本第二條，但把其後的第三條改標爲第二條，其後諸條序號依次排序，故列有七條。安南重刻本與梵蒂岡圖書館Borg cinese 324(19)本的排序一致，但第一條改易爲妒與德相敵。

患無已時矣。是至仁之主，欲盡其愛於善人，而反以此累之乎？七，限而不均。即使能安，然天地間之物，止有此數，烏能各得其平？勢必豐於彼，則歉於此；遂於此，則忤於彼。雖全智之主，亦不能以此爲衆人均得之報。八，善之極愈不能得。即使各得其平，然殺身成仁、授命赴義者有之。論善，善之至也；論賞，即於世福，一無所得。故無論世福不能慊人之心，而善之至，并不能受焉；無論世福不能稱天主之賞，而善之至，并不能得焉。故爲善之報，其不得在世也，明矣！

然則將何在耶？雖世福有天主賞善罰惡之道，然至德大報，定在身後。蓋天主之愛善也，天主本不但自福而爲萬福之原；不但萬福之原而且好通福之極，不特此也。天主有好通其本福之德，而人亦有承受其福之材。人有明司，天主以至美照之，而人明無不足；有愛司，天主以至美嘗之，而人愛無不充；有欲願，天主以至美樂之，而人願無不滿。審如是，人苟得其照、其嘗、其樂而其無窮之願始慊矣。是則，天主於現世盡其好生之德，於衆人以養之；於身後，猶隆其好福之德，於善人以福之也已。是故其生人也，即賦以不死之靈魂，身後仍存，能照天主之榮光，能嘗天主之至妙，能樂天主之萬福，因而賦有無窮之願望，非無窮之福，不能滿焉。故聖經云：『善德之報，非他，即天主即天主之榮光妙福。也。』惟此，方與善人之德合，方慊善人之心，方成其爲天主之大賞。於不善者，不能均沾其賞。但天主好善之至，非純善不可配。故人生於世也，天主必苦其身，煉其情，陶其心，成其德；及其謝世，乃生於天，乃合大原，永配天主，永受寶命焉。夫靈魂既已福，其形軀亦將樂。蓋肉軀爲神靈之耦，神爲善，形隨而助焉。天主至義，無功不賞。故聖經有訓：『厥始開闢天地萬物之類，自無氣無質中而出焉，全能者施令而生活之也。世界窮盡，萬方烝民之形，自墳陵死灰中而出焉，全能者乃命而復活之也。』於是靈魂之榮，溢乎肉軀，神通而無所滯，堅美而無所缺，同在天堂，永享真福，而天國長生之理，真善大報，實不外乎此。

明知善者之賞，便知惡者之罰。夫所謂惡者，不特造亂作孽、侮上虐下、背主肆淫、滅理縱慾，喪其德、毒其心、自棄自絕，罪貫戾盈之爲惡也。即忘主現恩、輕主後愛、向己而不向主，戀世樂而失天賞。斯人也，爲何如人哉？在天至公至聖之主，不獨降格而誅之，即天地萬物，宜莫不群起而攻焉。然罰之於今世，不惟不足，且有碍耳。蓋善者、惡者，在世相雜，彼此相關。降罰於惡人，恐善人亦損矣。子暴父仁，誅其子，父不苦乎？妻賢夫不肖，戮其夫，妻不害乎？且罪有大小，罰應有輕重。世刑之極，一死而已。殺一人者，必當受死也；殺千萬人者，能千萬其死乎？況人犯罪多有未被刑者，至仁之主，存之養之、容之誨之，冀其改遷。迨至死而不悛，仁慈乃盡，公義乃行，全罰無赦。嗚呼！至公之道，嚴矣哉！惡人之生，貪戀世物，厭斁物主。今死忽至，罰之何如？一，於彼在世喜戀之世物，一一盡奪之，纖毫不與也；二，世物既盡離，願欲則愈奢。心思無限之福，以充無窮之願。然生已輕之，今死不能得之矣；三，斯時也，回憶所婾之逸豫，以稍慰其心。然物有利者盡去，有害者俱集。生惟玩物之甘，死獨茹物之苦。乃投異火之中，永焚而不熄。其爲火也，全含萬物之毒害，以代萬物而報恨，不但炮形而不燼，益且燬神而不滅。天主之義怒，焰熖然，火烈具舉，以答人所取之穢樂也；四，人生輕永福以爲不足勉，則死而遭永禍，不亦宜乎？況既自絕於至尊、至上之主，其罪之重至於無限。罪無限，則刑亦必無盡；刑無盡，則永遠矣。地獄長死之實理，又不外乎此。

若然，惡人之用物也，雖與善人大異，然究之，無不終於天主也。善者以萬物而向主，得永福而歸於至仁；惡者以萬物而向己，得永罰而歸於至義。所謂天地、神人、萬物，無不終於天主，不信然哉？嗟乎！觀天地萬物之真理，聞生前死後之實事，而猶懵然不覺，以輕爲重、以幻爲真，必至身後明見而始悔。嗟！何及矣，思之哉！思之哉！

真道自證卷二・事道

總説

上卷之論，性也、理也。此卷，事也，道也。夫盈天地間，若皆無心之物，凡知其性，即知其事，如千歲之日至，可坐而致者也。今造物主既非無心，天主内涵萬德，行與不行，自屬意願，故借心字以統之。而神與人又皆有主張，各得自專。故得其性，不過得其理耳。至於其行，或順而善，或逆而惡，要皆任心所爲，豈可以自然之性而推之也哉？由此而論，不知其行，則不知其事；不知其事，則不知其道。蓋事乃從行而發，道乃因事而起。不見夫國君乎？國君有定法，或從或違，乃在民也。行不同，而君之治隨因而異。治異，而民之分亦不同矣，人類之道亦然。上主以人事之不同，而定其旨之異。旨異，而人之現道亟當犯罪，及降生、救贖諸事。亦異矣。今天主之旨，既出於自擅、自專，非天主默啓之聖言，豈可得而知之乎？故上卷之論，理燭之於前，而聖經成之。二卷乃聖經端之於前，而明理翼之。而人類之道，於兹備矣。是故苐知上卷，而不及後論者，不但不知其現道，即上卷之性理，雖真且確，欲保其全而不失，不可得也。

神分邪正第一

人疑曰：『至善之主，曷不概生善神，而又生魔鬼，何哉？』曰：『此葢不知其事，而有是疑也。夫所謂魔鬼者，原屬天主所生之純神，而本非魔鬼者也。粵據聖經，厥初太始，上主有命，生有純神無數，其性絕美，各正無邪，品分九等，以供主令。天主本欲其受福，但〔一〕因生彼自有主張，亦欲聽其一息決擇，或向善、向惡，而自分其黜陟也。夫九品之中，有知大本，欽若上命，認己美爲受之有原，推至尊而凜然自

〔一〕安南重刻本誤作『但』。

下，感其恩，愛其美，竭量以奉之，盡心以向之者，乃正且善之神也。於是天主亦從而應焉，誕增其美，大通其福，賞之以永遠之天堂，故曰天神；又有鉅神一，其德其美超拔衆神，覩己美而自美之。乃忘大本，傲熳自足，不獨自絕於主，且聳誘他神，令之而歸於己焉。彼固爲惡神之魁，而凡附之者，皆叛神也。於是上主絕之、殛之，黜其特恩，降其百殃，延及同犯，墜在地獄，同受永苦。且常懷凶德，猖狂無度，名曰魔鬼。然斯魔也，至今猶毒害於世，乃天主暫放之，以煉善人之功，以癉惡人之罪。至於天神，上主命其在世，護守世人，董其善，戒其惡。此天神、魔鬼之所自分，而豈有生魔鬼之説哉？試觀聖經所載，即此一事，不已釋多疑耶？』

人類上第二

或曰：『神之亂也，匪降自天，生自犯魔，於聖經既亦昭然矣。但進觀人類之事，覺愈不齊，其故何歟？』曰：『大哉問也。此爲人生現道已見上解。之深義，從茲而起。苐舍聖經而欲解其故，實難矣。按聖經大訓，天下萬民之衆，原屬一祖，係一男一女所生，皆同根而本一家也。其男名亞當，女名厄娃，號爲人類之原祖，當受生之始也，與後人大不相侔。蓋天主之於原祖，特恩縱之，令其内外毫無玷焉。内則其性純善而無欲，其情純美而不亂。明悟，則萬理具照，妍媸自鑑其真也；主張，則極其平正，巨細不倚於偏也。至五官、百骸，目察而明，耳順而聰，體胖而固。無疾病之害，無殞滅之懼。樂兮嘉兮，美不勝言矣；外則天地萬物，遵若主命，而服役於二人。天覆之以清，地載之以寧，四時不爽，四行互濟，五穀自生，百菓自長。萬物之於人也，如臣之忠君，子之孝親，供之、事之，猶恐不及。原祖之寵榮，至於如是，雖爲格外之恩，而天主之洪慈，猶有甚焉。天主本爲人之大主，二人爲僕、爲婢，分也，理也。若更進而爲大臣，則恩寵甚矣。今於上主而不僕之，不臣之，終且錫以至寵之位。如忘己大君之威，獨存父母之心，令人陟爲愛子，而王於下土。苟二人感戢主恩，小心翼翼，克忠克孝，主恩愈進。曆數一滿，活登天堂，即以補犯神之位。主恩予原祖如此，而其萬世子孫亦應相襲矣。嗚呼！人叨厥恩，極稱異數，今則苦焉不堪，何也？噫！當恩既重，敬愼當殷，若非認主感恩，則愈不宜爲人留矣。蓋先施，自主仁而出；後保，由人功而定。故聖經云：「天主生原祖之初，恩中復立一禁，以爲保恩、失恩之準。守則保之，違則失之。」無如邪魔，窺人厚膺主眷，將登天以補伊位，遂忌而謀失之。而天主即乘此欲試人心，勝焉而功立恩存，敗焉而罪彰恩廢。悲哉人類！原祖當時，心已無私，內有上主之神佑，扶其善，增其力。即邪神誘之，不過細故耳，不過外焉耳。至於內，絕不許其惑也。况恩新，而感宜彌切；寵渥，而謝宜彌殷；命嚴，而守宜彌立；功易，而所關且甚大也。奈之何而失本忘恩，喪己棄後。如僕背主，臣攻君，子抗父，自反以從魔，順魔以方命。嗟乎！犯罪瞬息之間，前後即迥不同。慝由是而出，物由是而畔，命由是而亡，吉由是而泯。人反物主，物變人仇。天閉於上，地塞於下，四時失序，寒暑多愆，風雨靡節，毒蛇滿地，猛獸群出，荊棘叢生，災異並起，外患極矣，而內害尤甚。心之明敏變爲昏迷，意之徧愛變爲私慾，主張雖亦尚存，然已偏而不平矣。夫性既役於形，人既制於物，物交物，形引形，而心即隨之而動。故作孽最易，而爲善極難也。天主之仁慈，轉而爲義怒；吾人之隆位，委而爲魔役。生則種種病苦，隨時而至。一生勞勞逐逐，不覺其死忽至。死則天堂之樂，毫不能得；地獄之苦，尤不可逃。嗟乎！可知獲罪於至尊之主也，豈淺小哉？匪直此也，其世世子孫，不特同受其罪之罰，而無不染其罪之汚。故聖經有云：「赤子墮地，莫非罪人。」』

夫源既濁，而流亦不清；本既剝，而枝亦未有不損也。故雖當時之人，受原祖之庭訓，而真道猶存。迨原祖没世，道益爲之漸降矣。蓋自原祖壞世之後，人心一若私府也，即欲爲善，非勉然不能。然勉而又勉，君子且難，況庸人乎？故不若舍善而縱慾，然縱慾而並覺有一至公、至嚴之主，赫然恒臨於心目，而内之難安，莫踰於此。故又不若矯而去之，以爲無主。然陽謂無主，而陰實歉虚，欲避不能，自欺不可。故不得已而妄設虚然、頑然之主，一以塞奉事之責，一以便在己之私。此世道不一，而志有岐趨，所由來矣。

後代古道日晦，世俗日下，又立先代人像，以爲有靈，能擅禍福，且以事神之禮事之。而邪神遂窺其隱，乘機而入，附泥像，顯怪異，愈播其頹風。斯時也，設有聖賢，欲仔肩正道，挽回人心，然而難矣。無論愚夫愚婦，漸濡日深，即聰明學人，神馳荒誕，心累俗塵。聖賢視此，亦惟有太息痛恨而已矣。其遵道而行者，幾人哉？

嗟乎！人類之壞，既至於此，而至嚴之主，曷不滅之？不則，至仁之主，曷不拯之？殊不知大主自原祖壞世之故，即備再生救世之恩。第因世不同，犯罪後，與未犯罪之世，不同也。則所施之恩，亦不得不有異也。

蓋原世也者，人善無罪，而天主之愛，亦純而一焉。故人既爲天主之肖子，非自墮於魔阱中，而魔亦不能强害人。若夫犯罪之後，不然也。蓋人既失原義而爲罪人，則主愛雖重，亦不得不較先而無異焉。人既自墮爲魔役，非有救贖之者，而欲獨自迅拔，勢必不能。即使上主垂憫而拯救之，人非奮力攀援，究亦無裨。自人既從魔誘，則心有翳障，昏於燭理；性有頑懦於體道，則人之知，不足爲恃矣。故道有不明，宜遜曰：『上主證之，不敢不屈而信焉。』善有難行，宜勉曰：『上主命之，不敢不困而行也。』是人在邪神、惡俗、私慾三者之中，如仇然，非卓然奮發，勇往戰爭者，必不脫也。故聖經云：『吾人入世，如入戰場是矣。』此現世與原世之分也。

今觀天主之恩，於現世何如也？吁！大矣、至矣。然恩雖出於望外，而至慈之中，不失至義。故不在勉人不戰，而在導其戰；不在去其仇，而在輔其勝。蓋原祖因寡愛而失主，今欲挽而復之，非奮愛於萬有之上，必不可得。故不在緩其功，而在增其力，以正道啓其蒙，以善誘克其私，以救世之神方，輔其不及。

若夫人欽若主旨，奮然願戰而勝者，於是上主之恩，定較優於原世也。愛益切，賞益厚，錫人之神位亦彌充而彌崇焉。而且作善不畏其艱，樂善行之若素。苟怯懦而從私，委靡而避戰者，後或有悔，非天主靳恩於彼，而彼自因循而阻之也。

嗟哉！斯人也，生於罪中，而欲與無罪者並肩，其可得乎？至仁之主於無可如何中，爲之開救施恩，而彼非坐獲，夫寧不受？主愛過當，彼猶敢辭其分之所當然，不幾如自陷深阱，而不奮攀援；自招危症，而反辭藥苦也。

故推先代而論，每有罹永殃者，非爲天主之不拯也。蓋再生之道，原祖得之矣。且天主預因救世者之功，默啓其心，使之痛悔衆宥，則長生、長福之慶，由是而復焉。自原祖而下，子孫亦得之矣。蓋原祖在中數百年間，以此爲大〔一〕訓，親誨其子若孫，使之企仰懷戀，以此相慰藉。及亞當謝世，而道雖漸替，然亦終不盡喪。天之大主，眷佑下民，作之明師，聖賢迭生，授受不絕。聖傳之外，又衍有聖經，以防其亂而杜其失。外恩如此，而內之神恩，亦無不備。始以牖其心，繼以輔其力，終以成其行。夫異端雖浸淫天下，真道卒不因之而遂滅。惟因地有文蠻，則正道之跡，亦有明昏之異矣；俗有美惡，則正道之傳，亦有久暫之別矣。論得聖經之邦者，雖久而亦不失也。

至論失傳，而未得聖經者，其傳之失，雖人自誤，而至仁之主亦不忍棄於無可如何。外恩在人，人能失之；內恩在主，非人可棄。聖傳行於世，異端能亂之；良善稟於心，世俗不能泯之也。夫然，則凡承天主之內佑，及依良善而行者，絕異端，認

〔一〕安南重刻本、梵蒂岡圖書館Borg cinese 324(19)本均作『太』。

真主，信之、望之、畏之、愛之，而不自誤。則雖或有人不盡識再生之法，而再生之主亦必有救其人之道也。即主欲默啓其心，以復其原道，亦無不承荷焉。是以自開闢以來，凡人若不背其良善者，未有不得其救者也。苟不得之，非天主之不拯，乃因人之惡，而自棄天主之慈焉耳。

嗚呼！無曰先代，即起視今日。再生之恩，千百年來大行於天下，而猶有不黜邪、崇正者，敢曰天主之不拯乎？今姑不論其良知，能分邪正，能認真主，異端之自顯其謬，魔鬼欲葢而彌彰；抑不論内有神恩，引之絕邪而歸正，盡其所已能而求其所不及。即論外拯，敢謂無歟？迄今千百人，航海九萬里，舍生而傳再生之恩，幾於歷遍窮壤矣，此謂天主之不拯歟？矧書則充棟也，教則至善也，道亦至真而自證，無如迷於世俗者，或自恃而不肯詢，或執拗而不自信，或怠惰而不果行。寧悠悠忽忽，惟順己私，而畏自救之難。此或天主之不拯，抑或人以再生之恩，而易再死之禍歟？嗟嗟！是即聖經所云：『救世者之來，於此則再生，於彼則再死。』其言不良可慨哉！請詳觀再生之恩於左。

人類下第三

救世之道

據聖經，已言天主生人之初，特生一人爲人類之原祖，將人類之事，盡付之於其躬，而原祖壞之矣。聖經又言，天主於原祖子孫中，再立一人爲人類之再祖，將壞世之事，亦盡付之於其躬，以之開道救世矣。壞世者，名亞當；救世者，名耶穌。亞當於開闢之初，不原父母而爲天主所造；耶穌於漢哀帝年間，不由人道而以貞女所生。其二祖之時，固相懸絶，而其關係，已通萬世矣。試詳言之。

亞當犯命，上致天主之重怒，下失人位之寵錫，塞天堂之門，開地獄之路，損道心而長人心，變世樂而爲世苦；耶穌以無窮之功德，熄上主之義怒，復人位之寵錫，克人心以復道心，資暫世之苦而爲永樂之程。此壞世、救世者之分也。一爲萬惡之根，一爲萬德之原；一爲萬禍之宗，一爲萬福之址；一則滅世元義而遺己惡於奕禩，一則挽世元惡而通己義於前後。故屬於壞世者，宵人也、舊氓也、孽子也，而爲天主所惡焉；屬於救世者，晝人也、新民也、義子也，而爲天主所好焉。救世者之在萬世中，如日之在亭午〔一〕，東方已過，而其耀恒臨；西隅未至，而其光先及。一息之耀，東西朔南無不分其照也。

夫自壞世之後，人類之大道，所不可少者，此也。不然，雖識天主宜敬，未得何由而近，而亦枉然；雖識天堂已有，未得何由而臻，而亦枉然；雖識私慾之攣，向善之難，未得何由可釋可復，而亦枉然；雖識世途多畸衺〔二〕，正道自有定向，未得何由當舍當就，而亦枉然。故聖經云：『常生之基在識真主，及真主所降救世者。』知之，則敬主有門，邀福有路，遷善改過有良規，正道、異學有攸辨，而人乃有全身之策矣。

或曰：原祖叨恩未畢，而即方主命，謂其壞世，吾能明矣。且其子孫萬世之慾，愈增主怒，吾亦能明也。今云以一人而救世，似見其不知量，并不知天主之尊大矣。蓋欲救世，不但立教、立表而猶有人類之罪欲補。至論補罪，即原祖一人一時之罪。

〔一〕　亭午，正午之義。《大秦景教流行中國碑》亦用此詞：『能事斯畢，亭午昇真，留經二十七部』。陽瑪諾《唐景教碑頌正詮》解釋説，這描述的是耶穌復活留世四十日後，『以厥本能，日午之時，當衆騰空歸於天朝』。顯然，沙守信在此亦參用了景教碑中的表述。

〔二〕　安南重刻本誤作『表』。

人雖聖，亦不能補，况萬世萬民之罪乎？蓋天主至尊，人至卑，以至卑而獲罪於至尊者，罪極重也。今欲補其罪之重，夫一人焉有補之相稱哉？即補之至極，不過一死而已，得罪人主，而以死罰之，不爲過矣。得罪天主，而亦以此補之，可乎？若以一人爲救世者，則死止此一人，而獲罪者億兆；死止一次，而獲罪者固多端；死止一時，而獲罪者千萬世。如是僅以一人之死補之，可乎？即起天下萬民而全戮於天主之前，抑猶有限，况一人、一次、一時之死乎？於是欲行其全補之功，非尊同天主，不能稱也。

噫！奇哉斯言也，設得一人而天主者，此書凡曰『人而天主』者，不過只作一名稱，義詳下篇。兼天主性與人性，而承救世之任，行補罪之功。以其天主性，弘人性之分，不即得無限之位，而行無限之功乎？嗚呼！神矣，巧矣。然人而天主之妙用，猶不止此。

蓋所犯者，天主也；犯罪者，人也。所犯者，雖至仁，本欲赦罪，但阻於至尊、至嚴、至公三德，不有善全之法難矣。蓋至尊，則欲補；至嚴，則欲罰；至公，則補罰欲相稱。欲相稱，詎人力所能哉？論犯罪者，雖當自謀一赦罪之方，然迷也不覺其凶，邪也而闇於正，卑也而補有不及。於此無可如何之中，設能有一人而天主者，降來人類，代人調劑，全其上下。一則使天主能依至仁之情，而不傷於至義；一則令人能赴赦罪之路，而不阻於不及。以正教開其迷，以神恩正其邪，以無限之功補其不及，使人罪盡消，而罪人全保，債償於無窮，而恩隆於莫既。神智如是，可不謂盡美而盡善乎？

異哉！聖經所載救世耶穌，即此也。夫耶穌，非徒爲天主，亦非徒爲人，乃天主聖子，甘心結合一人性於己位，而誠爲一真人，而真天主者也。〔一〕真人以有靈魂、有肉軀，與人無異。真天主，以聖三中第二位聖子，實與聖父、聖神本一體、一性、一天主。真人而天主者，因耶穌一位，有天主性與人性，實締合而成一救世者。略譬人之靈魂與肉身，雖無變化參雜，然實締合而成一人。故以其原性而言之，天主也；以其所取之性而言之，人也。以其兩性結合，屬聖子之原位而言之，乃二其性而不二其位也〔二〕。誠爲一位天主而人，人而天主者。以其位而稱，曰天主而人者；以其救世

〔一〕在此表述的是基督論教條，即基督作爲三位一體中的第二個位格（聖子），具有神人二性。

〔二〕在基督教會史上，持『二性二位』立場的乃是聶斯托利派。沙守信在此重申『二其性而不二其位』顯然是對聶斯托利派的回應。

之功而稱，恒曰人而天主者。因救世之功，雖天主性爲帥，而顯其行者，實在乎人性也。耶穌結合兩性之内美如此，其外用，又美不勝述焉。

論其有人性，係亞當之骨血，可負亞當所遺之罪。與人同類，可任萬民所犯之辜；論其有天主性，至尊也、無限也。一舉一動皆有無限之功，不但能補罪無虧，而且有餘焉；論兼天主性與人性，則於所犯之主及犯罪之人，皆實有相親，可以安上而全下，一若爲參上下之中親焉。蓋於天主有同體之理，而爲天主聖子；於人有同氣之義，而爲人類之長兄。顧爲兄者，見弟難而忍不救乎？則必號泣於其父，負罪允若。爲父者，聞子哀籲而能不從乎？俯聽而宥其弟，亦自然矣。是以耶穌一位，能任責於上主，頒恩於下民，爲和天地之鹽梅〔一〕，爲通上下之舟楫。於下民，則爲主之所使，立法施恩，自彼而下；於上主，則爲萬民之首，敬愛禱謝，自彼而上。於原祖，又兩相對待焉。原祖所傾，彼能興起之；原祖所失，彼能補贖之；原祖所犯，彼能補之；原祖所傷，彼能醫之；原祖所死，彼能活之。故曰：『耶穌者，再生之祖

〔一〕鹽梅，語出《尚書》『若作和羹，爾惟鹽梅』，本意爲調味的必需品，引申爲調和、協調，或必需的賢良之才。在此用來表述耶穌的『中保』身份。

也。』其道如此，請詳其事於後焉。

救世之事

救世者，雖生於萬世之中，然其恩，已自開闢時下逮矣。故原祖之所以能悔而蒙赦者，其恩也；代生聖賢，而世道人心得以挽焉者，其恩也；萬方得聖傳以啓其旨，西土〔一〕得聖經以備其徵，其恩也；而且萬世人人，得聖佑以扶善去惡，往古先代異端起而世成罪藪。而主猶不絕慈靳愛，是又其恩也。蓋耶穌濟人之功，其時雖未行，然以已定而在天主意中，感之以豫施其澤也。夫未降生以前，雖如此，然猶不若降生以後也。嘗曰『傳教、經教，不如身教』。何哉？蓋傳教如月焉，借日之光，照人朦朧，僅足步耳；經教如曙光初爽，兆其日升；至於身教，如太〔二〕陽正照，光彌六合，群生於以托命，萬物於焉覲光。又可曰：『未降生以前，人若在旱中，非勞心致力，不能滋潤；至若降生以後，恍如膏雨下逮，愷澤旁流，在人挹之、注之耳。』是以

〔一〕安南重刻本誤作『士』。
〔二〕湯亞立山重刻本誤作『大』。

古聖嘗望，不啻大旱之望雨也，恒泣而慕曰：『天乎胡不霖露？雲乎胡不雨聖？中書有云雨金、雨粟，西經云雨聖。蓋喻以自天而降之意也。地乎胡不闢而生救世者？上二句指其天主性，如自天降；下一句，指其人性生於世也。』迨聖經所云之期至，救世者乃降生矣。在世三十三載，先樹至德之表，後立至善之教。匡持大道，挽正人心，去謬存真，使人知所景仰適從。行無算聖蹟，如令瞽者明、聾者聰、跛者行、病者愈、死者復活。一則証其全能，一則寓其神化耳。救世之義，原在拯人神靈，療其神疚，使人覺回正道，特假其身而救之，故曰寓神化也。其終因已有萬民元首之責，即以萬民之罪爲己任，損己之寶命，爲萬民代犧牲，以補贖而死。

此亦如昔有商之世，大旱七載，無可如何。太史占之曰：『當以人禱。』湯爲民后，遂引以爲己罪，以己代犧牲。剪髮斷爪，身纓白茅，禱於桑林之野。〔一〕後世無不以爲仁君愛民之至焉。然而耶穌之於萬民，猶不止於是，何則？其任、其功、其愛，

〔一〕『桑林禱雨』見載於多種先秦文獻，《呂氏春秋・順民》載『昔者湯克夏而正天下，天大旱，五年不收，湯乃以身禱於桑林，曰：「余一人有罪，無及萬夫。萬夫有罪，在余一人。無以一人之不敏，使上帝鬼神傷民之命。」於是，翦其髮，櫪其手，以身爲犧牲，用祈福於上帝。民乃甚説，雨乃大至。』

非人事可比。任非一國之事，乃萬邦、萬民、萬世之事也。災非七年之旱，乃從古多年之神旱；拯非一國之人饑而死，乃萬民之罹永殃而永死也。其所求者，非一時之膏雨，乃欲復天主原所施之隆恩也；其所以熄天主之義怒者，非剪髮斷爪而已，乃躬代犧牲，釘於十字架而死。昔西國最重之刑，以木造架如十字，釘其手足而懸之。耶穌特甘心選之，以釘於其上，故曰釘十架。後因設十字架，以表聖教之號焉。然此贖罪之大祭，爲耶穌降來之原義，爲救世者之宏勳。故降生以前古聖所定之禮，降生以後耶穌所行之事，悉歸此意焉。

爲此，於千數百年之先，聖經預載救世者之事，所引救世者之稱，雖極隆且盛，謂之四海之主、永國之王、萬世之師、萬民之牧，天下君民無不稽首而敬之。然極福中而含極苦，極榮中而藏極辱。常生常王之中，猶寓墜命而死，此乃隱然預照耶穌所嘗云：『其國非世國，乃神國也。』以大道匡天下，以神恩淑世慝，以寶命拯萬民。蓋死乃代犧牲而爲此，耶穌之生，雖屬帝胄，然不產於帝王之宮，而產於羊圈之内。祭，故生亦在犧牲之中而產也。爲此，生後八日，受耶穌之名義。一則任原祖之罪，一則承再祖之號。耶穌者，救世之義也；救世者，即再祖也。爲此，越四旬日，聖母抱之往聖殿，獻於天主臺前。嗟乎！人止見在外之禮，而不知耶穌後日所受諸苦。

被釘十字架而死者，乃自當日矢矣。爲此，雖爲萬福之主，而彼則一生辭榮貴，絕佚樂，語默動靜，皆染受難之意。所以救世之功，雖竟於死時，而實行於平生。葢一生之功，即一生之祭耳。爲此，於發軔之際，往若爾當河〔一〕，雜於罪人中，特行滌罪之禮，以此任萬之本罪，亦如先任原罪之意也。當日有一聖若翰，指而語於弟子曰：『此乃代贖世罪之羔羊稱耶穌純善之德。者也。』爲此，特選春分羔羊大祭之日，以爲受難之期。葢示其死，實人類獨一之大祭。而古以犧牲祭天主者，斯不過豫寓其像也。爲此，先五日而造受難之區，正合古祭迎牲之日。其所經之地，又合鬻牲之處。伊時之人，秉花除道，郊迎耶穌，不知此之迎者，正舍其像而遇其真也。

至論其贖罪之功，仁之極也。耶穌一舉一動，已有無限之功。即一嚬一嘆，於普世之罪，靡不贖之有餘。然而其心，猶歉然也。葢一則欲示天主至尊，而人罪至重；一則欲盡己愛，而使人事主，不辭其苦也。是故，因人有一罪，即擇一苦以補之。人身無不犯罪，而耶穌身無不受罰；人心無不隱慝，而耶穌心無不膺苦。總之人類盡壞，即古經預指救世者云：『自頂至踵，身無不受傷也。』

〔一〕即約旦河(Jordan river)。

論其所以致難之法，意愈妙而愈深。昔西土有兩國，競戰數年，殘民甚多，未分勝敗。其一國之君，名各得樂，其時，在降生前已久遠。矜憫其民，卜於神，神曰：『其君致殺，其民即勝。』各得樂愛民之至，自願舍生以仁其民。於是斂其尊，易冠帶，入敵陣中，私自往戰，致殺。此乃乘人之不覺，而以其害成己之深仁也。而耶穌救世法，又過之。

當是時也，彼國學中有異黨焉。〔一〕似善而實惡，似悟而實迷。驕矜自足，詡詡然以己見自愚，無如有耶穌來於其間，如太陽高照，萬物之美惡畢形；明鏡空懸，千態之妍媸悉出。嘗聞真德之敵，莫如僞德，所以惡黨深啣之。每欲毒害，但其時未至，雖衆且惡，亦肆害不得。迨豫定之期已至，惡輩始能縱其凶德，而耶穌遂以此成救世之功，乘其迷以成施澤之美，借其惡以彰仁術之神。故暫隱全能，而著全仁，許人損己者，所以益人也。然美哉！常人於患難中，見其卑，惟耶穌之德，於此愈顯其不止於人也。人於受辱中，失其位；而耶穌獨於此，愈形其尊也。試觀耶穌受難之初，覔耶穌者至，而應之者曰：『是予。』數百人即仆矣。後許其執己，而曰毋傷群

〔一〕 即法利賽人。

弟。即耶穌之門徒。於是衆惡聽命，是雖被人所害，而自願之意不失；雖阨而至死，而全能之德彌彰。且也被殘之下，顯其全能，而至仁不泯。被釘於架，能震撼天地萬物，而不傷一釘己之人。且以所害之苦，反以釋彼之罪，無厲色、無暴聲、無怨言，恬然、藹然，猶仰而禱曰：『彼不知予，予懇赦彼。』迨聖經所載受苦之序皆畢，然後怡然朗聲呼曰：『救世之功已矣！』乃死。以驗向時嘗云：『予致命者，惟予自願，非人所能强也。』

由是而全能之跡，肆然大顯。天昏於上，地震於下，日月無光，山崩石觸，古塚自開，古堂之幔自裂，萬物悲傷，皆證受難者爲真主。於是而天主之義怒熄矣，人類之原福復矣。至第三日，耶穌以己全能，自死中復活。在世四十日，定傳恩、赦罪之規，立天主聖教之新典，令人得被無疆之澤。即於弟子中，立一爲教宗，託之以大命，授之以大權，使神牧天下，繼往開來，以垂不朽焉。功畢升天，自是而權統上下，宣其神治，以終救世之功。

葢耶穌升天之後，其諸弟子咸遵其命，不辭勞苦，分行天下，傳救世之洪恩，教化萬方，而皆致命，以應耶穌之愛，以證聖教之實。及諸弟子已死，而傳教之功，至今未艾也。葢所導化之國，其中修士莫不以此爲擔當焉。故遠西諸國之儒士，久已分行四海，不避艱險，不惜資費，不顧暫時之性命，經殺人、啖人之國，而祗爲繼救世之功。是爲其任，是爲其謀，是爲其望，是爲其榮，是爲其命。今蒙耶穌之神能，立其志，堅其操，增其力，輔其功。所以自西至東，兩海之國，無不收其神效者。嗟乎！人迷世俗，猶以此爲不足詢，負天主之極恩，而不自重之。然今日能失至仁，異日不能逃至義，卒至死而後悔。噫！悔之遲者，招長悔也。

蓋據聖經之義，現世，暫世也，如試場然。先代之人已試，今試吾儕矣。其將來者，亦若是，試畢而世界窮盡。聖經曰：『維時日月無光，星亦失所，宇内烈火沖炎，萬物盡焚，煨燼之餘，徒存萬世之墓。有天神傳令於四方，喚前後死者，頃刻而復活。天堂開，而善者之神魂下而合其原軀；地獄闢，而惡者之神魂亦出而合其肉身。此時貴賤不分、貧富無別，惟以善惡是區。耶穌乃乘雲而降，天神護侍，神光輝煌，萬民之隱善隱慝，炯然大昭。耶穌即顯其威權，行其彰癉，命善者而上升，惡者而下墮。善者並其神形，雍容而侍耶穌之側，膺其永福；惡者並其神形，忽睹地開，如雷崩下墜，長受永苦。』[一] 斯時也，惟屬救世，得其寵而守其教者，獲永福，負其恩

〔一〕在此描述的是末日審判的場景，見載於啓示録。

者，得永苦。故聖經有云：『自壞世之後，離耶穌，不免永罰。』此世事甫終，而永事伊始，生人之大究竟，可不思哉？

現道總結第四

前云現道盡於四端：性也、理也、事也、道也。兹二卷，性理、事道無不詳言。故現道之旨，亦無不全也。至論其真，或屬顯然之理，而自証者，或屬聖經所載，而天主証之者，夫豈可疑？故亦得其真，亦得其全。今即以此觀世教，孰真孰僞，或全或缺，可以數端定之。

一、凡不認有主者，非教也，不過矯語狂言，鸚鵡之摇舌，在口不在心耳。故嘗見若人，偶然遭患，無論真主，即不靈之物，亦僕僕是求。若心誠曰無主，能如是乎？

二、凡以無心者爲主，言雖不同，其實與無主者不遠。蓋無心之主，非主也，不過多增一『主』字以愚己耳。以有主之名慰其良心，以無心之説便其私慾。故雖居恒輒，稱天理良心，皆空辭虚文耳。而究其所歸，不過貪名慕利，世俗而已，詎真道之要歸，以此乎？

三、凡僭竊真主之名號，如釋迦、玉皇等，謂之爲竊盜則可，謂之爲真主，可乎？

四、論世俗所敬先代之人爲神，若其在世，不認真主，神之何故？事之何理？望之何憑？焉有禍福之權，而付於不認主者耶？

五、天下惟一無形無像、無始無終、至尊至善、至明至公、有心有德、有威權。生天地者，此也；宰群生者，此也；降殃、降祥於下民者，此也；千古明王聖賢〔一〕昭事者，此也；古經所載、古傳所指者，此也。萬物宣之，萬理証之，人心若非自迷，則認之、敬之，乃始入正路矣。

六、真主既有心，有心註見前。而人生自有主張，則宇内不但〔二〕有自然而然之理，而亦有故然而爲之事。有故然之事，以傳、以經、以史考之則可，豈以自然之理可推哉？是故人欲以『性理』二字盡宇内之道，其可乎？

七、古傳已失，欲察宇内之事，非聖經，亦無地可考。故聖經者，實現道之正衡。

〔一〕湯亞立山重刻本作『賢哲』。
〔二〕安南重刻本誤作『但』。

失之不得其全，離之不得其真也。

八、聖經所載者，莫大於兩端：一爲原祖，一爲再祖。天下萬民，無一人能逃於其間，不屬於此，便屬於彼，關係最大且切。善惡功罪、永禍永福，悉由此分焉。

九、不知有原罪之失，而在主前與原世無異。是猶以共兜〔一〕之裔，而欲等於益契之後，可乎？知有原罪，而不知有救之之法，是猶知有重疾，而不知有醫藥，何益之有？

十、惟有認真主、知原罪、識再祖三者，庶可以盡其現在而不差。知有原罪，方知世苦不當辭，而必須勵德克私。對越真主，自負罪引慝，以盡罪人之分。知有救世之法，雖於無方中而亦有方。蓋罪有赦，私有治，缺有補也。

要而論之，凡教不至於前三端，三端，即上認真主，知原罪，識再祖是也。雖有真而實不全。真而全者，天下惟此一教。得之，而現世謂原祖壞世，而有救世者。之疑無不可解也。

如真主至公，而賞罰又似乎難憑。君子多危，小人得意；善者顛連，惡者康佚，

〔一〕共兜，即共工和驩兜的合稱，據稱兩人曾一起作亂，而被舜流放。後世以共兜指稱兇逆之臣。

類如此疑。若知今世爲戰場，則世之暫苦，永樂之貲也；世之暫樂，永苦之種也。則禍福顛倒之疑，不難解耳。

又如，人特爲事主而生，其性本明且善，高且貴。今昧而不識主，私而藏衆惡，污而淪於欲，弱而惰於善，邪神猶從而惑之，其奈之何哉？知原祖之失，即解其故不難也；知再祖之恩，即脱其累亦易矣。斯不過略舉其端，而在高明者進悟焉。

若夫前三端，恐有不以爲然者，詳觀後卷，則知其確據矣。

真道自證卷三・駁疑引據

總論

觀前二卷，其道内則大也，外則實也。合於正理，據於聖經，豈有疑哉？若徒屬美談，世無不推爲妙論也。無奈關於行之至急、至切者，如監觀靡間，審判無私，賞罰不爽。原罪之失，罪人之責，一一令人畏懾。救世所開之途，獨一而難行，繕靈之功，又苦而難免。於是私欲皇皇，蠱惑心志，僉曰非也。此係聖經所云『畏行則畏信』是也。夫心一迷，而群疑咸起，其實多在畏行。而其託每在降生二字，或謂於理不合，或云[一]於主不便，或謂事大而據不稱。其所疑者，不過此三端。故是卷中，亦以三端折之：前道於理無不合，一也；於主最美而最宜，二也；其據最確而無惑，三也。三者明，群疑若雲霧撥而青天睹。予望諸君，不因畏行而畏信。即願毋因畏信而畏明，明而信，信而行，則幸矣。

前道於理無不合第一

或曰：『天主乃無始無終，生生而不生，何謂有母而生於漢時？』曰：『耶穌有兩性：一爲天主性，一爲人性。生於漢時者，乃人性也。天主性，原無始而自有。惟天主聖子當日結合一人性，而有降生之事也。』

或曰：『無人道而生，難明也。』曰：『由人道而生，易明乎？若欲窮其理，亦絕不明。但因常見有人道而生之事，雖難明，亦不敢疑。可知以難明之理，疑爲無其事者，不當也。蓋天主之全能，豈人之小知可測哉？且人祖乃人而已，無父母而生，

[一] 安南重刻本誤作『去』。

人不疑其不能。再祖乃人而天主者，以貞女而成胎，疑其不能乎？夫救世者，以母而生，亦有其故。若不以母生，非原祖之血脉，則任贖萬民之責，猶無因也。况聖母非尋常女也，其心則純粹無疵，而所稟者獨厚；其德則完滿無缺，而所造者獨至。上膺天主之寵錫，下爲衆人之慈恃，則又福之異而善之極，此天主特爲簡選也。詳《聖母行實》。』〔一〕

或曰：『無所不在之主，而拘於人之一身，可乎？』曰：『非也，聖子雖締合一人性，而實不爲人身所囿。未降生之前，固無所不在，既降生之後，亦無所不在。可略譬之如日，如火鏡。日雖無不照臨，但遇火鏡，即與他照不同，使之能取火如成一日然。然究未嘗以爲日盡拘於此，而不在普天之下也。聖子亦然，惟於所取之一人性，而結之、合之、位之，以顯其好施之極也。』

或曰：『天主之性與人性能相結合，能歸於一位而成一救世者，其解何如？』曰：『設無其解，既明載於聖經，不得不真實，而亦不得不信也。即有未詳之處，非道不真，乃人之知識淺矣，况乎而亦非無解也？論兩性相結合，可略解之。如人之

〔一〕《聖母行實》乃明季入華耶穌會士高一志撰述的有關聖母瑪利亞生平事跡的傳記。

靈魂與肉身，兩體相結合之至，而無相變化參雜是也。論説兩性雖不混，而位惟一，亦非無解，又可略譬之於一被接之木焉。上有二枝，一自根發，一自外接，各存其性，各結其菓。然枝雖二，而本則一，所接之枝，不帶其根故也。夫耶穌之體内有聖子尊位，即有天主本性，又取人性，亦如相接然，各存其理，各行其分。然其人性，既蒙至尊之結，則惟聖子得而位之也。』

或曰：『至尊者，自屈而至卑，可有是乎？』曰：『至尊而非至善，固不可有，但〔二〕得一至尊而又至善，屈尊行善而又不傷其尊，何不可之有？』

或曰：『至尊與至卑締合於一位，不已褻乎？』曰：『合之人性，得增其尊，而聖子斷不減其尊也。譬如國中，立卑女爲后，其女之卑則亡，而君之尊仍存焉。』

或曰：『人類之美惡，於天主原無增損耳。爲救人而降生，意雖善，不似太過耶？』曰：『斯言也，是不知至善者也。不觀乎爲父母者，子有疾，親自屈身，鞠勞之極。不識父母之心者，以爲過矣。在爲父母者，猶如不及焉。況天主尤非世之父母可比，親之極焉，慈之至焉，烏得以人之小善，而測天主無限之善哉。』

〔二〕安南重刻本誤作『但』。

或曰：『天主之慈，既如此已，則人人均當嘗其救，何猶有不拯者，非天主之愛有歉乎？』曰：『拯雖屬主無窮之惠，然亦宜成於人之自應也。譬之人子者，有疾，父母舍生而救之，躬服其役，親嘗其藥，悲懇而勸其飲。若子畏其苦，寧死勿飲，徒負親心。如此，尚得謂父母之愛有歉乎？蓋子之自斃爾。』

或曰：『人犯天主，而以天主補罪，有是理乎？』曰：『補罪者，乃耶穌。耶穌一位，兼天主性與人性，其所用行補罪之功、受難而死者，人性也。與犯罪者同類，屬亞當之苗裔，胡不可者？論其天主聖子之尊位，則以之弘人性之分，而使其功至於無限焉。則方與所犯之天主，尊大相稱，而補之始足。於其天主性，仍無傷也。』

或曰：『既如此矣，何云天主贖我？』曰：『贖我須二，一則欲其功之行，一則欲其功之有價。功之行，屬人性而出；功之有價，屬天主性而成。故贖我非徒人性，亦非徒天主性，乃兼兩性者之耶穌也。所以前云救世者，非一人而天主者，豈能哉？』

或曰：『天主贖我，亦既明矣，乃曰天主受難而死，何也？』曰：『因受難而死之人性，乃天主聖子之人性，與之結合而成一救世者也。如拜禮而行稽首屈膝，身之事也。然其身既與靈魂締合而成一人，故不曰某人之身在此致拜，而直曰某人在此致拜。觀此，而直曰天主聖子受難，又誰曰不宜。』

或曰：『原祖犯罪，不若滅之，即不然，或赦，或罰，於理無不可者。今不滅，不罰，不赦，而外設爲降生救世之法，何也？』曰：『或滅，或赦，雖於天主無不可。若有一法，使天主諸德並行而著，豈不妙乎？今論或赦，於天主至仁之德，似乎有合。然而於至尊、至義、至嚴之德謂何？論罰，於至尊等德雖行，然於至仁之德，何由而見也？惟有救世之妙法，得仁義並行而不相虧。人罪得全罰、全補於無限，而罪人亦得全赦，被賞於無窮，則至慈、至嚴、至尊、至善諸理，無不發見矣。今疑外設降生救世，乃不知此由天主深意，實係爲宇〔二〕內之大道，於天主最相宜者也。詳看後篇。』

或曰：『既如此也，降生胡不在我中國也？』曰：『孔子生於魯而不生於秦楚，何歟？總之生在一方，道可行於天下也。況救世之道，乃萬民之公道，本當通行萬國。至論中國，自古以來，薄海不通，往來有禁，使萬國之要道而藏於兹，中華以外，其何以見焉？且降生於如德亞國，非無故也。一，其國自古以欽崇天主爲宗；二，其民乃大聖之苗裔。大聖亞巴浪也，乃救世者之始祖；三，徵降生之據，存於此地；四，

〔二〕安南重刻本誤作『字』。

據古傳原祖於此地而終，則再祖之生，亦於此地而救；五，其地居萬國之中，道可傳於天下，澤可被乎三洲〔一〕。三洲，一曰歐羅巴；二曰利未亞；三曰亞細亞。〔二〕降生之地如德亞國，在亞細亞，與中國同洲。是以救世之功已畢，道乃行於四方，即中邦亦早聞焉。觀景教碑，大明天啓三年，關中官命起土，獲一石碑於敗牆基下。碑約記聖教之理，勒傳聖教之士七十二人，知唐太宗貞觀九年入中國。建碑之時，係唐建中二年正月所立，其碑文至今現存，有《景教碑頌詮》〔三〕可閱。可知大唐之初，有自陸程而至者。觀閩省古十字石碑，其詳，亦可觀《景教碑頌詮》。又可想有自水程而至者。究之降生在此、在彼，於理原無輕重，固無足深論。若其理、其事，於天主宜否，於理大有關係，不可不明辨也。然天主之外行，一救世者以貫之。故將前二卷所引之理，所紀之事，而略開其中之妙，則知最微小者，猶於天主且相宜，而況救世者，乃相宜中之更無上者乎。』

〔一〕安南重刻本作『四洲』，下文夾注小字亦作『四洲』。
〔二〕安南重刻本增添『四曰亞麥利加』。即美洲。
〔三〕即入華耶穌會士陽瑪諾所作的《唐景教碑頌正詮》，崇禎甲申刊刻於杭州。

前道於天主最宜第二

造物之主、受造之物、原祖、再祖之事，上卷已序陳之。今欲識其理於天主相宜否，必先細推天主之性，由淺而入深，神其事而明其宜，則得矣。天主性中，自顯而易明者，有數端。一，天主之德無算；二，其無算之德，一一皆無限；三，其無限之德，無不好行；四，德雖本無不好行，然天主本體之內，實無不自足，其在外之行與不行，全由天主之意，非屬不得不然者也；五，德之行，雖非屬不得不然，然設使特欲諸德各得其行，此何有於天主不宜，而有不美之處哉？今觀天主之本體，又有數德必不能行於內。蓋極美之體，絕無可惡、可哀等事，而至公、至嚴、至慈等德，亦絕無可行之處。即外欲其德之行，必先於在外者，設一區而後可也。天地也者，斯外大區是也。故曰：『天主生天地人物，是欲通其善而顯其德於外焉耳。』

夫生天地之意既如此，天主諸德一一行於外，而至於無限，孰云於理不合，於天主性有不相宜而不美哉？今以此較前道，可知不外此兩端，則知無可疑矣。天地爲行德之外區，神人萬物乃行之機也。德之無一而不行，在人類，無一而不行至無限，是在救世者。其所以動其機者，又天主無窮之智德也。此宇内奥道之秘篇，今略列於後。

聖經云：『天主之智德，流行於天地，逍遥於萬物。』旨哉斯言也，一則示天主或生、或宰天地萬物，要非偶然，亦非不得不然，皆有意而爲之，智德引於其前也；一則示其所爲雖如是，又皆不費經營，不勞心力，若有意，若無意，逍遥焉，而無一德而不行也。其妙可該而顯於二端：一在生萬物之際，一在宰萬物之緒。察之於生萬物，各物性理，豫定巧妙，而俱爲行德之地也。察之於宰萬物，物性雖定，而其所行雖不勉强之，究竟無一不爲行德之機也。今試言所豫備之巧，後乃言其所行之妙。

天主諸德俱行

夫推及開闢之先，而以理之次序論之。此以理之次序論之，至論生造之序，另看《六日功書》。厥初太始，無天、無地、無神、無人、無物，併天地萬物氣質而亦全無，獨有一自有、自福、自足，至尊、至善、至公、至智、至能之天主也。然其德福雖備，不阻其好生、好施之意。是故欲創一外區，爲通其善，顯其德之所也。夫先諸德而首出者，即全能也。自無而生天地萬物之質，不費心力，不藉時候，一命而生，全能之行如此也。氣質既有矣，倏而至靈之德，開闢混沌，分四行，成萬衆[一]，安排萬物，位置群生，各得其所，各當其則。天包乎外，地置於中，分星於宿。日雖與星同性，置之星下，以之定四時，别晝夜，照臨萬象，煦育群生。日之下，又位置一月，以分朔晦，驗燥濕。在上者既定，復安排在下之物。論地，原其輕重之自然，併爲水所包括，但地爲載物之所，使盡爲水所浸淫，則大地不幾爲沼乎？故分高以成山，分低以成海。然山海雖當分，而人物又不能盡離其水，故使海一日兩潮，滲於地孔中，復藏火於地，以内蒸而升水於山，使之濾其醎以滋潤[二]之。至山，又出而爲甘泉，流而爲長江，爲大河，使人得而飲，物得而滋漑焉。至於不近河海之處，又以日蒸氣成雲，雲成，風以盪之，敷於各處而成膏雨。此等格物之理多端，隨人講論，不如聖經定理，永無二説。至於五穀草木，使之各隨其性而得其地，宜其時，而遂其生。他如羽毛鱗甲，令之各安其所，各存其向，各成其用也。至靈之施於混沌中者如此。

[一] 安南重刻本誤作『象』。

[二] 安南重刻本誤作『閏』。

夫使天地間，止有此塊然之物，而無有一靈明者寓於其間，則天主至尊，誰識敬之？天主至善，誰識愛之？天主至公、至嚴，誰識有賞、有罰而畏憚之？向使全能至靈雖行，而天主無算之他德，隱而不行者尚多，則生天地之意，未見其大顯也。不知智德於此而發，於天生無算之純神，皆有心、有情、有主張。分爲九品，其各品之德能，皆與天主之各德相感應。

雖然，神於主，既相通矣；於物，猶然相格也。然而智德於此，又發於神之下，生兼有神形之人：形則能受萬物之享，神則能任萬物之報，美矣乎。自有人，而造化之功乃有答矣。人在萬物之中，如君在兆民之間，代萬物而報主，以萬物事之，以身心敬之。嘗曰人有一需，而物即有一以應之；亦可曰主有一德，而人即有一情以答之。物無不歸於人，而人無不歸於主。主有尊，人有敬焉；有善，人有愛焉；有恩，人有感焉。夫天主之施恩，皆由自願，而敬愛感謝。若屬非任人自願之行，則天下無相應之報答，又似天主之掩其自足也。然而智德於此更彰，故生人賦有主張。異如愛敬感謝，雖屬人之當然，其行與不行，又屬人之自願，而天主亦不强使之也。異哉！自人有主張，不特天主顯其自足，而天主之至公、好善惡惡、好施好福等德，亦無不可行。蓋有主張，則善惡於此分焉矣。有善，則好善不得不愛之，愛之而至公，則不得不賞之。賞之而好施之極，則所賞，宜與其相稱焉。但欲其相稱，非世福所能致也，而智德於此彌顯。生前以好生之德行於衆人，身後以好福之德行於善士，惟其然。故生人有不死之靈魂，能照天主之至美，能嘗天主之至樂，能享天主之萬福也。或曰論作善，則主張爲美；論爲惡，則何如？不知智德於此，愈顯其妙，何也？人犯罪，或待其改過，而且助之、養之。至容之德，行矣；改之而即赦其罪，復其恩。至慈之德，亦行矣；或至死不悛，則罰之以永遠之苦。至嚴之德，又行矣。若前言誠是，則任人何如自擇，而天主之德，各可以得一行之機焉。此爲性理，性理，乃首卷之道。豫備之妙，今進而觀於事道，事道，乃次卷之道。其果得所豫之效焉否？

天地、神人、萬物之性既定，後任各率其性而行。有自然者，依其自然；有主張者，聽其主張。即如天神初生，遂任其自定所向。善者，知己有所自，識其大本，欽其至尊，愛其至善，而天主即以無窮之福福之，此非至善之行乎？惡者，不識己之所自，忘其大本，侈然自美，驕傲自足，欲對於無對之主，而上主即奪其原美，抑之以污穢之所，罰之以永遠之苦，非至尊之顯乎？至於人類之原祖，又實行德之大樞紐也。蓋天主之德，無一而不行於彼焉。全能生之，至靈位之，好施養之，而且立之爲萬物之君，賜之以格外之恩矣。夫好生之德既顯，而他德又隨而予之。是故恩雖未絕，但或存或廢，又視其善惡爲轉移，而至公之德，行矣。且將萬世萬民之主張，皆統於原祖一人之主張。其或善或惡，又皆屬於原祖一人之善惡，非主之至也，能如是乎？以前後子孫之禍福，俱關於細事之一命，事小而命尊，至嚴之行也。任原祖方命敗類，易世而成罪藪。示人報焉，於己不加；背焉，於己不減，自足之行也。夫自原祖犯罪之後，一則許其萬物攻罰，一則猶不絶其所需，而且待其悔過遷善。至仁之中，不失其嚴；至嚴之中，不失其仁。此又慈嚴相接，仁義並行者也。且又乘其重罪，而開現世之至道，易壞世而更美於原世。此又全智之德，行於至極者也。然此爲宇内之至理，不得不專陳於後。

諸德之行俱無限

觀原祖犯罪之後，天主怒於上，人物亂於下。夫人爲萬物之靈，不但〔一〕不以萬物事主，而且以萬物逆之。宇内原爲事主之郊廟，變而爲一罪藪。天地原爲人之宫

〔一〕安南重刻本誤作『伹』。

寢，易而爲一罪獄。即人心原爲諸德之澄會，易而爲萬惡之穢府。人類已敗，莫可誰何？觀於此而無一人不太息曰：『生天地之功，第歸於此乎！』而不知現道之妙，於茲而起矣。

蓋原世係原祖未犯罪之世也，主恩雖隆，然猶屬有限之物。物指天地萬物而言，皆屬有限者。人之敬愛雖純，亦不過人之微忱而已，本有限焉。而今則不然也，或主之施於人，或人之答於主，得至於無限。天地於此，始爲主德顯而行於無限之區也。

夫始造之功，全能創之矣。而再生之功，又至慈開之。但〔一〕聖經所云：『上主慈德之行，較諸德之行，超越遠甚。』於茲實顯矣。蓋生養保存之恩，重矣，而與再生之恩，斷然不可比。生也，不過一命而已。經云『全能之主，呼無者如有者然』；又云『自無中而呼萬物，而萬物即莫不自無中應而至矣』。無阻碍，無相敵，無悖逆也。至若再生之功，則不然。欲赦人類，而天主諸德，一若群然阻之：至尊阻而欲其補，至嚴阻而欲其罰，至公阻而欲補，罰與罪相稱； 一若萬世之愆：豫在主前，以震其義怒，萬物同聲以呼其懲罰。於是乎上下内外前後，莫不交攻，而至慈一德，與之能

〔一〕安南重刻本誤作『但』。

敵焉？能開釋焉？是以屈至尊而降生，而代贖，而代死。慈德之行，果何如乎？上主赦罪，恩固隆矣。其赦罪之法，不益妙乎？

然異哉主恩，一至無限，而人之報答，亦因是而至無限也。人類一棠耶穌在其中，而任萬民之責，不特能謝恩於無歉，而且至尊等德，欲補、欲罰者，亦無不全得其宜矣。不止此也，即人之敬愛等功，亦可至於無限，而人於天主之諸德，亦得有無窮之報答矣。

蓋耶穌雖論其有天主性，於聖父、聖神，無大小之别，必無拜跪禱祀之理。然論其有人性，亦有人之本職當盡。論爲人類之元首，則又有人類之任當盡。故人類當拜跪禱祀，則彼爲之倡焉。所以聖經云：『萬民祭主，耶穌乃曾孫也。』又額我略聖人云：『耶穌者，萬民之喉舌也。欲陳辭，彼即代之呼籲；耶穌者，萬民之手也，欲進獻，彼即代之持捧，且爲萬民之心焉；欲愛敬，而耶穌即代之輸將，更爲萬民之首焉。欲以苦難贖罪，而耶穌又以本身代爲犧牲也。』吁！萬物無人，而於天主不能通；萬民無耶穌，而於天主不足達。自有耶穌爲萬民之心，則上下相合。天主至尊，而人類有無限之敬焉；天主至善，而人類有無限之愛焉；天主至公，而人類有無限之補焉；天主至嚴，而人類有無限之畏焉。於是天主聲靈榮光，雖見於初生人無罪之恩，而益顯於再生人赦罪之法。故可謂生天地之趣，萌於物，盛於人，而成於救世者。無物，而天主之德，雖備而不彰；無人，雖彰其一二而不全焉；無救世者，雖全而猶若有限。一有救世者，天主之德，不但無一而不行，且無一而不行於無限，則生天地之精意，始克全矣。故古典曰：『美哉！壞世之凶，反致無涯之吉。』此之謂也。

論道確據第三

或曰：『降生之道，於理無不合。救世之事，於主無不宜，亦既明矣。但雖美妙，究亦可有可無，而非所謂不得不然者也。雖有此理，安知必有此事哉？且其事，大而奇，則其據，亦必欲鉅而確，不然，智德似有歉於此焉。』曰：『無虞也！救世之據，即全智之極功也。智德於他處雖顯，而於此庶幾乎盡焉。第欲全述，豈筆墨之所能及哉？故約而爲三：一在未降生之先；一在居世之時；一在升天之後。三者無不度越人量，而非天主不能爲也。』

未降生之先據

夫先時之據，察乎天主聖經，而知救世者之事，於數千年前，靡不豫言之矣。其來於何時，生於何地，係於何祖，後所行神化奚若？迨至其時，而耶穌果生，與聖經所預載者一一盡合，毫髮不爽。有此而尚不足爲據乎？然天主之智德，若猶未足，不特使達人、良士信之無疑，即苟有知識者，非固執之極，無不凜然服矣。然特欲防群疑，兹略陳數端於後。

一，救世之事，萬民之公事也。故不待支分派別，而於原祖一犯罪之後，即默喻其旨，使之傳於子孫，世世相承；二，恐久而或忘，復於彼子孫中，代生聖人。令將救世之事，以爲大訓，以爲苦中之望，令伊輩守之而弗替；三，恐其雜處混傳，故又生一大聖，名亞巴郎〔一〕爲救世者所自出之祖，使之另居一域，後子孫蕃庶，成一大國，

〔一〕即Abraham，今多譯爲亞伯拉罕。他帶領族人抵達迦南，以割禮爲記號，與上帝立約。由此，受到上帝的祝福，『我必多多降福你，使你的後裔繁多，如天上的星辰，如海邊的沙粒』。參見創世紀 22：17。

咸以此事爲世傳； 四，又恐口傳有訛，於未降生之先，二千年内，於伊泒中，復生二十餘聖，每瑟、達味、衣撒亞、達揑耳等聖，其詳看《降生引義》書〔一〕。 後先相繼，默牖其心，將此事録爲聖經，明有典也； 五，聖經止存一國，他國猶有疑焉。 又故令此邦之人，散於列國，至再至三，而衍其旨於萬邦西漢時，亦有人〔二〕至中國； 六，恐好事之人，或冒此而欺世，故又載之極詳且盡，亦非人之所能僞爲者； 七，載之詳盡，又恐受難之功有阻，故其文極奥，若隱若現。 善士神而明之，即釋其義。 俗人雖昧於當時，然至事後而觀，亦暸〔三〕然矣； 八，聖經如此其詳盡，又恐人疑爲降生後所作者，故於未降生三百年前，使一外國之大王名多羅茂，虔請聖經，得其本文一部，刻在黄金方册，七十二賢譯之，而藏於國學中。〔四〕 後漸傳各國，斷不得疑爲事後所載； 九，聖經所載之期已至，而耶穌果生於其會、其時與地。 及行事，莫不與所載者實相符合。 可知所

〔一〕 即《天主降生引義》，入華耶穌會士艾儒略編撰，刊刻於明崇禎八年。

〔二〕 安南重刻本誤作「入」。

〔三〕 安南重刻本、梵蒂岡圖書館藏Borg cinese 324(19)本作「瞭」。

〔四〕 即七十士譯本聖經(Septuagint)。 據説，埃及托勒密王朝的國王托勒密二世(Ptolemy II)召集72位學者把猶太教的經典翻譯爲希臘文，即爲後世所言的七十士譯本聖經。

生之人，已驗其經爲天主之經；所著之經，又証其人爲救世之人。葢耶穌與聖經，互爲其徵者也。先時之據已如此，尚有疑乎，而况乎不止此也。

在世之時據此係論理之書，故簡於序事，或有未詳述之處，須參看《降生紀録》〔一〕

論當時之據，耶穌之事，與聖經相符合，惟此已足據矣。葢聖經所載者，非人之所能冒爲也。如命瞽者見、聾者聽、喑者言、跛者行、病者愈、死者復活，能令萬物聽命，能鑒人心隱微，能至誠前知，豫言未來之事，死時能震駭天地萬物。既死，又能復活，豈人力所能致哉？此設不載於聖經，而當時覩此，已各爲証矣。美哉！此雖奇大，然猶萬中之一耳。直可謂耶穌在世，自天之下，自生至死，無一物一時不徵之，今略舉其數端焉。

生之時，天神群報於空中，謂世人曰『天主光榮兮鴻於天，良人寧謐兮安於地』，

〔一〕即《天主降生言行紀略》，入華耶穌會士艾儒略編著，明崇禎八年刊印。

而據在天神矣；凡夫牧豎，前來稽首，兢兢致敬，而據在良民矣；聖經載其景星〔一〕空現，引其所生之地，而據在天文矣；三國之王，不遠千里而來，循星覲光，各獻方物，則據在人君矣；生後四旬，聖母抱獻主堂，而盛德之大老，恭接讚譽，而稱爲救世之主，則據在聖哲矣；迨其年十二齡，談道於群彥中，莫不驚而美之，則據在時學之士矣；行道廣化之時，天上清穆中，赫然呼爲萬民之師，此呼，其紀有三次。爲天主之子，而據又在天主矣；士民聞道，若渴若饑，慕義來歸，據在衆人矣；拒雄風，熄猛浪，消疫氣，據在四行矣；附魔者求而驅之，而魔即凛然退避，據在邪神矣；是其生也，分而各証如此。至於其死，因隱屈其全能，而天地萬物，一若群然爭獻其據，所以甫上十字架時，天昏於上，地震於下，日晦於中，星現於晝，山則崩，石則觸，死者現形而出墓，生者哀悔而慘傷。若此者，一若天主以萬物宣其受難者，爲所愛之聖子也。萬物徵之如此，再以其道德觀之，愈可驗耳。

其〔二〕道也者，自徵爲天主之道，真也、善也、全也、令也。真則異端全闢，正道盡

〔一〕景星一詞很有可能受到《大秦景教流行中國碑》的影響。在此碑中，多有出現景日、景宿等稱謂。

〔二〕安南重刻本誤作『真』。

挽；善則淑身有法，淑世有道；全則道可知者，而無不詳，可行者，而無不誘；令則使人感發而勉於從事詳看四卷，且極深而極淺也。聖人窮之而不盡其妙，凡人學之而適足其分，亦至高而至平也。造之可至聖神功化，習之不外日用知能。事總歸夫實踐，辭不求悅聽聞，而與世之侈談鳴高者，大相徑庭矣。夫世之敦實行者，或則窮大失居，或則徒勞罔益，而耶穌之道不然。其所虵者，大禅〔一〕心性，言言藥石，直探病根。且世之所謂治心者，未揣其本，難齊其末〔二〕，以毒攻毒，以燕伐燕，去一惡而長一惡。故高以立志者而蕩，謹以治己者而隘，刻於燭理者多偏，勇於治事者多亂。體耶穌之道者，不然也。勇而不亂，刻而不偏，謹而不隘，高而不蕩，群美畢萃，恬然安之而不矜其奇，大義不繁，坦然示之而不憖其誕。故富貴相忘，儉樂中節，和不流，介不矯。即弱女黃童，亦能嗜之如飴也。夫道之與心，適協如此，非造心之主，安能垂之乎？

夫救世者之來，匪惟垂訓，亦欲立表。故耶穌之所好，非在離世異俗，而在化俗

〔一〕安南重刻本誤作「禅」。
〔二〕安南重刻本誤作「未」。

陶世矣；非在素隱行怪，而在居易闡道矣。所以雖時顯神奇，而亦不失常道，一切矯情絕俗之事，麾而不爲。其外行，淡淡而不厭；其内德，浩浩而無極也。

試觀自幼至壯，一若年與時殊，而行即與年異。蓋易一時，而表一更矣。三十年居家，於倫物往來，各隨其遇，各付其情。蓋處於家，則有家之表也。迨年至三十，出而善世，至是而大德普施，萬表咸立，恒見誨人之下，雖至尊難掩，而溫厚和平之致自昭，則至尊中，又時流其至善矣。且遇罪人及樸遬、無知之輩，匪惟不厭絕，而且保若赤子焉。見者咸震而驚之，謂不當與罪人偕也。而耶穌則曰：『醫不在病人中而誰在？』又曰『予實爲救有罪之人而來也』，愛焉如此，而亦不護其惡。蓋愛，則人也，而非罪也。是以隨其罪病，而施以神方，開其迷而使之悟，善其法而引之行，正其的而使之歸，輔其力而使之至。故負罪而來者，適以被化而往矣。

耶穌之善，又非柔善之謂也。柔中有剛，仁中有義，存嚴父之容，以配慈母之心。所以遇强悍不率之人，不論貴賤，有過則規之，有謬則繩之。在伊輩中，不啻嚴師之於弟子焉。守其師道之尊威，見者咸欽若神明矣。

至於在外之德容，豈筆舌所能罄哉？威可畏而儀可象。覘丰采者，望而生敬；聆議論者，接而即服。故從遊之衆，雅慕其道，終日與言，忘寢忘飡，甚若醉以道，飽以德也。即妬善之黨，或使人害之。使者至，而一聞其德音，如坐春風，如沐〔一〕太和，暴厲之念消，而羞惡之心生焉，幡然悔曰：『吾儕始聞道矣！』嗚呼至哉！即後爲僞善者所害，亦徵其德之至也。嘗聞形陋者，必惡明鏡。耶穌在群小之中，亦如明鏡鑑物，形其僞焉，顯其惡焉，觸其怒焉，是以必欲謀害之也。雖然，欲掩耶穌之德，而其德愈顯，不觀棠難之際乎？量愈洪也，心愈慈也，意愈懇也，色愈恬也。以己善而勝人惡，以人喪恥之妬，而成己至愛之功，斯所以立善人被寃之表也。是故惡輩施以兇氣也，而耶穌以愉色勝之；惡輩譏以辱言也，而耶穌以緘默示之。不寧惟是，凶黨以無數之苦加之，而耶穌反以無比之恩予之。甚且惡人敢妄以奴之刑刑主，而仁主甘受其刑，以爲贖人之價。其死也，能震駭天地萬物，而不忍傷惡人之一膚一髮，此豈人力之所能爲哉？昔聖伯爾納鐸靚此云：『何必以靈異驗之？苐覽乎此，足知其非徒人矣，足信其爲人而天主者矣。』

〔一〕原文作『沭』。

升天後據

論後時之據，可該爲三端：一，弑救世者之國盡滅；二，邪教之滅而正教之興；三，正教之境，歷久常新。三者皆耶穌所預言，而明證其爲天主者也。

論滅其國。耶穌受難前五日，覩其城郭之鞏固，殿宇之巍峩，頻嘆曰：『斯城也，當今之代未盡，石不叠石也已夫。』夫論其罪之重，固宜早罰。然天主至慈，耶穌至仁，猶欲待其改過。故寬之一代，乃屬弟子，代行勸化，然而難矣。葢欲以素爲我所辱者，今轉而敬之；素爲我所恨者，今轉而愛之；素爲我所絕、我所弑者，今轉而服之，且認之爲主。遽釋其夙恨，遽變其初心，雖在賢哲，亦云難矣，而况凡人乎？且弑耶穌者，非常人，乃彼國之學士。聖經掌於彼焉，詮於彼焉，預指救世者之來，亦導於彼焉。無如因耶穌道德之輝，眩彼私目，遂心迷而將數千年所許者、聖經所載者、一國之所翹望者，一旦冒而弑之。其迷、其惡、其害，至於此極，罪豈易於決然痛悔乎？不在同謀者，或可望其歸正，司其事者，寧肯遷改乎？樸直者，猶覺易，文過者，豈不難乎？故先則痛恨其人，次則深惡其弟子，終則立意而欲滅其道。迨耶穌所云降罰之時至，而天主之義怒彰矣。敵軍果至，國傷城圍，慘莫勝述。姑無論敵害堪嗟，即本城之人，亦自相攻殺，糗糧絕，易子而啖，僵屍一百二十二萬。敵軍睹此，莫不揮淚嘆曰：『非我也，天也！』戰畢，耶穌所言石不疊石者，夫敵兵雖不知之，而猶隱驗之，盡毀厥城成白地，而果無石疊石矣。國滅民散，流竄天下，其事詳載之彼國史書，至今可覽，其時考之中曆，在東漢建初年間。〔一〕

越二百九十二年，又有一國王名儒良〔二〕，甚迷乎異端，見從耶穌教者，欣以此事

〔一〕建初即漢章帝劉炟在位所用的第一個年號（公元七六年至八四年）。文中所言的猶太滅國之事，當爲公元六六年至七三年，羅馬人對猶太人的戰爭。在七十年，羅馬軍隊攻陷耶路撒冷，摧毀聖殿，從而導致了猶太人的大流散。對此一事件，猶太學者約瑟夫的《猶太戰記》有較爲詳盡的記載。不過，沙守信中西曆日的對照並不準確。此次戰爭發生在漢明帝永平年間（五八至七五年）。

〔二〕即羅馬皇帝朱利安（Julian，三六一年至三六三年在位），他雖是君士坦丁一世的侄子，但並沒有繼承君士坦丁獨尊基督教的政策，反而回歸羅馬多神傳統，並善待其他宗教，故在歷史上被稱之爲『叛教者』（the Apostate）。三六三年，朱利安在離開安條克，發兵進攻波斯之前，曾下令召集流散的猶太人回歸耶路撒冷，重建聖殿。不過，隨著朱利安征戰身亡而未果。值得關注的是，沙守信所言的越二百九十二年，即從公元七十年耶路撒冷被攻陷後的二九二年，與三六三年朱利安下令重建聖殿基本吻合。文中所言的地震亦有其據。三六三年五月一八、一九日，在加利利地區發生過一次強震，這是導致此次重建神殿未果的直接原因。

爲據。大怒，復欲將此城重建古堂，以矯抗耶穌之語。再召如德亞國人，聚處原地，督役丁男，耗一國之費，而動興作。其[一]鍫鋤器械，皆以銀爲之，示傲也。然而耶穌所言，卒不可抗。其人已集，其工已鳩，其材已庀，方掘地，不覺烈火衝出，地震石傾，人物盡填於坑，至再至三乃罷。後顯十字架，燦爛於空中，令人明知其非偶然之事，乃因耶穌全能而然也。由[二]是時而至於今，如德亞國人，皆流離奔散，抱聖經而迸諸萬邦。若天主故留其餘，以爲聖經之証，救世者之驗云。

論邪教之滅，而正教之興。當觀所滅、所興之教，併察傳教者何人，而其中神奇之據，則可知之矣。所滅之教，其神最靈，有感即應，有問則答[三]，極合人私，極易奉崇，如拜禮之外，弗計矣。所興之教，至一至善，拒異端，防嗜慾，一邪不得相參，纖惡必去其盡，其俗情靡風，斷不同流而合污也。至於所選傳教之人，不以名儒，恐人疑爲術馭；不以鉅卿，恐人思爲勢厭，特選朴素布衣，十有二人，諉之傳教，不寧惟

[一] 安南重刻本誤作『共』。
[二] 安南重刻本誤作『出』。
[三] 『其神最靈，有感即應，有問則答』，在湯亞立山重刻本、安南重刻本以及梵蒂岡圖書館藏 Borg. cinese. 324(19)本中均作『其神雖邪，多顯怪異，甚惑士庶』。

是。斯人一出，術士惡其有防己慾，學人憎其有道相高。在上者恐其移風，在下者嫌其易俗。推而邪神，亦蠱惑人心，以熾其害，群起交功，常刑不足，而且各出其奇法耳。斯時也，傳教者惟以德保道，恬然順受，效耶穌之芳型，恃天主之寵愛而已。邪教以怨報德，聖教以德報寃。彼也甚衆，此也甚寡；彼兇猛，此良善；彼貴而巧，此樸而直。究竟彼之邪教皆亡，而此之正教大興，其故何哉？嗚呼噫〔一〕嘻！此非人力所致，葢有天主之全能任之也。所以傳教者，雖本無奇才，而超性之神能獨優。葢耶穌升天後十日，聖神降臨，默喻其心，率性超性，萬理萬德，不究而知，不困而能。外焉神化其才，萬邦言語，古昔經典，不習而達，不學而通，雖則謙冲自持，然對王侯而理不屈；功力平淡，而天主之全能，一若獨㨾也。是故攻之不能，禁之不得，幾見爍於火而火不焚，置於水而水不溺，投於虎噬而虎且摇尾乞憐，剮其肌膚而肉且復生如初，拘之邪神之前而邪像亦仆而成灰矣。故殺一人，得十人信之；殺十人，得千萬人歸之。即幼而成童，弱而處子，亦皆忻忻然慕義致命，殉道捐軀，不惟此也。併操刀主殺之人，感動莫遏，亦樂而願歸矣。乃無何而邪術盡滅，邪廟改堂，

〔一〕安南重刻本作『意』。

黜異端，崇正道，無論編氓被化，即學士君相，卒至奉令而承教焉。思當日所興、所滅者如此，非天主之全能，曷致哉？

夫止爲棄邪神，人猶可從。若欲革其積習，挽其靡風，難矣，此爲第三端，試〔一〕言之。自得耶穌之道，遠西諸國，向爲萬惡之藪，後爲至善之域〔二〕。貪財者而樂施，迷色者而貞潔，亢厲者而良順，惰懦者而勇毅。内而人心，化惡爲善；外而風俗，遂變醜爲美。上下相安，恬然無事。富不驕而貧不貪，貴不欺而賤不抗。富者，爲貧人之帑藏；貧者，爲富人之股肱；抱道者，爲衆人之模範；秉權者，爲百姓之父母。一國之中，恍如一家焉，且老有公養，少有公校，病有公醫，旅有公舍，擄有贖，囚有慰。至於窮民而無告者，皆相周相卹。同儕之下，痌瘝一體。迄今千數百年來，其俗常新，蓋其道不變易。世主之外，另有宰道之共〔三〕君，無世及，惟憑盛德而立，專以治道爲任，名曰教皇。而教皇之下，又各國設有主教、神司，分任其職，勷聖化於

〔一〕安南重刻本誤作『於』。
〔二〕安南重刻本誤作『滅』。
〔三〕安南重刻本、梵蒂岡圖書館藏Borg cinese 324(19)本誤作『其』。

各方焉。夫教皇在其中，代耶穌之位，奉耶穌之權，内膺其默牖，外以聖傳聖經，而保其道之真，定其俗之正。其列國之君若民，宗其道範，不啻奉耶穌之命。然且其施化也，不止遠西諸國，而天下莫不得聆聲教焉。觀此可徵耶穌非僅爲人，誠爲人而天主也，若更合覽先時與當時等據，又鑿鑿可証焉。

前三據最不能疑

或曰：『觀前三據，若果有厥事，未有不足憑者，但未睹其事，不過信人之言耳。』曰：『凡不信人之言者，或疑其不自信而誑人，或疑其冒信而有誤，此外更無他惑。然斯二者，於此均不得疑焉。』

論其不自信，試即平心而度，天下有舍其父母、昆弟，遠適異國，冒死而來誑人者乎？即有一二誕妄之人爲之，能有千萬人傳之，世世而勿衰耶？或又疑爲欲濫取門徒，以廣其教。而不知若苐爲濫取門徒，即當遷就其道，使人易從而易守焉。則可，乃何以道則高也，行則峻也。常見繫情物欲者，但[一]欲略貶其道，則即獲信從，而西儒卒不因是而稍貶，可謂濫取也耶。至於疑其别有所冀，自萬曆十二年，利子瑪竇傳教中國，[二]相繼而來者，不下數百。察其所行，不過修己化人，老死中土而已。設不實有信於其中，而只圖一棺一墓，必航海九萬里，或作魚鼈之食，始可得所圖歟？幸也，死於中國者，猶有棺墓。至往他國傳教之士，無論居室、衣服、飲食，不能自給。其殺於惡人之手，啖於野人之口者，不知凡幾，使不實有信於其中，而止圖殺之、啖之，豈本國不足死，而必躬造異地歟？此可知不自信之言，不得謂之也。

如謂信之有誤，亦不可言。葢前所云等據，在西域非有難考。第一用目擊，而其據即昭然。如降生先之據，不過觀其有聖經否，聖經中有此事否。若疑聖經爲後所僞造，幸天主深意，猶留如德亞國背耶穌之人，尚存聖經，至今可叅觀焉。此不過用目焉耳，豈煩心之推論哉？再覽本書内，未降生之先據更明。

[一] 安南重刻本誤作『但』。

[二] 萬曆十二年，即一五八四年。羅明堅與利瑪竇開始寄居肇慶的時間是在一五八三年。

論當時之據，其所載者，非古荒唐難考者也。乃東漢初時事，其所行又非私行，乃遠西諸國，所共見而共聞者也。如耶穌死時，日晦地震，山崩墓裂等事，彰彰耳目，豈有欲誑人者，而以天下可見、可聞之事哉？且使當日無大奇跡，而耶穌既死，其弟子何爲舍生而傳其教。即欲傳之，而當日之頑民，何爲捐軀而信服？然而遠西諸國信之者，至今可睹已。設使當日聖經未載其事，耶穌所行不符其〔一〕紀，十二宗徒十二宗徒，即耶穌之門弟子也。未行聖迹，而從之者，猶且一一致命歸之，無靈迹尚如是，豈非靈迹之至靈者乎？然而當時之據，又非有誤也。

至論後時之據，天主罰謀弑耶穌之人，而滅其國。其苗裔至今尚存，而散於天下。其事亦載於伊國史中，不過一目其書，便昭然矣。如惡王儒良復創古堂之事，其信史亦誌之，開卷即晰，奚煩推論。他如遠西列國，風俗丕變，鑿鑿目前。今猶有千百人，傳教各國，蠻陌之區，並被其神化，是亦足徵其風俗之何如也。他國風俗雖美，卒未聞有長辭故國，往外而化人者矣。要而論之，傳教之士，既不可謂不

〔一〕梵蒂岡圖書館藏Borg cinese 324(19)版本誤作『共』。

自信而誑人，亦不可謂之冒〔二〕信而有誤，則夫前三據，確然實矣。據實而其道亦實，道實而救世之事必真，其真如此，實可信矣。況再觀其教之善，其真愈出矣。詳觀後卷。

〔二〕安南重刻本誤作『智』。

真道自證卷四・教

總論

教之所以爲教者，真也、善也、令也。惟真則在於道理之無妄，惟善則在於規誡之極美，惟令則在於誘人之實行。夫聖教之真，已見上文三卷，其善與令，又在此焉。夫然，凡教之所以善而令者，有五：一，所命之善實；二，所引之路正；三，所廸之由切；四，爲善有式可則，有法可效；五，心病有醫，不及有補。具此五者，庶足爲教。然非造物主至真、至全之教，焉得有此？可詳覽於後。

教之經綸第一〔一〕

或曰：『聖教之所重何如？』曰：『大哉問也。聖教之所重者，歸於成人，使人識己分而不過，晰已位而不失也。夫人在世，介於三者之中，上乃天主，中乃人，下乃禽獸。主教使人於此三者之中，不偏不倚，無過不及，循其位而不亂也。於天主，則屈而敬於無上；於人，則平而愛於無私；於禽獸，則别而不墮於其中。三者盡，即人成矣，而主教之功亦已盡，試言之。』

論屈伏於天主之前。昔聖奥斯定云：『主之於人也，全造之；而人於主也，亦當全歸之。』故人有心、有情、有身，當無一不於天主而屈服也。有明司，聖教使之服於至誠之主，而信之不疑；有愛司，聖教使之歸於至善之主，而愛之無已；有願欲，聖教使之向於萬福之原，而望之不易；有主張，聖教使之尊主命，而寧死不違；有能敬之禮，聖教使之祀其至尊，而大異百神。要之天主無一德而不施於人，而人亦

〔一〕安南重刻本、梵蒂岡圖書館藏 Borg˙cinese˙324(19)本中均缺「一」。

無一情不答於天主也。看向天主三德、天主十誡於後。

論平於人。主教雖不無上下貴賤之等，親踈厚薄之殊，然而於衆人，則不得不以仁待之。蓋人乃同出一原，同爲一祖所生，共〔一〕有是心而共〔二〕有是向，故無論大小遠近、富貴貧賤之不同，皆當以愛體之，不特於其生、其名、其利，不敢有害。即辱人之言，並不出於口，恨人之意，亦不萌於心。輔其爲善，戒其作惡，賑其乏而憫其顛，公其好而除其惡，休戚與之相關，愛之如同一己，其神形所需之事，無不願爲之顧焉者也。詳看天主十誡與十四哀矜。

論高於禽獸。人雖亦有肉軀，然其性其理，迥然與禽獸不同。禽獸軀則俯地，內無靈魂，任其血氣，隨好隨動，軀自作主。其死則全死，樂則全在目前，食息優游，得此已足。而人則不然，其軀雖亦屬四元行，然貌則仰而親天，以示其所向有異也。身之中，有一靈明之魂，具衆理而應萬事，宰乎一身之動靜。其無窮之願欲，非世俗所能充滿。身雖死，而靈魂依然不滅，此爲人之位，而遠殊於禽獸也。

〔一〕安南重刻本誤作『其』。
〔二〕安南重刻本誤作『其』。

聖教使人不失己位，率其性而行，其端有四：志不卑污，不爲慾蔽，一也；以善爲務，以永福爲終向，二也；形身之動，靈魂以正理宰之，三也；心願無窮，非無窮者不屑欲，四也。人本爲天主之活像，要在不墮於禽獸而有失於不肖者，人之本也。詳看十誡、七克。

雖然，爲此豈易易哉？必知之無不明，行之無不逮。故聖教又以四德爲行善之樞：一曰智，二曰義，三曰勇，四曰節。智義以引其當，節勇以要其成。

論智德，聖教以其真道，使人明於鑑物而不爽焉。於己也，知非自主而有主，非歸於己而歸於主者也。於事，知生時，暫世也，身後，乃永世耳。人爲永遠之人，在世不過立功，身後方膺永福，其功愈多，則其福愈厚。故在世以功爲吉，以罪爲凶，而真凶真吉，從此而定。所以或富或貧，或貴或賤，或壽或夭，要無不可，但善則不得不圖也。遇亨，則善用以成其德；遇困，則安命以增其功。凡事有關於永遠者，不以善小而不爲，不以惡小而不避。此聖教之所以燭人行於不差也。詳看真福八端。

論義德，聖教又以之定人心，而樂其事之宜爲。故當忠則忠，當孝則孝，當順則順，當敬則敬，當愛則愛。或當以財輸，而即以財輸之；或當以力給，而即以力給之。上下不紊其名分，親疏必異其情文〔一〕，要之與人各得其所也。至於天主，則無分可言，尊無限也，恩無極也。事之、報之，苟能至於無限，亦分所應耳。人合耶穌，而藉〔二〕其無限之功，則能至於無限，義詳於後。即或不能，要必自盡其心，以欽崇天主於萬有之上也。

但雖有智以明其真，有義以應其當，若非有勇以行，有節以克，不能也。然令人人而樂於勇以行，節以克，豈易事者哉？不特人力弱矣，即其性情，往往不一。故其所誘掖之方，不惟欲詳且切，且欲分之、析之，而各中其情，然聖教之妙，政在是耳。無論智、愚、賢、不肖者，皆在所誘之中也。

君子以敬畏存心，而即有一至尊之主，時時與之適見焉。相其獨處，嚴其闇然，凜凜乎不敢懈也。

好善者以醇美自嗜，而即有至德之精英。時寓其目，以感其心，使之欣欣然樂而不倦。

〔一〕安南重刻本誤作『又』。
〔二〕安南重刻本誤作『籍』。

義士以感恩爲懷，而即有天主無涯之恩、不息之寵。身濡其中，恒受而恒報焉。

世人徇塵情，貪世福，則又警以四末之義。死候、審判、永賞、永罰。醒其迷而正其向，時顯其永福之美於彼焉。使知當謀者此也，能足者此也，既得而不能失者此也。至於世福，虚焉、微焉、暫焉者耳，何容心哉？

懦夫以苦爲畏者，而即有現世詳在二卷之二篇。之奥理以獎勵之，而心得以安，累得以釋。使知現世如戰埸然，非安所也，戰畢則安矣。世苦爲永福之資，嘗苦而福將膺，避苦而福亦失矣。况其所致之福，又永遠無限，而苦乃暫也、微也，夫寧不可受耶？

至於小人，懷在不義而在利，畏不在疚而在刑，而聖教亦有以處此，切明善惡之報，釐然其不爽也。其所懷者利，而已有永福爲善者之可望焉；所畏在刑，而已有永苦爲惡者之不能免焉。况審判之日，危不可定，而操賞罰者，又至公無私、至嚴無宥、至智靡遺、至能無避。躬受其殃，悔之何及。以此鞭策之，猶有不能感動而向善者，鮮矣！

夫善則定矣，若無標準，亦難中道，然而聖教亦不患是。蓋耶穌在世，自生至死，萬表咸立，如静動云爲，特於人事之甘苦，備而嘗之，使智者可效，愚者可法。且自耶穌而下，復有聖母，聖母而外，又有一切聖人聖女。其間品味各殊，品味，如王侯、士庶等。性情不一，皆闡耶穌之聖德。敷其則，而爲四民取法焉，是無一人而不有其作善之芳型也。

至論心弱有輔，而聖教於此，亦大異於世教。葢有耶穌所定之禮，爲人增其神力者七焉〔一〕：一則，濯其神垢而再生之；二則，養其心，使之合於耶穌，體其善而潤其德焉；三則，苦其志，堅其信，使之克三仇，魔鬼、世俗、肉身，謂之三仇。而能致勝焉；四則，以之治其神傷，醫其心疚，以復其自新也；五則，授職以理神化，一可代主攝權，一可代人司祭；六則，正其好合，一夫一婦，以宜後昆，則德不孤而善有傳人；七則，既慎其平生，必慎其將死，使之善克有終。故聖教於人，自生至死，無一而不有善助者焉。詳觀聖教諸書。

至論補其不足，尤深、尤美焉。葢奉教者，蒙耶穌任其責而大其功。故其於主，或敬，或愛，或求，或補，或謝，皆耶穌爲之倡焉。以己至尊，掩其至卑，以己無窮，補

〔一〕在此所言乃是天主教的七聖禮，即洗禮、聖餐、堅振、告解、聖秩禮、婚禮、傅終。

其缺陷，但〔一〕異哉！人欲假其無限之功，非全盡其已有限之力，不得也。是故，人之不及，雖有大補，而耶穌補之之恩，亦不寬假之。功雖甚大，而不使之自恃，賜雖無窮，而不免人積累。嗟乎！至矣、盡矣，非天主全知，曷能得此神法哉？總而論之，奉教者，何其幸也。論道，至真而至全；論教，至善而至令。既有作善之目，復有作善之法，有作善之表，又有作善之助。起視世教，有一於此者乎？

或曰：『進教之禮何如？』曰：『進教之禮，辭壞世而歸救世者，乃再生之禮也。但〔二〕禮非儀節之謂，禮內必須有人當行之功，亦必有天主神佑之效也。』

論當行之功有四：一，當確信其道，如天主、靈魂、原罪、救世、永賞、永罰等是也；二，當定其全守規誡；三，於先時所犯之罪，當叩天主臺前，深自痛悔，立志改遷；四，當以一心專向救世者，敬之、愛之、望之，自定不失焉。賴其無窮之功，懇天主赦其一生之罪，增其作善之力。功既盡，然後神司遵耶穌之命，誦耶穌所定之經文，而以水注其額。所謂聖洗，以示水能去垢，而神垢於斯去矣。禮畢，其效即得而

〔一〕安南重刻本誤作『但』。
〔二〕安南重刻本誤作『但』。

不爽，原罪於斯而滅，本罪於斯而赦。原罪者，原祖傳於子孫之罪；本罪者，人本身自作之罪。救世之功，於斯而通於其人；救世無形之號，於斯而銘於其心。斯時也，屬耶穌之人，天主因耶穌之功，而即赦其人之罪，還其原恩，復其義子之隆位，賜其永福之據，加其作善之資，賦其信望愛之德。開其神心，治其神病，增其神力，而爲一自新之人也，故曰『再生之禮』。但既進教之後，其功猶未已焉。再生之恩最隆，而守恩報德之功，彌當篤耳。故日日新之，又日新之，月異而歲不同焉。至死不易其操，夫是之謂進教，夫是之謂奉教。

經教要文〔一〕

向天主三德〇一信德〇二望德〇三愛德。

天主十誡〇一欽崇一天主萬有之上〇二毋呼天主聖名以發虛誓〇三守瞻禮之

〔一〕安南重刻本、梵蒂岡圖書館藏Borg cinese 324(19)本皆缺少『經教要文』中的第一頁，即欠缺『向天主三德』、『天主十誡』、『樞德四端』、『真福八端』、『罪宗七端』，徑直從『克罪七德』開始。

日○四孝敬父母○五毋殺人凡心怨恨、口詬厲、手相傷，俱在誡內。○六毋行邪淫○七毋偷盜○八毋妄證○九毋願他人妻○十毋貪他人財物。

右十誡總歸二者，愛天主萬有之上及愛人如己。

樞德四端○一智德○二義德○三勇德○四節德。

真福八端○神貧者不貪乃真福，爲其已得天上國也○良善者不傲乃真福，爲其將得安土也○泣涕者不介世樂乃真福，爲其將受慰也○嗜義如饑渴者乃真福，爲其將得飽飫也○哀矜者乃真福，爲其將蒙哀矜己也○心淨者乃真福，爲其將得見天主也○和睦者乃真福，爲其將謂天主之子也○爲義而被窘難者乃真福，爲其已得天上國也。

罪宗七端○一驕傲○二嫉妒○三貪吝○四忿怒○五迷飲食○六迷色○七懶惰。

克罪七德○一謙讓以克驕傲○二樂捨以克慳吝○三貞潔以克婬慾○四含忍以克忿怒○五淡泊以克貪饕○六仁愛以克嫉妒○七忻勤以克懈惰於善。

哀矜之行形哀矜七端○一食饑者○二飲渴者○三衣裸者○四顧病及囹圄者○五舍旅者○六贖擄者○七葬死者。

神哀矜七端〇一以善勸人〇二啓誨愚蒙〇三慰憂患者〇四責有過失者〇五赦侮我者〇六恕人之弱行〇七爲生死者祈天主。

聖事七跡〇一聖洗〇二堅振〇三聖體〇四告解〇五終傅〇六神品〇七婚配。

萬民四終〇死候之來免不得〇審判之嚴當不得〇地獄之苦滅不得〇天堂之樂比不得。

真福八端解略附

據前道，永哉斯人，生如寄，死如歸耳。第歸時禍福之攸分，全屬生前之善惡以爲之準。

故人生於世也，其真福，實不在世樂，而在善功；真禍，實不在世苦，而在惡行也明矣！厥功既多，實爲真福，若終身乾惕，不失夫善，不蹈夫惡，更爲真福之極也。但人迷於世俗，惟以富貴逸樂是嗜，能知真福者鮮矣。耶穌欲挽人心，誠意正向，特揭真福八端之理，切示而垂訓焉。

八端之理，大旨亦分爲三：首三端，除爲惡之本；次三端，立作善之基；終二端，防作善之碍耳。

何謂除惡本，世之最蠹人心者，莫甚於財、於傲、於僞樂也。故耶穌首示以神貧、良善、涕泣三端，蓋爲掃除偏向，不落世緣牽〔一〕誘也。

夫邪既去，而本體虛明，豈能空空寂寂，一無所趨耶？是歸向又宜端正，故耶穌復示以嗜義如饑渴者，使之奮往直前，務與道合，不致有岐也。

然去邪歸正，行實爲難。蓋原罪之後，人心已漓，非天主神恩以化之，豈能行哉？耶穌嘗云：『人欲邀主恩，先以恩施人，乃能得之。』施人者得主施，施人多者，得主多施，故茲曰：『哀矜者，乃真福，爲得天主之神恩，正其心，開其迷，輔其力，定其向耳。』

恩雖得矣，非清心貞守，暫得旋失，亦枉然矣。故耶穌又示以心淨之一端，使方寸之內，一塵不染，庶不有失。厥思三端既得，則作善之基立，而得福之路開矣。

雖然，猶有慮也，世俗交攻，外侮時至，非守以純良，操以堅忍，則善易靡而福易墮，不穩、不久、不終矣。故耶穌終示以和睦、被窘難二端，以豫立其防焉。

〔一〕安南重刻本誤作『率』。

葢人阻我作善，可以兩端克之：一以德化，使之觀感自退，故曰『和睦者，乃真福也』；一或以德化不能，寧百折不回，守死不變，而不稍失吾善焉，故曰『爲義而被窘難者，乃真福也』。

嗟乎！人幸獲此八端，則福誠爲真福矣。惡本既除，善基復立，外侮莫摇，斯人永福，不亦安於磐石乎？以財蠱其心，神貧者不與；以傲肆其志，良善者不侵；以世樂餌之，涕泣者不顧。其所向善也，神恩照之，安而不失，毅勇持之，險阻弗奪。嗚呼！内外兼盡，真福斯全，吾儕曷不勉之、勉之？

教之難不可諉第二

或曰：『奉教之爲難也，甚矣哉！』曰：『或難信與，或難行與，二者皆不可謂。論難信，觀已上之道，總而論之，無一端不爲自證。論天主卷一之一篇，萬物無不共〔二〕鳴其有焉，即偶有云無者，要不過片時矯情，卒至事勢倉皇，如疾病患難中，則

〔二〕安南重刻本、梵蒂岡圖書館藏Borg cinese 324(19)本誤作『其』。

又隱然自露，仰而號於上主矣。論三一之道卷一之二篇〔一〕，本屬深奥，非聖經載之，人所想不及，但考之於理，亦無不合也。論天地、神人、萬物之説卷一之三篇，切中人心，愈究愈真〔二〕，亦不得謂非天下之正道。論原罪卷二之二篇，其説亦本自聖經，但觀人事之不齊，則又鑿鑿可証。至論救世者卷二之三篇，而壞世之後，天主既不滅我人類，必〔三〕自有深心，不然，豈留人日增其罪以干重怒哉？夫既有深心，及觀救世之道，與理甚合三卷之一篇。〔四〕即使止有此據，亦已足信，况生天地萬物之妙，全屬此乎三卷之二篇。且論其據也，至大至實、至明至溥，萬世証之，萬物証之、神聖証之、天主証之。降生之先數千年，豫有其憑也；在世之際三十三年，時時作其証；升天之後千七百餘年，事事有其效。明非天主必不能爲，而考之者亦不得有誤，則其據之無疑也，審矣三卷之三篇！嗟乎！原罪之害深矣，世之無原無委、至誕至怪之事，而人無日不確然信之。獨至有本有原、至真至平者，反不信焉，抑又何也？』

〔一〕安南重刻本誤作『卷一之一篇』。
〔二〕安南重刻本誤作『其』。
〔三〕安南重刻本誤作『心』。
〔四〕安南重刻本誤作『三卷之二篇』。

或曰：『非信之難，行之難也。』曰：『斯亦難言也。夫既有一至公至嚴之主，有一不死不滅之靈魂，身後有賞有罰，賞無窮而罰無限。今欲得賞免罰，自壞世之後，不由救世之路，既亦不能。是人非欲自絶，即有千萬難從，亦應受也。』

試以世難言之，亦可見已。如烈火四圍，逃必燃身而出，難孰甚焉。然爲救生命，不得謂其難也；舟壞將溺，極必捐舟而浮，難孰甚焉。然爲救生命，不得謂其難也；凶兵逐至，避必竭力而奔，難孰甚焉。然爲救生命，不得謂其難也。爲救暫生微命，不惜諸難如此，爲救永遠之生，尊榮之命，即有鉅艱，亦所當受，況微難而可謂難乎？

諺曰『人遇兩難，莫能均免，必擇輕者當之。如貨與命，不兩立，有舍命而保貨者乎？』今人在世，亦有兩難在目，一爲克罪之難，一爲受罰之難。二者之間，從作善之難乎？抑從受罰之難乎？從作善之難，在克己也。克己，則不負乎人，不類乎獸，上奉至尊至善之主，聽其命，率性而行，究之欲成乎人也，此作善之難也。從受罰之難，地獄之苦，可勝道哉？

任觀世之最重之刑，較之地獄之罰，猶蟬翼也；合天下萬古之刑而爲一，較之地獄之罰，猶無有也；以天下萬刑而加於一人之身，以至世界窮盡，猶難擬其萬一也。世之極苦者，莫過於火耳，而地獄之火，非世火可比，乃包萬物之毒害也。世罰猶或一處，而地獄之罰，乃渾身内外，四肢百體，神與形無不受其苦也。況世苦長則輕，重則短，重極即死；而地獄之苦，重之極焉，長之至焉，乃永遠者也。嗚呼！永遠二字，思之哉！滄海之水，萬年而汲一滴，久而能竭；太河之沙，萬年而取一粒，久而能窮；即至天下之塵坌，萬世而除一點，亦猶久而能盡也。至於地獄之苦，海水竭矣，而其苦若始焉。河沙窮矣，而其苦若故焉。塵坌盡矣，而其苦終無息焉。嗟乎！作善之難，有一於此哉。今在地獄者，不知凡幾矣，已受無窮之罰。設使一日者，天主施恩於彼，使之回世，容其遷改，則獄中人，誰不爭先恐後，戴德難忘也耶。兹以彼之所幸者，而吾儕反以爲苦，有是理乎？況乎永福之榮，又起於是。

恒見世人微利可邀，無不冒苦弗恤。士則窮年兀兀，寢食詩書，爲名也；農則耕雲鋤雨，胼胝手足，爲粟也。至於爲工、爲商，莫不勞其筋力，酌其盈虛，爲得資而得殖也。若夫求永福，有是難歟？豈必離群索居，濡首其間乎；豈必終歲勤勤，無片時稍逸乎；豈必挾其器，操其資，經風冒雪，踰年而不返乎。況求暫福，人人求之，孰皆得之。而永福不然，一人求之，即一人得之，人人求之，即人人無不能得之也。

或曰：『克己究難耳。』予曰：『不克己者，更有難耳。何也？試以財而論，向則席豐履厚，一旦而家喪財毁矣。問其故，或爲非禮之耗，或爲贖刑之糜，以致此。克己之難，有此歟；以身而論，向則神强力固，一旦而容貌穢爛矣。問其故，或爲飲食失節，或爲婬慾過度，以致此。克己之難，有此歟；又以名而論，向則鄉人尊之，國人重之，一旦而惡之若仇讐焉。問其故，或爲搆怨於家，或爲滋惡於人，以致此。克己之難，又如是與。克己者，心則常安，家則常豫，内無不愛，而外無不欽也。雖乏非分之財，然無非義之來，亦無非義之往。所以於世福，不特無減於俗人，且有以勝之，烏乎難？』

即曰有難，論人力，或不無是。然論有天主之神恩，則又難而易也。葢從未有行其所命者，而天主反不扶持之。不觀古今有多人乎，無論修道者，往往絶紛華，居淡苦，即處塵世之人，亦不以富貴而攖心，不以貧賤而介意，甚至弱女幼童，亦且見危授命，雖死不悔，是豈伊力之所及哉？天主佑之，彼又勉行而已。若人畏難，躬當天主審判之時，覿斯千百人，皆爾同時、同鄉、同年之人也。在世依主之庇，能克己，能行善，爾何不能？其人所受之神恩，爾可受之；其人所望之永福，爾可望之；其人所行之善，爾獨不可行之乎？嗟嗟！天主鞫其罪，其何以對之哉？思之，思之！

歸正不可緩第三

或曰：『姑徐徐待來年耳。』曰：『噫！此又宋人之見也。棄邪歸正，來年乃可，而今歲則不可？疇謂行孝、行弟，而必待之來年乎？況作孽半生，抑猶不足，必待犯滿一年之罪，反足膺天主之寵乎？雖然意非此也，不過爲私所日蔽而不察耳。何也？一則夜氣暫存，良心難昧；一則爲私所蔽，愛而不舍。是以主張搖搖莫定，徐徐之言，既以慰其良心，復以遂其私慾，故曰來年，豈定語乎？實不肯爲於今，以愚其已於後耳。嗟乎！恒見斯人也，日復一日，年復一年，迨至罪愈深而惡愈難改。天主之恩漸減，而人心愈弱，愈緩愈難，卒至死期已至，而明年之來，終不可得。』

且夫事之最大而最危者，莫過於永遠。何者？其苦無窮，其樂無極，非大也耶。死之一刻，永遠禍福，全屬於斯，非危也耶。

若夫知死爲何時，猶可稍緩。然人第知死不能免，其時卒不可知，此天主故阨人以不知，而見其爲善去惡，當無時不然也。若夫死有再次，猶可改圖，然死惟一次，禍福據此而定，此又天主故嗇人以一次，而見其死之不可不慎也。若然，死既不能免，而又不知何時；死既止有一次，而又有永遠禍福之關。以一最危之事，而聽之來年莫必之數，不謬之至乎？

敬之，敬之，命殆矣哉！千鈞之墜，上懸無極之高，下臨不測之淵。其所繫而存者，恍若一絲焉，其中又有風雨以盪損之，而汝尚曰來年。而且有天主之義怒，幾欲割絕，萬物復群攻而呼絕之。獨有天主至慈之德，遲之至今，待汝改過，而汝尚曰來年。吾願觀此一書，或不爲天主施慈之法已盡。斯時也，一刻之頃，人之死者，不知幾何，其中不無徐徐之諉而下地獄者，而汝尚曰來年。嗟乎！天主於悔罪者，確許其罪赦，於遲悔者，未許其來年。吁！可不深長思哉。